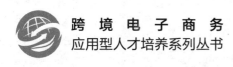

跨境电子商务
应用型人才培养系列丛书

跨境电子商务
客户服务

■ 主　编◎隋东旭　邹益民
　副主编◎杨　宁　王浩泽

清华大学出版社
北 京

内 容 简 介

跨境电子商务客户服务是跨境电子商务闭环中的重要组成部分,在一定程度上决定了跨境电子商务业务的发展程度,优秀的跨境电子商务客户服务是跨境电子商务整体业务中不可或缺的内容。本书主要内容包括跨境电子商务客户服务导论、跨境电子商务客户分析、跨境电子商务售前客户服务与沟通、跨境电子商务售中客户服务与沟通、跨境电子商务售后客户服务与沟通、跨境电子商务客户满意度管理、跨境电子商务客户忠诚度管理、跨境电子商务客户流失与挽回。

本书内容丰富,在讲述理论的同时结合实践,既适合作为高校跨境电子商务相关专业的教科书,又适合跨境电子商务从业者作为知识补充参考书。

图书在版编目(CIP)数据

跨境电子商务客户服务 / 隋东旭,邹益民主编. —北京:清华大学出版社,2021.8(2024.8 重印)
(跨境电子商务应用型人才培养系列丛书)
ISBN 978-7-302-57870-3

Ⅰ. ①跨… Ⅱ. ①隋… ②邹… Ⅲ. ①电子商务—商业服务 Ⅳ. ①F713.36

中国版本图书馆 CIP 数据核字(2021)第 056502 号

责任编辑:邓 婷
封面设计:刘 超
版式设计:文森时代
责任校对:马军令
责任印制:沈 露

出版发行:清华大学出版社
网   址:https://www.tup.com.cn,https://www.wqxuetang.com
地   址:北京清华大学学研大厦 A 座   邮 编:100084
社 总 机:010-83470000   邮 购:010-62786544
投稿与读者服务:010-62776969,c-service@tup.tsinghua.edu.cn
质量反馈:010-62772015,zhiliang@tup.tsinghua.edu.cn
印 装 者:三河市龙大印装有限公司
经   销:全国新华书店
开   本:185mm×260mm   印 张:12.75   字 数:299 千字
版   次:2021 年 9 月第 1 版   印 次:2024 年 8 月第 4 次印刷
定   价:49.80 元

产品编号:089025-01

前　言

Preface

随着国家经济的发展和"互联网+"概念的提出以及"一带一路"倡议的实施，我国的对外贸易得到了空前的发展，跨境电子商务业务迅速发展，这为我国传统外贸及传统产业的升级转型提供了各种契机。

我国的跨境电子商务企业通过对业务的不断拓展，正在成为全球跨境电子商务行业的领跑者。跨境电子商务作为推动经济一体化、贸易全球化的有效手段，有力地突破了国家间的障碍，使国际贸易走向了无国界贸易，同时也引发了世界经济贸易的巨大变革。

在我国，跨境电子商务的发展使得国内的消费者通过互联网购买到了来自世界各地的物美价廉的商品，同时也使国内企业构建了开放、多维、立体的多边贸易合作模式，极大地扩展了视野，拓宽了我国企业进入国际市场的路径，促进了多边资源的优化配置及企业间的互利共赢。

跨境电子商务客户服务是跨境电子商务中不可或缺的一部分，甚至可以说是至关重要的一个环节。本书共 8 章，分别为跨境电子商务客户服务导论、跨境电子商务客户分析、跨境电子商务售前客户服务与沟通、跨境电子商务售中客户服务与沟通、跨境电子商务售后客户服务与沟通、跨境电子商务客户满意度管理、跨境电子商务客户忠诚度管理和跨境电子商务客户流失与挽回。

本书大致包括以下几个模块。

知识导图：概括了全章的核心知识点，能够让学生一目了然地了解每章所讲内容。

知识目标、重点及难点：列出了在充分分析教材的理论与实践技能的重点和难点的基础上要求学生掌握的内容，也是考查学生对知识的掌握程度的重要标尺。

引例：根据教学目的和教学内容的要求设计而成，目的是运用具体、生动的典型案例，引导学生参与分析、讨论。通过学生的独立思考或集体协作，使学生进一步提高识别、分析和解决问题的能力，培养学生的学习兴趣，激发学生进行理论学习的热情。

理论知识：主要阐述了基本理论知识并与实践技能操作相对应，学生可以在最短的时间内掌握"三基"（基本理论、基本知识、基本技能）并将所学的知识转化到实践领域。

知识拓展：对一些重要的内容给予重点提示并加以分析，帮助学生理解相关知识。

相关案例：结合所学理论知识，给出恰当的实例，使学生深刻理解跨境电子商务客服的重要内容，加强理论与实践教学的结合。

复习与思考：用于检验学生对各章知识内容的学习效果，教师也可以通过学生的反馈诊断教学情况，实现教师与学生的互动，从而达到教学的最佳效果。

本书由隋东旭、邹益民担任主编，杨宁、王浩泽担任副主编。由于编者水平有限，书中难免存在错误和疏漏之处，敬请专家和读者不吝赐教。

编者

2021 年 5 月

目　　录

Contents

第1章　跨境电子商务客户服务导论

知识导图

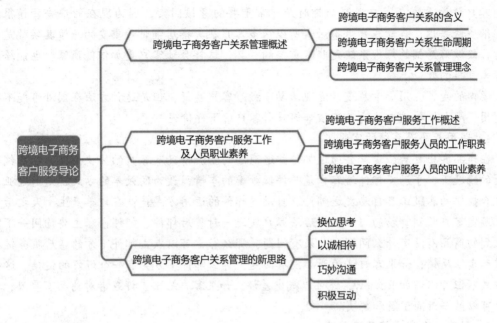

跨境电子商务客户服务导论
- 跨境电子商务客户关系管理概述
  - 跨境电子商务客户关系的含义
  - 跨境电子商务客户关系生命周期
  - 跨境电子商务客户关系管理理念
- 跨境电子商务客户服务工作及人员职业素养
  - 跨境电子商务客户服务工作概述
  - 跨境电子商务客户服务人员的工作职责
  - 跨境电子商务客户服务人员的职业素养
- 跨境电子商务客户关系管理的新思路
  - 换位思考
  - 以诚相待
  - 巧妙沟通
  - 积极互动

知识目标

- ❑ 了解跨境电子商务客户关系的含义。
- ❑ 了解跨境电子商务客户服务的特殊性。
- ❑ 掌握跨境电子商务客户关系生命周期。

重点及难点

重点

- ❑ 跨境电子商务客户关系管理理念。
- ❑ 跨境电子商务客服人员需要掌握的技能。

难点

- ❑ 掌握跨境电子商务客户服务的工作职责。
- ❑ 掌握跨境电子商务客户服务人员的职业素养。
- ❑ 掌握跨境客户关系管理的新思路。

引例

实战：跨境电商亚马逊卖家如何获取客户 Review

对于电子商务行业，不论在国内还是在国外，买家的评论系统都很重要，因为网购本身就是一个客户只能看到不能摸到的购物过程，很多的客户在看商品的时候都是抱着怀疑的心理去找寻商品的瑕疵，只要有一个瑕疵被客户看见，并且这个瑕疵是客户比较在意的，那么这个可能并不重要的小瑕疵就会被无限放大。

客户评论系统在客户观察店铺时是非常重要的考核因素，因为现在的广告营销很多样，很多诱导性广告让客户很抵触，所以很多客户在考察店铺时最重要的一步其实就是看评价，故做好店铺的评价系统是非常重要的一环，这样会让客户更加信任商家，也能给店铺带来直接的效益。

国内的卖家会用小卡片或者返现活动来激励客户留评，但是这种方法在国外可能不是很有用，那么做跨境电子商务应该如何吸引客户留下评价呢？

1. 利用亚马逊系统的客服工具

在商品发出之后，卖家会通过邮件知道商品的物流情况及客户的签收情况，在店铺比较大的情况下，手动发邮件给客户是一件低效率的事情，最为高效率的方式就是通过亚马逊平台提供的客服工具自动发送邮件。自动发邮件的运用方式是：在订单产生十天之后或者在确定客户收到货物的 1～2 天后给客户发送一封售后邮件，邮件内容主要询问一下客户收到的商品有没有什么问题，如果有问题，那么客户可以点击邮件下方的售后服务链接直接和卖家反馈；如果客户认为商品没有问题，那么邮件下方会有一个好评的链接。这样的方式不但可以增加 Review，还可以减少差评，如果客户给出差评或者对商品有异议，卖家也可以第一时间了解和解决。

2. 创建一个客户邮箱清单地址

自主创建一个客户的邮箱清单是一项比较长期的任务，但这是非常有必要的，尤其是对于无货源的新手卖家来说，商家将在商品的出售过程中积累的客户邮箱信息都保存下来，当到达一定量的时候，就可以为后面商品的销售铺路，当新品上架之后，商家可以将商品的信息通过邮箱发送给客户，通知客户来购买。

资料来源：http://www.100ec.cn/detail--6519206.html，略有改动。

1.1 跨境电子商务客户关系管理概述

1.1.1 跨境电子商务客户关系的含义

客户关系是指企业为达到其经营目标，主动与客户建立起的某种联系。这种联系可能是单纯的交易关系，可能是通信联系，也可能是为客户提供一种特殊的接触机会，还可能是为双方利益而形成某种买卖合同或联盟关系。客户关系不仅可以为交易提供方便、节约交易成本，也可以为企业深入理解客户的需求和交流双方信息提供机会。

1.1.2　跨境电子商务客户关系生命周期

客户关系生命周期通常指的是一个客户与企业之间从建立业务关系到业务关系终止的全过程，是一个完整的关系周期。它从动态角度研究客户关系，描述了客户关系从一个阶段到另一个阶段运动的总体特征。客户关系生命周期分为考察期、形成期、稳定期和退化期四个阶段。下面简单介绍客户关系生命周期各阶段的特征。

1. 考察期——关系的探索和试验阶段

在这一阶段，双方主要考察和测试目标的相容性、对方的诚意、对方的绩效，考虑如果建立长期关系，双方潜在的责任、权利和义务。双方相互了解不足、具有不确定性是考察期的基本特征，评估对方的潜在价值和降低不确定性是这一阶段的中心目标。在这一阶段，客户会尝试性地下一些订单。

2. 形成期——关系的快速发展阶段

双方关系能进入形成期，表明在考察期，双方相互满意并建立了一定的相互信任和交互依赖的关系。在这一阶段，双方从关系中获得的回报日趋增多，交互依赖的程度也日益加深。双方逐渐认识到对方有能力提供令自己满意的价值和履行其在关系中担负的职责，因此愿意承诺保持一种长期关系。

3. 稳定期——关系发展的最高阶段

这一阶段，双方或含蓄或明确地对持续长期关系做出了保证。这一阶段的特征有：双方对对方提供的价值高度满意；为能长期维持稳定的关系，双方都做出了大量的有形和无形的投入；进行高水平的资源交换。因此，在这一阶段，双方的交互依赖水平达到整个关系发展过程的最高点，双方关系处于一种相对稳定的状态。

4. 退化期——关系发展过程中关系水平逆转阶段

关系的退化并不总是发生在稳定期后，实际上，在任何一个阶段，关系都可能退化，有些关系可能永远越不过考察期，有些关系可能在形成期退化，有些关系则越过考察期、形成期而进入稳定期并在稳定期维持较长时间后退化。可能引起关系退化的原因有很多，如一方或双方不满意、发现了更合适的关系伙伴、需求发生变化等。退化期的主要特征包括交易量下降、一方或双方正在考虑结束关系甚至物色候选关系伙伴等。

案例 1-1

跨境电商 B2B 网站客户体验影响因素

随着跨境电子商务的蓬勃发展，越来越多的企业倾向于通过自己公司的网站来吸引客户进行交易。跨境电子商务分为 B2B 与 B2C，B2B（business to business）主要针对的客户是企业或者经销商，它们不同于终端客户，对网站的要求会更加专业，客户体验也更细致。

1．公司网站对于 B2B 企业的作用与意义

公司网站是企业形象的表现。跨境电子商务中，客户无法到公司现场考察，因此网站服务体验质量就成为公司服务竞争力的表现。因此，对 B2B 网站服务的客户体验展开研究有着十分重要的现实意义。

（1）充分展示公司，吸引成交。B2B 网站交互的独特之处在于，它需要参与其中的企业积极参与某些功能，如共享工作空间和信息交流，从而诱导协作，而这在其他类型的电子商务活动中通常不存在。换句话说，B2B 网站中提供的信息内容应该最大程度地满足用户对信息搜索的需求、对服务的了解需求。在公司网站中，公司的员工、供应商和业务买家在网上进行交易和在线互动，因此，信息搜索的结果将对用户的满意度产生积极或消极的影响。

（2）建立信任，提高客户忠诚度。当网站提供的信息足够让客户信任时，客户就有可能会产生合作意向，同时，网站还要按照承诺和预期流程运行，做到可以实现客户的预期，从而提高客户满意度。满意度的提高自然而然地可以提高客户的忠诚度，从而吸引更多合作伙伴。

2．影响 B2B 客户体验的主要因素

（1）流程质量。B2B 跨境电子商务平台的使用效果取决于公司通过平台的哪些流程实现了对交易的促进和与贸易伙伴的互动，包括服务如何实际执行和执行效果如何以及如何塑造客户体验。另外，当网站出现流程失败和不够人性化的流程设计时，客户会感到不满。交易流程的质量是一个非常重要的因素，因为在任何电子商务交易中，客户都看重交易流程的清晰性及可操作性。B2B 跨境电子商务平台的实际操作过程对用户的满意度起着非常重要的作用，这意味着用户对流程质量的感知越好，他们使用系统的次数就越多，对系统的满意度也就越高。

（2）合作质量。跨境电子商务技术为企业之间更好、更有效地合作打开了大门。协作需要至少两个企业之间的联合和协调行动，这意味着跨境电子商务的整个交易过程需要双方的积极参与，而不像其他服务行业只需要单方面提供服务。这种协作系统的实际使用可以影响创造力和决策力，提高整体性能。这意味着用户对协作质量的感知越好，他们使用系统的次数就越多，对使用系统也会越满意。

（3）使用质量。网站使用质量是通过信息搜索的便捷性、客户转化率、付款和服务请求的便捷性、跟踪用户访问的次数、停留时间和完成的购买数量来衡量的。此外，从用户的角度出发，用户从发现某网站有用到因使用网站感到满足而经常使用该网站，这一过程可以逐步提高客户的忠诚度。从这个角度来看，让用户发现网站有用是一个很有价值的开始。当用户发现一个网站是有用的，他们就会希望从使用系统中获得一些好处，这样就吸引了用户继续使用网站，从而提高了用户忠诚度。换句话说，越多的用户认为和感知 B2B 系统是有用的，他们就会越频繁地使用它，从而培养用户对系统的忠诚度。

（4）服务质量。服务质量是指企业网站在整个交易过程中提供的服务的好坏。良好的服务质量一般指企业的网站能做到快速反应、信息可靠和态度热情等。当在线客户感觉他们的需求得到了很好的满足时，即服务质量被认为是比较高的，他们会发现网站更多的用途，对网站更满意。具体来说，对于 B2B 跨境业务，服务质量主要反映在在线服务功能的有效性、技术能力、换位思考和系统对用户的吸引力等方面。因此，用户对商家网站的良好体验能够影响他们对网站有用性的评价和对使用网站的总体满意度。满意度在获得顾客忠诚度方面起着主导作用。客户不满意时，他们可能会寻找替代方案并对发展更紧密的业务关系犹豫不决。换句话说，为了发展和培养用户对 B2B 系统的忠诚度，应该能够让用户在使用该系统时获得一些满足感。用户越满意，他们的忠诚度就越高。

3．结语

总之，跨境电子商务 B2B 网站的建立是为了在企业之间实现更好的流程服务和更有效的协作。网站的流程质量、合作质量、使用质量和服务质量对交易都有较大的影响。B2B 企业应该不断加强网站建设及服务团队的建设，全面提高服务质量，加强客户管理，从而增大后续合作的概率。

资料来源：http://www.100ec.cn/detail--6510416.html，略有改动。

1.1.3　跨境电子商务客户关系管理理念

1．跨境电子商务客户关系管理类型

1）运营型客户关系管理

运营型客户关系管理建立在这样一个概念上的基础上——客户管理在企业成功方面起着很重要的作用。它要求所有业务流程流线化和自动化，包括经由多渠道的客户接触点的整合以及前台和后台运营之间的相互连接和整合。

运营型客户关系管理是基于 Web 技术的全动态交互客户关系应用系统，它使企业在网络环境中以电子化方式完成从市场、销售到服务的全部商务过程。它主要有以下五个方面的应用。

（1）客户关系管理销售。客户关系管理销售为企业管理销售业务的全程提供了丰富、强大的功能，包括销售信息管理、销售过程监控、销售预测和销售信息分析等。客户关系管理销售套件将成为销售人员关注客户、把握机会和完成销售的有力工具并支持其提高销售能力。客户关系管理销售套件对企业的典型作用是帮助企业管理、跟踪从销售机会的产生到结束销售的全程信息。

（2）客户关系管理营销。客户关系管理营销是指企业由始至终发挥市场营销活动的信息管理、计划预算、项目跟踪、成本明细和效果评估等功能，帮助企业管理者清楚地了解所有市场营销活动的成效与投资回报率。

（3）客户关系管理服务。客户关系管理服务是帮助企业以最低的成本为客户提供包括服务请求及投诉的创建、分配、解决、跟踪、反馈和回访等相关服务环节的闭环处理模式，从而帮助企业留住老客户、发展新客户。

（4）客户关系管理电子商务。客户关系管理电子商务帮助企业将门户站点和各种商务渠道集成在一起，开拓新的销售渠道及商务处理方式。

（5）客户关系管理商务平台。客户关系管理商务平台是产品的基础核心平台，实现产品的基础数据维护、安全控制、动态配置与工作流程定制等功能。

2）分析型客户关系管理

分析型客户关系管理的用户从运营型客户关系管理所产生的大量交易数据中提取有价

值的各种信息，进行诸如 80/20 分析、销售情况分析以及对将来的趋势做出必要的预测。它是一种企业决策支持工具，具有大量客户的银行业、保险业及零售业等可以利用这种系统挖掘出重要的决策信息。

分析型客户关系管理的设计主要利用数据仓库、数据挖掘等计算机技术，其主要原理是对交易操作所积累的大量数据进行过滤，将结果抽取到数据仓库，再利用企业的各种关键运行指标及客户市场分割情况向操作型应用发布，达到成功决策的目的。它主要有以下四个方面的应用。

（1）客户分析。客户分析需要很多可以量化的信息，这些信息通常来自各种不同的数据源。对于这些信息，必须加以整合并以合理的方式放到客户数据仓库中，以便对其进行分段或挖掘处理。一个结构良好的客户数据仓库应能回答以下问题。

① 新客户是否比现有客户更有价值？

② 最重要的客户最关注的是什么？

③ 年龄低于 35 岁的客户是否更有价值？

④ 互联网技术是否有助于业务增长？如果答案是肯定的，如何做到这一步？

⑤ 是否吸引了客户的消费？

客户分析所需要的信息一般来自三个方面：企业与客户的主要接触点（客户服务中心、Web 和自动柜员机）、关键收益点（POS 机、电子商务）和外部数据（客户的地域分布、生活方式等信息）。客户分析阶段所需的关键信息包括客户服务历史信息、客户市场历史信息、销售信息、收益信息、客户的地域分布数据及生活方式数据等。

（2）市场区段。在客户数据仓库准备就绪之后，就可以对当前客户及预期的客户群进行区段分析，以明确不同区段的优势与劣势。以下为市场区段分析中常见的问题。

① 哪些客户购买产品 A 而不购买产品 B？

② 对某个特定的活动而言，最感兴趣的是哪些客户？

③ 对商家而言具有价值的是哪些客户？

④ 客户的价值是否因其地域分布和人口特征的不同而不同？

对客户群实施区段分析时，可以利用客户数据仓库所积累的大量的有用信息。对这些信息的分析与数据挖掘有助于发现和评价各种可变因素的不同排列组合会导致什么样的后果。

（3）一对一的市场。在找到最具价值的市场区段后，就可以为不同区段设计并提交适应其特定需要的成套服务。进行有针对性的市场开拓工作可以促使企业瞄准更有前景和更有商机的领域。如果能够使企业的产品和服务被本来可能并不需要它们的客户所接受，就可能为企业赢得最具价值的客户。

通过对很多业务细节的分析可以对那些为不同领域所设计的做法进行全局性考察，将相似的处置策略集中起来并加以提炼，在条件成熟时，推广这些做法到新的用户群中。当将产品与服务也延伸到那些本来并不需要它们的用户群时，可以针对这个群体中那些最具可能和最有价值的客户的特定需要构建特定的市场策略。

（4）事件模型。事件模型是一种技术手段，旨在帮助企业使其市场活动与处理策略获得准确执行并最终取得成功。事件模型可以"刻画"客户的行为和客户的反应，还可以预见未来市场活动的后果。事件模型提供了一种可能，让人们能从客户生活中的某些事件（如生日、买房和买车等）中找到新的商机。这些事件不仅有助于形成不同的市场区段，而且也是企业对客户实施评估并预期未来收益的有力工具。事件模型有助于发现使企业利润最大化的方法，如减少促销活动的次数、增加客户对促销活动的回应和控制以及控制业务策划的费用等。以下为与事件模型有关的一些典型问题。

① 哪个年龄段的客户对降价处理最感兴趣？

② 哪些客户更喜欢通过个人渠道购物？

③ 针对高收入客户的市场策略是否达到了预期目的？

提出此类问题的目的在于发现影响客户反应的主要因素，然后将客户按照他们的特征加以标识与分类。在很多情况下，企业可以运用掌握的有关购买特征的新知识对各种不同的处置策略加以检验。如果对这方面的工作进一步细化，企业必然会因这些策略的正确运用而提高客户的满意程度。

 知识拓展

客户关系管理的原则

客户关系管理有以下四项原则。

（1）客户关系管理是一个动态的过程。因为客户的情况是不断变化的，所以企业对客户的资料也要不断地加以更新。

（2）客户关系管理要突出重点。对于重点客户或大客户要予以优先考虑，配置足够的资源，不断加强已建立的良好关系。

（3）灵活、有效地运用客户的资料。要善于利用数据库中的客户资料，在留住老客户的基础上不断开发新客户。

（4）客户关系管理最好的办法是由专人负责，以便随时掌握客户的最新情况。客户是一个企业的利润中心，管好客户就是管好了企业的钱袋子。客户关系管理的核心是制度化、日常化、规范化和专人负责，只有这样才能将客户关系管理落实到实际工作中，才能真正地管好客户。

2．熟悉客户关系管理的功能

1）客户信息管理

客户信息管理需要记录客户的详细信息及以往与客户的联系情况，包括客户档案管理、联系人管理、联络记录管理等。其中，客户档案除包括客户名称、所属行业、地址等基本信息外，还应包括客户类型（大客户、中客户、小客户）、客户性质（黑客户、流失客户、风险客户等），以便对客户进行管理；联系人管理包括联系人的姓名、地址、联络方式等基本信息，同时还包括与联系人相关的信息（如价格、功能、爱好等）；联络记录详细记载每次与客户联系的时间、方式、情况、结果等，这些记录是为了与客户进一步联络时更加具有针对性，使专门与客户打交道的部门能够随时得到客户的资料，真实和全方位地了解客户。客户关系管理系统还能够对所有的客户资料进行整理，使企业既能够根据客户的特点提供服务，又能对客户的营利性进行评估。

2）市场营销管理

市场营销管理使营销人员能够彻底地分析客户和市场信息，能够对营销活动有效地加以计划、执行、监视和分析。

3）销售管理

销售管理模块涉及销售机会、客户信息及销售渠道等方面，它支持多种销售方式，确保销售团队能够把握最新的销售信息。

4）服务管理和客户关怀

服务管理提供了多渠道的客户支持功能，支持售后服务的自动化。由于客户关系管理系统交流渠道的畅通，客户不论通过哪种方式与企业联系，都能在最短的时间内得到完整和准确的服务。

客户关怀就是通过对客户行为的深入了解，主动把握客户的需求，通过持续的、差异化的服务手段为客户提供合适的产品或服务，最终实现客户忠诚度的提升。客户关怀的目的是提高客户的满意度与忠诚度，为此，企业必须完整地掌握客户的信息，准确地把握客户需求，快速响应个性化需求，提供便捷的购买渠道、良好的售后服务与经常性的客户关怀。

3. 跨境电子商务客户关系管理的作用

随着网络时代的来临，客户关系管理给企业带来了前所未有的机遇和挑战，互联网上巨大的在线客户资源是未来企业赢得竞争优势的重要资源，对在线客户价值的管理势必成为企业未来的核心任务。在线客户价值的管理对企业的发展主要有以下三个方面的作用。

1）在线客户价值管理能够给企业创造源源不断的利润

巨大的在线客户资源是未来企业价值的源泉，管理好与在线客户的关系将会为企业创造源源不断的利润。通过对客户信息的分析，企业可识别值得投资的高价值客户群并根据客户信息制定相应的策略。企业资源是有限的，根据管理中的 80/20 原则，即 20% 的客户为企业带来 80% 的利润，忠诚、持久而稳定的客户群即企业最宝贵的资源。企业经营管理活动的关键是争取留住客户，满足网络时代背景下客户的个性化需求，与在线客户建立互相信任的、稳定的、双向沟通的互动关系。

2）整合在线客户资源

整合在线客户资源有助于企业为客户提供更快速、更周到的优质服务，从而提高客户满意度，吸引更多高质量的客户。

《哈佛商业评论》的一项研究报告指出，1 个满意的客户会带来 8 笔潜在的生意，其中至少有 1 笔成交；1 个不满意的客户会影响到 25 个客户的购买意向；争取 1 位新客户的成本是保住 1 位老客户的 5 倍。因此，如何使客户满意并成为忠诚客户是影响企业盈利的核心问题。网络时代，客户的需求更加个性化、更加多变，企业面临着对产品与服务的快速更新换代，因为如果跟不上客户的需求就会失去客户。在线客户价值管理就是要对在线客户的信息进行全面整合，了解他们的需求，这贯穿于企业的各个部门、各个层次的各项管理活动中，目的是为客户提供更快速、更周到的优质服务。无论客户通过什么途径和企业联系，企业的各个部门都需要掌握客户的目标、购买习惯、付款偏好和最中意的产品等信息，通过区别化对待不同的客户来实现企业利润的最大化。

3）降低企业的运营成本

实施在线客户价值管理后，企业将对客户需求和自身有进一步的了解，从而实现对企业资源的整合、企业管理过程的规范化、企业员工客户服务意识的增强以及企业创新能力的提升。这些将大大提高企业的运作效率，降低企业的运营成本，扩展企业的盈利空间。

1.2　跨境电子商务客户服务工作及人员职业素养

1.2.1　跨境电子商务客户服务工作概述

1. 跨境电子商务客户服务工作的含义

跨境电子商务平台的在线客户服务类似于传统外贸业务中的外贸销售服务，除了在线的 C 类客户，在线客户服务也经常会在类似速卖通的跨境电子商务平台接触到包括小 B 类甚至是在线 B 类客户，跨境电子商务在本质上是传统外贸的升级版，跨境电子商务的很多原理和规则在本质上与传统外贸是相通的。

2. 跨境电子商务客服人员需要掌握的技能

1）传统外贸的专业技能

首先，跨境电子商务客服人员必须掌握国际贸易专业的基本理论知识和基本技能，要通晓我国外贸政策和理论、国际外贸规则与惯例、进出口交易程序与合同条款、国际承包和劳务合作等。其次，由于国际贸易的交易双方处在不同的国家或地区，各国的政治制度与法律体系不同，文化背景互有差异，价值观念也有所不同，因此要求从业人员要熟悉国际贸易法则，通晓国际经济金融、政治法律、社会文化等情况。最后，要求从业人员要具有进行国际商务谈判、草拟和翻译国际商务函电、起草和签订国际贸易合同的能力，要熟练掌握和运用国际贸易惯例和国际贸易法律，具有处理国际贸易纠纷的能力及一定的企业经营管理能力。

2）对于产品、供应链的理解能力

其实，无论做传统外贸还是做跨境电子商务，要把生意做好，就应该有优质、特色鲜明的产品。作为客服人员，应该对自己的产品非常了解，只有对产品有充分的了解，才可以发挥在线客户服务的基础功能——跟客户沟通并引导客户下单交易。另外，客服人员对于供应链的理解也有助于企业在后期的运营中更多地体现自己的核心竞争力。

3）熟练运用跨境电子商务平台的能力

很多小型的跨境电子商务创业团队的"在线客户服务"是多功能的，即不仅仅要跟客户在线沟通，也需要兼顾平台运营。要成为一个合格的跨境电子商务在线客户服务人员，首先应该熟练运用跨境电子商务平台的规则、制度，如速卖通的招商门槛政策、大促团购玩法等，如此才可以顺应平台发展。其次，跨境电子商务的在线客户服务直接面对客户，所以在线客户服务人员对于跨境电子商务的整套流程都要非常熟悉，如物流及各国的海关清关等。

4）外语沟通能力

在线客服人员应具备较高的外语沟通能力，能够利用外语及时、有效地与外商进行沟通，包括书面交流（函电）和口头表达（口语、谈判）能力。如果要精细化地做好跨境电子商务运营，外语沟通能力是非常重要的，这不仅仅体现在详细的页面描述上，在跟客户沟通特别是在与客户存在消费纠纷时，外语沟通能力强的客户服务人员能更好地解决客户的问题。

5）对于目的国消费者的了解

在线客服人员应了解消费者所在国的风土人情。只有了解不同国家消费者们的喜好和需求，才能有针对性地选品、设置产品详情页并制定相应的营销策略。

1.2.2 跨境电子商务客户服务人员的工作职责

1. 跨境电子商务客户服务人员的工作原则

1）积极主动

当客户提出一个问题时，跨境电子商务客服人员不应只是机械地回答客户的提问，还应尝试理解客户提问的动机。例如，当客户提出"这件衣服除白色以外有黑色吗"时，客服人员可以尝试着去了解客户为什么想要黑色的衣服，原因可能有客户不喜欢白色；客户体型丰满，穿黑色显瘦；客户所处的地区排斥白色的衣服；客户因要参加某活动需要黑色衣服等。如果客服人员机械地回答客户"没有黑色"，这个客户很可能就流失了。客服人员通过积极主动地去了解客户提问的动机，则可以针对客户需求推荐其他商品供其选择。

针对客户的提问，客服人员应尽量做到以下几点。

（1）提供解决方案，让客户可以选择。无论是售前推荐商品，还是售后解决问题，客服人员都应主动为客户提供尽可能多的解决方案供其选择。

（2）话语柔和，善解人意。语气柔和、亲切能让客户感觉到是在与人沟通，而不是在与机器沟通。在线沟通因没有语气、语调和面部表情，信息传达会有偏差，对此，客服人员可以用笑脸表情符号、英文、网络流行用语来弥补，拉近和客户的距离。

（3）多做一些，让客户安心。客服人员主动提供必要的信息可以让客户在购物和等待的过程中更有安全感，这一方面减少了纠纷，另一方面也提高了好评率。例如，若物流延迟，客服人员可以主动告知客户商品的运输情况。

2）换位思考

在与客户沟通的过程中，客服人员要进行换位思考。简而言之，就是站在客户的角度去思考问题，将心比心地理解和认同客户的感受。客服人员回答问题时，要处处为客户着想，理解其意愿。当有不同意见时，客服人员也应该尊重客户的立场和观点，对其看法和观点表示理解，争取用诚心打动客户并最终达成交易。换句话说，即使交易不成，但人情还在，融洽的沟通也可能提高客户"回头"的概率。

3）实事求是

在商品买卖的过程中，客服人员要实事求是地向客户介绍商品的优点与缺点。商品存在缺点是任何卖家都无法避免的，坦诚地介绍、合理地解释、适当地描述才能够让客户理解与认同。尽量避免在介绍商品的优点时滔滔不绝、在被问及缺点时避而不答，这种做法只会给客户留下不好的印象。

4）勇于担责

客户发起售后咨询通常是因为某些原因造成交易不愉快，客服人员在进行售后咨询服务时应以安抚客户情绪为第一任务，然后再分辨责任。如果是卖家的责任，客服应第一时间承担责任，补偿客户损失；如果不是卖家的责任，客服可以对客户的困扰表示理解，并且积极主动地帮助客户解决问题。

5）诚实守信

客服人员应始终坚持诚实守信的经营原则，对待客户的咨询要诚实地解读和回答，不能为了达到销售目的做出过度营销行为，也不能为了暂时敷衍客户过度承诺，承诺客户的一定要做到。

6）主次分明

客服人员在与客户交流的过程中要关注交流和服务的重点并围绕重点开展工作。切忌在沟通时不分主次、偏离重点，这样不仅会浪费客户的宝贵时间，也不利于问题的解决。

7）投其所好

跨境电子商务中，不同消费者的需求、情绪、态度等具有较大差异，一般而言，热情、自信的客户往往乐于在购物的过程中与人沟通。对待不同的客户，客服人员要善于投其所好，只要能抓住客户的特点并恰到好处地进行产品宣传，客户都会乐于接受，并且可能成为店铺的忠实客户。

8）善于检讨

客服人员在与客户沟通的过程中难免会遇到很多无理的客户，此时一定不能责怪、抱怨对方，应先自我检讨并虚心请教，倾听客户的想法，避免因语言、情绪不当而影响交易的达成。

2．跨境电子商务客户服务人员的工作内容

1）解答客户疑问

客服人员的解答疑问工作主要包括解答客户关于"产品"的疑问和关于"服务"的疑问。

在产品方面，跨境电子商务客服的工作难度主要体现在产品种类多、专业信息量大和多国产品规格差异大等方面。首先，与国内客户不同，国外客户对"店铺"的概念非常薄弱，加上跨境电子商务的卖家并非只销售一到两个专业品类的产品，而是涉及多个行业不同种类的产品，这就使得客服的工作变得更加复杂，要掌握多类产品的专业信息。其次，国内外产品在规格上存在巨大的差异。例如，欧美国家的服装尺码标准与我国存在差异。又如，欧洲国家、日本、美国的电器产品的电压标准都与我国不同，这将导致我国卖家卖出的电器仅能适用于部分国家。为解决上诉问题，一方面需要客服人员充分掌握各种产品信息，另一方面也要把握不同国家产品的规格、要求，这样才能为客户做出充分的解答，提出可行的解决方案。

在服务方面，跨境电子商务客服人员经常需要处理客户对于产品运输方式、海关申报清关、运输时间以及产品是否符合其他国家的安全标准等问题。当产品到达国外客户手中后，客户在使用产品的过程中遇到问题时只能通过网络远距离沟通，这就需要客服人员具有极高的售后服务能力和外语能力。

2）解决售后问题

据速卖通官方统计，跨境电子商务卖家每天收到的邮件中有将近七成都是关于产品和服务的投诉。也就是说，客服人员最主要的日常工作就是处理售后问题。售后服务是影响买家满意度的重要方面，因此做好售后服务非常重要。

跨境电子商务的售后服务需要做到以下几点。

首先，要及时与买家沟通。交易过程中，买家付款以后还有发货、物流、收货和评价等诸多过程，卖家需要将发货及物流信息及时告知买家，提醒买家注意收货，出现问题及纠纷时也应及时妥善处理。多做沟通既能让买家及时掌握交易动向，也能够使其因感受到来自卖家的重视从而提高对卖家的满意度。

其次，注重产品质量、货运质量。优质的产品是维系客户的前提，这要求商家在上传产品的时候，可以根据市场变化调整产品，剔除供货不太稳定、质量无法保证的产品，从源头上控制产品质量；在发货前注意产品质检，尽可能地避免残次物品的寄出。另外，要加强物流环节把控，在买家下单后，客服人员应及时告知买家预计发货及收货时间并及时发货，主动缩短买家等待的时间；对数量较多、数额较大的产品或易碎品，可以对包装、发货过程拍照或录像，留作纠纷处理时的证据；注意产品的规格、数量及配件要与订单一致，以免因漏发引起纠纷；在包裹中提供产品清单以提高专业度。

3）促进销售

销售往往被认为是销售人员的工作，但实际上，在跨境电子商务领域中，客服人员如果能够充分发挥主观能动性，也能够为企业和团队创造巨大的销售成果。例如，在客户拍下了产品但还没有付款时，建议客服人员在沟通中提到两个方面的内容：第一，用一两句话概述产品最大的卖点，以强化客户对产品的信心。在描述产品时可以使用"high quality""with competitive price"等语句，也可以说产品是"most popular"。第二，建议提及"instant payment"来确保更早地安排发货以避免受缺货影响，不过不建议过分强调，以免让客户感到不愉快。

4）反馈问题

跨境电子商务由于跨国交易、订单零碎，在日常的团队管理中，产品开发、采购、包装、仓储、物流和海关清关等环节出现问题的概率会比国内电子商务方式更大。由于环节非常多，某个环节出现问题之后，责任往往无法确认到位，容易导致问题进一步扩大与恶化。如果整个团队工作流程中的缺陷在多次引发问题之后仍然不能被有效地发现和解决，那么这种缺陷对团队来讲无异于一个长期存在的"不定时炸弹"，随时有可能爆发并导致更加严重的损失。因此，对任何一个团队来讲，团队的管理者都必须建立一套完整的问题发现与问责机制，以在问题出现后及时弥补引发问题的流程缺陷。

需要明确的是，虽然客服人员并不一定直接参与团队的管理，但是他们每天直接面对所有客户，负责聆听并解决所有客户提出的问题，是企业广大客户的直接接触人，因此跨境电子商务团队必须充分发挥客服人员的管理监控职能，让客服人员定期将遇到的客户问题进行分类归纳并及时反馈给销售主管、采购主管、仓储主管、物流主管以及总经理等，为他们调整和优化工作流程提供第一手的重要参考信息。

3. 跨境电子商务客户服务人员的工作目标

1）保障账号安全

由于跨境电子商务平台面向多国经营，而各国的法律要求和标准制定不统一，故跨境电子商务平台对卖家的信誉及服务能力的要求要高于国内电子商务平台。以阿里巴巴速卖通平台为例，为了清楚地衡量每一个卖家的服务水平和信誉水平，速卖通平台设置了"卖家服务等级"。"卖家服务等级"在本质上是一套针对卖家服务水平的评级机制，共有四个层级，分别是优秀、良好、及格和不及格。在此机制中，等级越高的卖家得到的产品曝光机会越多，平台在进行推广资源配置时也会更多地向高等级卖家倾斜。反之，当某个卖家的"卖家服务等级"处于低位水平，特别是"不及格"等级时，该卖家的曝光机会及参加各种平台活动的资格都会受到极大的负面影响。

卖家要通过提高产品的质量和服务水平来不断地提升"卖家服务等级"，以便在平台销售过程中获得更多的资源优势与曝光机会。要想在其他因素相对稳定的前提下达到更高的"卖家服务等级"，就需要客服人员通过各种工作方法与沟通技巧维持各项指标。也就是说，指标越好，账号的安全度越高，也就是说跨境电子商务客服人员要达到"保障账号安全"的工作目标。

2）降低售后成本

相对于国内电子商务卖家来讲，跨境电子商务卖家的售后成本较高，而客服人员应竭力降低售后成本。以退货成本为例，由于运输距离远、时间长导致了国外客户的退货成本高，跨境电子商务的卖家会比国内电子商务的卖家更多地使用到"免费重发"或者"买家不退货、卖家退款"的"高成本"处理方式，此时，富有经验且精于沟通的客服人员在处理国外买家投诉时就会使用多元化的解决方案，通过合理、巧妙地搭配各种售后服务方式，针对不同的情况进行处理，最终达到将售后服务的成本指标控制在合理范围内的目的。

又如，许多电子产品或近年来比较热门的智能家居产品往往由于缺少详细的外文说明书导致客户因使用困难产生投诉或纠纷，甚至要求退款。这时，如果客服人员通过巧妙的方式，用简单易懂的语言向客户说明产品的使用方法，解答关于产品本身的技术性问题，使客户接受产品，则可达到零售后成本的效果。

3）促进再次交易

跨境电子商务的客服人员一方面可以通过交流与沟通促成潜在批发客户的批发订单成交，另一方面也可以有效地帮助零散客户再次与店铺进行交易并将其转为具有"黏性"的老客户。这个目标可以通过以下途径达成：首先，如果卖家客服人员能帮助客户完美地解决各类问题，客户对卖家的信任感往往会增强并逐渐转变成忠实客户。其次，跨境电子商务行业中有大量的国外批发买家在搜寻合适的中国供应商，无论是在售前还是在售后，他们更关注的是卖家的产品种类丰富度、产品线的开发拓展速度、物流与清关的服务水平和批发产品的折扣力度与供货能力等，如果客服人员能够积极跟进，不断地解决他们的所有疑惑与顾虑，最终将会促成批发订单的成交。最后，客服人员通过与营销业务人员配合，巧妙地使用邮件群发工具形成"客户俱乐部"，一方面可以增强客户的黏性，另一方面也可以通过优惠券的发放促使客户参与店铺的各种促销活动，提高他们再次下单的概率。

1.2.3 跨境电子商务客户服务人员的职业素养

1. 品格素质要求

1）集体荣誉感

集体荣誉感要求跨境电子商务客服人员所做的工作不是为了表现自己，而是为了能把整个店铺的客户服务工作做好，提升店铺的业绩和形象。集体荣誉感是一个团队的灵魂，它具有振奋精神、激励斗志、使成员团结一心的强大作用。客户服务工作应强调合作意识和团队精神。只有每个成员都具备强烈的集体荣誉感，一个团队才会有凝聚力、进取心和向上的朝气，团队成员才能在工作中感受到家庭般的温暖。

2）乐观包容

乐观包容是胸襟开阔的体现，是退一步海阔天空的悠然。客服人员在工作中常常因为一件小事、一句不注意的话让客户不理解或不信任，甚至会遇到无理客户，这时要以律人之心律己，以恕己之心恕人；要以乐观包容的心态包容客户的一些无理行为，要有足够的耐心去跟客户解释和沟通，打消客户的疑虑，尽量满足客户的需要。

3）责任意识

责任意识是一种自觉意识，客服人员在工作中难免会犯错，只有能够承担责任、善于承担责任、勇于承担责任才能得到客户的谅解。出现问题时，客服人员之间不应相互推诿、逃避责任，而是要直面错误，尽力化解与客户的矛盾，弥补给客户带来的损失，挽回店铺形象并在工作过程中不断反思与总结，积累经验。

4）信守承诺

"人而无信，不知其可也"，没有人愿意和不讲信用的人打交道，诺言就是责任，客服人员要把每一个承诺当成自己必须要履行的责任。客服人员在对客户做出承诺前一定要三思，要慎重地考虑事情的各个方面，做到不盲目、不夸张。慎重地对客户做出承诺既是对客户尊重，也是对店铺负责。客服人员一旦承诺就必须兑现自己的诺言，一旦答应客户的要求就要尽心尽力地去满足。

5）谦虚诚实

如果客服人员不具备谦虚的态度，只会在客户面前炫耀自己的专业知识并且揭客户的短，很容易引起客户的不满与抱怨。客服人员要求有较高的服务技巧并精通专业知识，但不能去卖弄，要谦虚低调。同时，诚实地对待客户也很重要，谎言迟早会被戳穿，所以客服人员在与客户交流时应该保持诚实的工作态度，诚实做人，诚实待客，诚实地对待失误和不足，否则只会激怒客户。

6）同理心

处理客户的投诉和抱怨时，客服人员要把自己想象成客户，想想如果自己遇到同样的情况会怎么想、怎么做。有同理心就是要将心比心，要时刻站在客户的角度去思考问题，这样才能真正地理解客户的想法和处境，了解客户最需要的和最不想要的是什么，在处理问题的过程中最大程度地满足客户的要求，挽回整个店铺在客户心中的形象，将损失降到最低。

7）积极热情

积极热情的态度是保证客服工作顺利开展的前提和基础。积极热情的客服人员会令客户顿生好感，促使客户在未来几年中稳定地回购下单，促进再次交易。客服人员必须牢记：客户永远喜欢与能够给他们带来快乐的人交往。

8）服务导向

服务导向是指乐于为别人提供帮助的意愿。如果一个人的服务导向很强，那么他就会发现服务是一件非常快乐的事情。因为他每次都能够通过帮助别人而感到快乐，把别人的快乐当成自己的快乐，把消除别人的烦恼当作自己更大的快乐。客服人员只有具备服务导向，才能在工作中收获满足感和幸福感。

2．心理素质要求

1）积极进取的心态

作为客服人员，需要时刻以积极进取的心态来对待自己的工作，遇到困难与挫折不能轻言放弃，要以不屈不挠、坚韧不拔的精神面对困难，积极进取、永不服输并在工作过程中学会自我适应与调整。

2）对挫折、打击的承受能力

跨境电子商务客服人员每天要面对来自世界各地的不同客户，由于国家和地区之间的地域文化差异以及客户的价值观念、思维方式、性格特点的不同，客服人员在沟通时难免遇到被客户误解的情况，有的客户甚至会因对产品不满而迁怒于客服人员。这就需要客服人员具备承受挫折、打击的能力，在面对客户的误解甚至辱骂时，要保持良好的心态，与客户耐心地沟通，消除客户的愤怒情绪，以积极向上的服务态度去感染客户。

3）自我情绪的调节能力

客服人员心情的好坏会间接影响到客户。假设客服人员每天接待 100 个客户，如果第一个客户因为误解把客服臭骂一顿，客服的心情会变得很不好，情绪会很低落，但是后面依然有 99 个客户在等待着。面对这种情况，客服人员不能把第一个客户带来的不愉快转移给后面的客户，而要对每一个客户都保持同样的热情度，这就需要客服掌控和调节自己的情绪，耐心地与客户沟通。如果遇到实在不能招架的客户，客服人员也要有技巧地应对，一定不能让对方的情绪影响自己的工作。

4）处变不惊的应变能力

所谓应变能力，是指对一些突发事件进行有效处理的能力。作为客服人员，有时会遇到一些蛮不讲理的客户来找碴儿，用差评或投诉来威胁客服人员。这个时候，客服人员要做到处变不惊、保持冷静，一方面要安抚客户的激动情绪，另一方面要思考解决问题的对策，争取稳妥、有效地处理突发事件，把对店铺的不良影响降到最低。对于客户所提出的问题，客服人员除了要真实、客观地回答，还需要思路清晰、灵活应对。在长期与客户的沟通中，客服人员可以不断积累与不同类型客户打交道的经验并在实际工作中灵活运用。

5）细致敏锐的洞察力

洞察力是对客户的心理状态、消费行为以及人性的观察和思考。通俗地讲，就是指客服人员要了解清楚为什么客户喜欢"这个"而不喜欢"那个"。细致敏锐的洞察力能够帮助客服人员找到需求与满足的结合点，了解客户的想法和动机，抓住客户的心，从而引导交易成功。

6）满负荷情感付出的支持能力

所谓满负荷情感付出，是指客服人员需要对每一个客户都提供最贴心、最周到的服务，对待第一个客户和对待最后一个客户需要付出同样饱满的热情，不能有所保留。客服人员只有做到满负荷情感付出，时刻保持高涨的服务热情去对待每一个客户，为客户提供高品质、多元化的服务，才能获得客户的理解与好感，提高客户的信任度和依赖感。一般来说，每个客服人员的满负荷情感付出的支持能力是不同的，工作时间越长的客服人员，满负荷情感付出的支持能力越强。

3．综合素质要求

1）客户至上的服务理念

跨境电子商务客服人员要将"客户至上"的服务理念贯穿于客户服务工作中，要始终以客户为中心，站在客户的立场上去考虑问题，给客户以充分的尊重，了解客户的需求，然后根据客户的需求和消费能力推荐最合适的产品，合理引导客户消费并解答疑虑。与此同时，客服人员要始终把自己置于客户的严苛挑剔和审查之下，虚心接受来自各方面的意见和建议，做到从善如流，不断地改进服务，使自己的服务工作达到尽善尽美。

2）人际关系的协调能力

同事之间关系紧张、相处不愉快会直接影响客户服务工作的效果，因此客服人员要善于协调与同事、领导之间的关系，以达到提高工作效率的目的。协调人际关系的关键在于以尊重他人为前提，学会理解他人的感受、宽容他人的不足、倾听他人的想法，用真诚的心对待他人。

3）独立处理工作的能力

跨境电子商务客服人员必须具备独立处理工作的能力。虽然在实际工作中，每个客服人员都有明确的分工，但是企业仍然要求每个客服人员都能够独当一面，可以独立处理客户服务工作中的棘手问题。这不仅对客服人员的综合能力提出了巨大挑战，而且进一步体现了跨境电子商务平台对客服人员的高标准、高要求。

4）分析解决不同问题的能力

跨境电子商务客服人员不但要能做好客户服务工作，还要善于思考，能够提出合理化建议，具备分析、解决问题的能力，遇到问题要能够差别化处理。例如，客服针对回答客户询盘、处理产品售后、解决客户投诉与纠纷等不同的问题要制定不同的应对策略，利用专业知识和工作经验帮助客户分析、解决一些实际问题。

1.3　跨境电子商务客户关系管理的新思路

1.3.1　换位思考

跨境电子商务客服工作与国内零售电子商务客服工作的显著区别在于：国内零售电子商务的客服工作往往集中在售前，客户会在下单前与卖家就是否有货、是否提供折扣、物流方式与到货时间等一系列问题进行交流；而跨境电子商务中，客户更倾向于选择"静默下单"的方式，即在下单购买之前几乎不会与卖家联系，大部分联系卖家的客户邮件或留言都出现在售后环节。这就意味着在跨境电子商务中，客户联系客服时往往是带着各式各样的问题而来的。一方面，客户作为不专业的一方，不熟悉复杂的国际物流，也很难清晰地理解某些中国卖家所写的英文产品说明；另一方面，由于物流路径长、客户等待时间久、语言与文化存在差异等问题，客户很容易产生不满与抱怨，并且出现焦躁情绪。

针对上述问题，跨境电子商务客服人员需要换位思考、推己及人，理解客户的不满与抱怨并运用一系列方法与技巧来主动地引导客户的认知与情绪，为进一步的双向沟通与问题解决打下良好的基础。

1. 给客户吃"定心丸"

跨境电子商务客服人员首先需要做到的就是在沟通过程中，特别是在与客户第一次接触中想办法弱化事件的严重性，将事件导致的不良后果降到最低程度。客服人员应在第一时间向客户保证能够帮助其顺利地解决问题，从而稳定客户的情绪，这就是所谓的给客户"吃定心丸"。

2. 对客户怀抱感恩之心

跨境电子商务卖家的销量、利润等全部来自客户，因此，客服人员理应对客户怀抱感恩之心。在实际的客服工作中，客服人员要从细节里向客户呈现感恩的态度，这对顺利解决投诉或其他问题、说服客户接受解决方案，甚至对降低解决问题的成本都是非常有效的。

3. 从专业的角度解决问题

在跨境电子商务的实现过程中，客户往往不专业或缺乏相关的知识，这就要求客服人员在面对客户时要从更专业的角度来解决问题。首先，在明确问题发生的原因时，客服人员需要清楚明了地向客户解释问题产生的真实原因；其次，无论是对物流还是对产品中涉及的专业术语或行业专用概念，都需要适当地简化，用通俗易懂的方式简洁地向客户进行说明；最后，在提出解决方案时，需要基于问题产生的真实原因提出负责而有效的解决方案。从长远来看，客户就所遇到的问题提出投诉对客服而言并非坏事，因为问题得到顺利而彻底的解决能够有效地增加客户对卖家的信任感，进而形成"客户黏性"。也就是说，在心态上，客服人员应把每一个客户反映的问题都作为展示自己专业能力的机会，用专业的方法与态度来解决问题，将偶然下单的客户转化为长期客户。

4．重视最后一封邮件的回复

在绝大多数情况下，跨境电子商务客服人员都使用站内信、电子邮件或留言的方式与客户沟通。从商务礼仪的角度讲，买卖双方文字沟通过程中的最后一封邮件理应由卖家客服人员发出，这对增加客户对卖家的好感有一定的积极作用。从技术的角度讲，许多跨境电子商务平台都会在后台系统中做出一个自动设置系统来"扫描"所有站内信或留言的平均回复时间，平均回复时间越短，时效越高，这个小小的细节也能反映出商家的服务水平。

但是，在实际操作过程中，客服人员往往会遇到这种情况：经过沟通后，客服人员顺利地帮助客户解决了问题，而客户往往会回复一封简单的邮件，如 Thanks 或 OK。许多客服在操作时不甚精细，对这种邮件可能就不做任何回复了。但正如前面所讲的，由于各个跨境电子商务平台的后台系统无法真正地识别客户发出的信息内容是否需要回复，故这些简短的客户信息如果没有得到及时回复是可能影响系统对"卖家回复信息时效"的判断的。从长期来讲，这对卖家来说是没有好处的。

因此，跨境电子商务客服人员要做到无论在何种情况下，与客户进行互动的最后一封邮件一定要出自客服，这既是出于对礼貌的考虑，也是出于对技术角度的考虑。

1.3.2 以诚相待

在面对客户的抱怨时，客服人员首先要用真诚的态度对客户表示歉意，然后要在了解具体情况后，快速对事件做出反应，主动承担责任并给予有效处理。客服处理售后问题动作迅速可以让客户感觉到应有的尊重和卖家解决问题的诚意，这样可以有效地遏制客户对产品负面信息的传播，防止对店铺信誉造成更大的伤害。

1．了解问题的来龙去脉

当客户提出售后问题时，客服人员应在第一时间联系客户，了解问题的来龙去脉，这样可使客户产生被重视的感觉，还有可能使其放下心中的偏见，愿意心平气和地沟通。在弄清问题的事实及本质后，客服人员要主动、真诚地向客户道歉，因为一个小小的道歉行为不仅能表明卖家勇于承担责任的态度与解决问题的决心，而且能够给客户留下专业、负责任的印象，有利于消除客户的不满情绪，强化客户对卖家的信任，最大程度地降低处理问题的成本和难度。

2．寻找合适的理由

面对客户投诉，客服人员需要找到一个合理的、客户能够接受的理由，并且这个理由最好是由第三方（客户和卖家之外）或不可抗力引起的。找理由的目的不是推卸责任，而是照顾客户心理，一个合适的理由可以让客户寻求到心理上的平衡，从而更容易接受客服人员提出的解决方案，最终能够更加快速地解决纠纷和争议。

3．真诚地承担责任

需要注意的是，客服寻找合理的理由并不是不去承担责任，只是为了让客户更容易接受客服提出的方案，出发点是为了服务客户。也就是说，商家把错误合理地归责到第三方身上并表明"即使错误不在我们，我们仍然愿意为客户解决问题"的方法往往能平息客户的怒气，使其更顺利地接受解决方案。在提出方案时，客服人员一定要对客户的问题进行客观分析，找准问题"对症下药"，切不可随意提供解决方案，以免出现新的问题，导致客户更加不满意。建议一次性提供多个方案供客户选择，这既能让客户充分体会到商家对他们的尊重，也能让客户更有安全感。

从长远来讲，卖家只有把客户当成自己的朋友，以诚意相待，以最快捷、最彻底的方式帮助客户解决问题，才有可能在一次次的实践中积累客户对卖家的信任。俗话说"不打不相识"，有了矛盾不要紧，只要客服人员能够让客户感受到卖家的诚意，完美地为他们解决问题，客户就更容易成为卖家的长期客户。

案例 1-2

CRM 系统

CRM 即 customer relationship management，一般翻译为"客户关系管理"，是指企业用 CRM 技术来管理与客户之间的关系。CRM 最早产生于美国，由 Gartner Group 首先提出。20 世纪 90 年代以后，CRM 伴随着互联网和电子商务的大潮得到了迅速发展。

不同的学者或商业机构对 CRM 的概念有不同的看法。CRM 概念的原创者认为，CRM 是一种商业策略，它按照客户的分类情况有效地组织企业资源，培养以客户为中心的经营行为及实施以客户为中心的业务流程并以此为手段来提高企业的赢利能力、利润及顾客满意度。以客户为中心正在成为企业经营管理的核心，这使得 CRM 成为当前应用得最广泛的管理系统。从整体发展态势来看，中小企业对 CRM 系统的需求正在上升，这使得 CRM 软件产品在中小企业市场中的竞争越来越激烈。

下面介绍几款比较好用的 CRM 系统软件。

1．金蝶 CRM

金蝶是国内知名软件厂商，作为金蝶产品多元化战略的一部分，金蝶 CRM 在 CRM 市场风头正劲。金蝶 CRM 属于操作型系统，由销售、市场和服务三个子系统组成，应用架构主要是协作型 CRM 和分析型 CRM 两大部分。协作型系统的目的在于支持各种客户交互方式；分析型系统以使用数据、挖掘数据仓库和复杂的分析功能为基本特点，透视客户的需求、消费习惯、行为模式等，代表着那些能够真正理解客户行为、期望、需要、历史和与企业全面关系的 CRM 功能。两者可以集成运作，以满足不同行业的直销和分销这两种销售模式。金蝶拥有雄厚的研发实力，其 CRM 系统适用于成长型、成熟型和稳定型企业的客户管理。当然，好的产品能卖出更好的价格，金蝶 CRM 售价一般在 15 万元～45 万元。

2．用友 CRM

用友 iCRM 产品主要包含基础管理、客户管理、市场管理、销售管理、服务管理、客户自助、系统管理七大模块。该软件从业务层面、管理层面对企业相关的业务进行支持，使客户由从前的被动参与企业的营销转变为主动参与企业的营销活动，较大程度地实现了客户的价值。在技术特点上，用友 iCRM 基于 Java 技术的 BS 架构面向的用户是大中小型工商企业，特别是区域分支机构较多，需要集中管理客户资源的企业。该系统能帮助用户建立集中的数据平台，这样，用户、总公司/分支机构间数据可以实现统一管理、共享、上报/下达的集团级应用并避免客户资料的重复录入、重复跟单。

3．总管家 CRM

总管家是一个成立逾十年的软件公司，主要服务于中小微企业。总管家 CRM 系统属于 C/S 架构，数据保存在客户公司的计算机，以保证用户数据的安全。不同于其他的租用软件，总管家 CRM 系统可一次付费、永久使用，而且客户可以享受终身服务和免费升级。总管家 CRM 系统界面清晰美观，使用比较简单，容易上手，而且这款软件的功能十分强大，能够管理客户和销售，实现仓库、财务管理一体化。另外，总管家 CRM 系统还有一些人性化的服务，如生日提醒、手机短信、快捷便签等，其唯一不足的是不能自动升级，用户需要联系总管家的客服人员进行一对一升级。

4．售宝 CRM

售宝 CRM 是专为中小企业量身打造的集在线客户管理、销售管理、市场管理、服务管理为一体的管理工具。它通过全方位地管理客户资源，多角度查询、挖掘和分析客户特征、客户业绩贡献、客户获取和客户维持的成本等相关信息，真正实现完全管理客户生命周期，可有效地提升销售业绩。售宝 CRM 即租即用，购买流程少，具有强大的个性化自定义控制管理功能，可最大化地满足企业的个性需求，实现企业的精细化管理。

5．销帮 CRM

销帮 CRM 面向成长型中小企业，以客户为中心，主要面向企业营销、销售、服务及管理人员，其通过将销售自动化、营销自动化、服务自动化全面集成，整合、优化企业业务流程，使业务运作协同进行，为营销部、销售部、服务部等部门提供了统一的客户平台，保证各个部门可及时、完整地了解客户，消除客户信息孤岛，使各个部门真正做到信息共享、业务协同，从而能够帮助企业建立一个规范、准确、即时的客户数据库，实现轻松、规范、细致的销售管理工作，提高管理效率，掌握及时、准确、全面的销售动态。

资料来源：http://www.100ec.cn/detail--6131703.html，略有改动。

1.3.3　巧妙沟通

在跨境电子商务行业中，虽然并不要求每一个岗位的工作人员都需要具备高超的外语技能，但是对跨境电子商务客服岗位而言，学会巧妙地沟通，熟练掌握最主要客户的语言是必需的。

1．扎实的语言基本功

跨境电子商务客服人员需要不断地加深对语言的学习，具备扎实的语言功底，特别需要熟练地掌握所售产品的相关专业词汇。另外，还要注重细节，尽量避免低级的拼写与语法错误。交流时正确使用客户的母语一方面展示了卖家对客户的尊重，另一方面也可以有效地提高客户对卖家的信任感。

2．避免成段大写

我们在浏览商品描述时常会见到这种情况：某些卖家为了在较多的邮件文字中突出展示重点信息（促销、打折等优惠信息）而采用成段大写的方式。这样做虽然可以有效地突出重点，让客户一眼就看到卖家所要表达的核心内容，但也会产生一些副作用——成段大写往往与愤怒、暴躁等激动的情绪联系在一起，因此是一种缺乏礼貌的书写方式。客服人员需要在日常工作中注意这一细节。

3．简化语言表述

在与客户沟通的过程中，为了方便绝大部分客户阅读，客服人员应当使用结构简单、用词平实的短句，语言要尽量通俗化，少用专业术语。因为通俗性的语言可以在最短时间内让客户充分理解商家所要表达的内容。当前在跨境电子商务平台中使用得最多的语种是英语，但跨境电子商务的客户来自全球多个国家和地区，很多国家和地区的客户并没有使用英语，因此客户需通过在线翻译工具来阅读产品页面与邮件的情况很常见。由此，跨境电子商务平台卖家就更需要简化自身的书面语言，以提高沟通效率。

4．巧用分段与空行

多数客户在阅读卖家邮件、促销信息等文字资料时都会采取"略读"的方式。所谓略读，是指快速地阅读文章以了解其内容大意的阅读方法。换句话说，"略读"是指读者有选择地进行阅读，通过跳过某些细节，以求抓住文章的大意，从而加快阅读速度。

针对这种情况，客服人员在撰写邮件时，需要特别注意按照文章的逻辑将整篇邮件进行自然分段并在段与段之间添加空行。这样做有利于客户简单地浏览不重要的段落，快速跳至重点信息。这个技巧一方面可以有效地缩短客户的阅读时间，增加客户与客服沟通的耐心；另一方面通过清晰地按逻辑进行分段，可以给客户以专业、有条理的印象，增加客户对卖家的好感。

1.3.4 *积极互动*

作为卖家，通常希望每个客户都成为店铺的回头客，但是跨境电子商务平台有数量众多的同类店铺，客户为什么要选择在你的店铺长期购买呢？这不仅与产品的专业性、客服人员的努力程度密切相关，还要求卖家与客户形成互动，增强与客户之间的黏性。如果某卖家与客户具有很强的黏性，则当客户下次有需求时，第一个想起的就是该卖家。所谓增强客户黏性，就是构建客户的忠诚度，具体可以从以下三个方面入手。

1. 加强互动性沟通

加强互动性沟通即要注意沟通方式尽量与客户保持一致。在初始阶段，卖家与客户一般通过站内信和留言建立联系，当普通客户成长为重点客户时，卖家想要与客户保持及时、畅通的联系，务必要注重运用邮件、短信、电话或辅助软件（Skype、What's App、VK、Facebook、Twitter）等工具。

2. 重视客户反馈

在经营店铺时，卖家通常比较关注客户评价，其主要原因是中、差评会影响产品的质量得分和卖家服务等级，从而影响产品的排名和销量。由于各种因素，卖家往往很难让客户百分之百满意，因此卖家一定要重视重点客户的反馈。当客户收到货后，卖家应积极主动地征求客户的意见，如包装是否变形、产品设计是否有缺陷、客户是否满意等，从而让客户有更好的购物体验。

3. 预测客户需求

卖家应对客户所处国家或地区的风俗习惯、地理概况、气候状况等做到了如指掌，从而根据客户的这类隐性信息分析其经常购买的产品类别及购买能力。此外，卖家还应通过日常沟通了解大客户的销售渠道、销售对象及当前的流行趋势和元素，并且主动提供定制或相匹配的产品营销及精细化的服务，以提升客户的忠诚度。

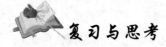

1. 跨境电子商务客户关系生命周期包括哪几个阶段？
2. 运营型客户关系管理有哪几个方面的应用？
3. 客户关系管理的功能是什么？
4. 跨境电子商务客服的工作内容是什么？

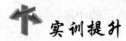

实训项目：跨境电子商务客户服务的挑选

【实训目标】

1. 加强团队合作，发挥每一个团队成员的能力，学习小组内讨论、分析解决问题的方法。
2. 培养学生自主学习和独立思考的能力。

【实训内容】

假如你在 eBay 英国站开了一家手工饰品的店铺，需要招聘一名客服，请以如何招聘跨境电子商务客户服务人员为主题写一篇报告。

【实训步骤】

1．教师带领学生学习相关知识，按照三人一组进行教学分组，每个小组设组长一名，负责确认每个团队成员的任务。

2．根据教师教授的内容，整理跨境电子商务客服工作及人员职业素养的相关知识。

3．上网或者去图书馆查询关于跨境电子商务客服工作及人员职业素养的课外知识。

4．每个小组派一个组员根据自己的报告上台演讲，教师和其他小组成员对其演讲进行评价、讨论。

第2章 跨境电子商务客户分析

 知识导图

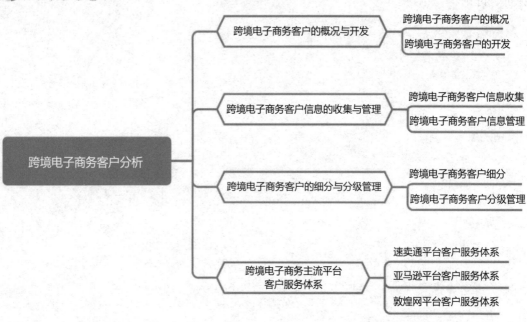

 知识目标

- ❑ 了解跨境电子商务客户的特点。
- ❑ 了解跨境电子商务客户信息的收集。
- ❑ 掌握跨境电子商务客户的细分。

 重点及难点

重点

- ❑ 主要国家跨境电子商务客户特点分析。
- ❑ 跨境电子商务客户的开发。
- ❑ 速卖通平台客户服务体系。

难点

- ❑ 掌握跨境电子商务客户的信息管理。

❑ 掌握跨境电子商务客户的分级管理。

❑ 了解亚马逊平台的客户服务体系。

❑ 了解敦煌网平台的客户服务系统。

 引例

扎堆儿的初创企业如何通过 B2B 平台开发新客户

中小企业的发展道路并不平稳，需要企业主有强大的定力，才能在商业浪潮中稳稳地站住脚跟。B2B 平台是助力中小企业发展的一剂良药，要怎么使用才能发挥其最大的效果？

1. 找准自身需求，量力而行

做过 B2B 平台推广的公司一定知道这种平台所占据的权重通常会更高，从各种现实当中的例子中也的确能够得出这个结论。在 B2B 平台资源选择方面，要选择大型的、排名靠前的 B2B 平台，如黄页 88、云集 B2B 网、一百万采购批发网等，每个平台都有自己的侧重点，建议企业可以选择最适合自己的 B2B 平台。例如，机械设备类企业选择一些机械类 B2B 网站的效果会更好，如万国机械网；对于五金行业，可以选择行业中专业的电子商务平台，如通用五金网。关键要找准 B2B 平台并深度利用。

2. 做好品质优先的信息内容

在 B2B 平台发布的信息通常分为两类：第一类是常见的供求信息，这类信息可以是纯粹的广告文，也就是产品的介绍，现在分为两种，一种是长尾词，另一种是直接体现在标题上或直接发布"长尾词+品牌""长尾词+型号"等。第二类是企业资讯，可以是新闻或产品资讯，目前百度等搜索引擎对优质原创内容较为"友好"。所发资讯不能是赤裸裸的广告文，而应是我们常说的软文，经验性或故事性软文更受用户的青睐。

3. 持续更新内容

这是指每周定期重发、更新已发布内容，使之处于最新发布状态；根据 B2B 网站站内最新规则调整内容，避免被封号或者因触犯规则而下线。

企业利用 B2B 网站做好推广是需要懂一些方法的，利用 B2B 建立多个顶级商铺，能良好地部署核心和长尾关键词，布局大量企业信息，"霸屏"企业品牌和行业相关的关键词。在 B2B 的企业店铺增加官网外部链接，提升官方网站权重，总的来说就是提升企业在行业内的曝光率。

B2B 平台目前是国内企业都会光临的地方，有所应就有所求。企业一定要有一个核心的 B2B 推广平台，能够发挥展示和销售企业产品的作用，B2B 平台对于资金不够充足的中小企业无疑是个不错的选择，加上一些其他的推广渠道，企业能够获取自己的心仪客户群体。

资料来源：http://www.100ec.cn/detail--6541642.html，略有改动。

2.1 跨境电子商务客户的概况与开发

2.1.1 跨境电子商务客户的概况

1. 跨境电子商务客户的特点

1）跨境电子商务客户的消费心理特点

古人云，"用兵之道，攻心为上，攻城次之，心战为上，兵战次之"。事实上对于任何形式的营销来说，关键都在于攻心。这里所谓的"攻心"就是要读懂客户的心理。

从品牌、定位到差异化，从定价、促销到整合营销，任何企业的销售活动其实都是针对客户的心理而采取的行动。尤其是在互联网时代，跨境电子商务客户的需求更是多种多样并具有个性的，因此把握和迎合跨境电子商务客户的心理才更能吸引他们，最终达成产品的销售。

（1）跨境电子商务客户的分享心理。在互联网时代，人们越来越喜欢将自己买到的产品"晒"出来，这种"晒"就是分享。无论是在国外的社交媒体上，如 Facebook、Twitter、Instagram、YouTube、Pinterest 等，还是在国内的社交网络上，如微博、微信、QQ、博客、豆瓣、人人网等，经常可以看到客户买到一款产品或服务后就会"晒"出来，与好朋友一起分享。

此外，消费者的分享心理还体现在征求意见方面。用户在看好了一款产品之后却拿不定主意，不知道是不是值得购买，于是他们会通过社交平台分享给好友，然后征求对方的意见。当小伙伴之间对某款产品"品头论足"时，那么这款产品也就自然而然地被分享出去了。

消费者有社交分享心理就会形成社交圈子。当社交网络进入我们的生活时，陌生人之间的隔阂也被打破了。理论上，我们可以通过社交平台来认识任何一个我们想认识的人，每个人的社交关系也会得到重组，于是就出现了以兴趣爱好或专业分类的社区和论坛等。社区、论坛里的好友会互相分享产品的购买链接或网址，从这一层面来讲，客户由消费者变成了网络传播的主角，即消费商。

"互联网+外贸"的发展使跨境电子商务进入了社交电商时代，跨境电子商务客户对于社交网站的运用可谓轻车熟路。因此，跨境电商们应该有效地掌握客户在社交网络传播中的习惯并加以运用，多采取一些迎合客户的营销之法和策略，这样也有利于产品被分享出去，从而达到口碑传播的目的。

（2）跨境电子商务客户的炫耀心理。从心理学的角度来说，每个人的潜意识里都有自我炫耀的心理，人们常常会不自觉地将自己的信息展现在一些社交平台上。例如，Instagram 在创立伊始只是一群摄影爱好者分享自己认为比较好的照片的平台，后来越来越多的文艺青年登录该网站，分享购买的产品、享受的美食、旅游的点滴等生活状态，希望可以得到他人的羡慕和崇拜。

正是这种炫耀心理导致了高端市场的出现。同时，很多跨境电商为了获取市场，也会利用客户的这种炫耀心理提升消费者的黏度，舍弃低价劣质的价格战和同质化的策略，采用高品质、个性化的设计来吸引客户。例如，PC 端照片社交的王者渠道 Pinterest 上的跨境企业走的就是高端、小资的路线，以吸引这个社交网站上的女性中产阶级客户群体。

2）跨境电子商务客户的消费行为特点

不知道从什么时候开始，人类的生活与互联网变得密不可分。尤其是随着移动互联网和智能手机的逐渐普及，人类生活更是与移动互联网息息相关。人们只需要轻轻动一下手指就能随时随地获取想要的信息，获得更多服务和产品。人类的生活正在被移动互联网所改变着，在跨境电子商务领域则体现在客户的消费行为出现以移动购物为主流的特点。从某种意义上来说，这是购物行为的巨大改变。人们购物已经摆脱了时间、地点的局限，不需要前往实体店或守候在电脑前，只需要一部能上网的手机就可以了，这在过去是不可想象的。在今天，只要你有购物需求，就可以通过平板电脑、手机下单购买。移动端购物热潮方兴未艾，而跨境电商们想要牢牢地抓住客户，就必须采取顺应移动购物发展趋势的策略，以满足客户快捷、便利购物的需求。

3）跨境电子商务客户的消费需求特点

"互联网+"给跨境电子商务插上了腾飞的翅膀，这种腾飞最主要的表现在于企业可以与客户更加亲密无间。

在过去传统的国际贸易中，营销关系十分简单，买家和卖家只在发生贸易关系时才有联系。一旦一笔交易完成，买家似乎就与卖家脱离了关系。这种僵硬、陌生、短暂的商客关系让许多传统国际贸易企业，特别是中小型企业在"互联网+"大潮来临的背景下变得十分艰难，纷纷寻求转型。

在"互联网+"的风潮下，很多跨境电子商务企业在对待与客户的关系方面与传统国际贸易企业截然不同，这些企业不但有客服人员与客户联络，还搭建了社交媒体平台，如官方 Facebook 账号、Instagram 账号，甚至还有一些粉丝群、社区等。在平台里，粉丝与企业之间亲密无间，共同形成了一个和谐的圈子。在这个圈子里，企业会将更多的产品信息、促销内容甚至是好玩、有趣的活动随时随地地推送给消费者。而消费者在看到一些好玩的信息时，也会将这些信息上传、分享到朋友圈或微博中，让自己的好友看到，这样不但使企业的品牌和产品得到了广泛传播，还会使企业获得大量忠实的粉丝和客户。这样一来，企业不仅为客户带去了了解产品的机会和渠道，同时也为客户建立了互相聊天、畅所欲言的平台，从而满足客户自由"吐槽"、参与及购买个性化产品的需求。

总之，电子商务行业的竞争非常激烈，尽管所有电商都希望客户去网站购买商品，然而客户浏览网站时不一定会产生购买行为，很多时候，他们只是浏览商品，比较不同商店的产品价格或研究商品。因此，在这种消费需求个性化的时代背景下，如何为客户量身打造个性化的服务和体验是每个跨境电子商务企业都应该思考的问题。

2. 主要国家跨境电子商务客户特点分析

1）俄罗斯

俄罗斯人购物季节性强，当地季节温差较大，冬天很冷，人在室外非常注重保暖，所以冬季热销的商品有帽子、手套（包括五指分开的手套）、围巾、长大衣、短大衣等，卖家在发布信息时可以在标题关键词中突出当季热卖。

俄罗斯人比较注重室内和室外服饰的区分，每一个消费阶层的俄罗斯人都会追求高品质的生活质量。他们在家的时候一定会换上家居服，洗澡后会披上浴袍，睡觉的时候又会穿上薄一点、舒服一点的睡衣。所以，在家居服类目中热销的有家居鞋、家居衣和睡衣等产品。

俄罗斯人热爱运动，运动是他们生活中不可缺少的一部分。他们会经常购买专门的运动服、运动鞋及配件。因此，运动产品也是俄罗斯人热衷的购买类别。

俄罗斯女性无论在哪一个年龄段，在任何时候都会注重自己的着装和妆容。他们认为这既是对别人的尊重，更是自信的表现。所以，饰品和美容类产品也是俄罗斯人乐于购买的产品类目。在选择产品的时候，品牌类产品会成为他们的首选。

一般情况下，很多当地政府及公司的员工都会穿西装（正装），很多节日和正式场合也要求穿西装，同时，有些男装还会配上袖扣。因此，西服套装及其配饰（如袖扣）也是卖家们在选品时可以参考的类目。

每年新年、妇女节、情人节，俄罗斯人都要互送礼物，这时候如果能提供创意性较强的礼物，则会非常对他们的胃口。同时，俄罗斯人对初生的婴儿也十分重视，如果有新的生命降生，他们通常会在第一时间送去祝福。因此，他们常常会购买婴儿用品作为礼物送给别人。

俄罗斯女性时刻关注着新款的服装、鞋和包，故当季热门的、热卖的、新奇的和创意性十足的商品会比较受追捧。俄罗斯的成年女性不喜欢太过可爱的穿衣风格，她们更喜欢性感风格。

价格因素在俄罗斯人的网购决策中占很大的比例，但并不是价格便宜的产品就能受到他们的青睐，产品的质量和品牌对于他们来说也同样重要。所以，一味地追求低价对于卖家来说并不是一个好的选择。价格合理、质量有保证、产品丰富才是正确的经营之道。

2）美国

在美国，每个季节都有一个商品换季的销售高潮，如果错过了销售季节，商品就要削价处理。美国大商场和超级市场的销售季节是：1～5月为春季；7～9月为初秋升学期，以销售学生用品为主；9～10月为秋季；11～12月为假期即圣诞节时期，同时又是退税季节，人们都趁机添置用品，购买圣诞礼物。他们此时对各类网店的访问量极高，对路商品很快就会被销售一空，这一时期的销售额占全年的1/3左右。

由于美国比较大，横跨3个时区，所以不同时区的买家上网采购的时间也不同。为了提高所发布商品的关注率，卖家应该善于总结，选择一个买家网上采购比较集中的时间段来针对性地发布商品。

北美地区是全球最发达的网上购物市场之一，北美地区的消费者习惯并熟悉各种先进的电子支付方式，如网上支付、电话支付、电子支付、邮件支付等。在美国，信用卡支付是常用的在线支付方式。这些电子支付方式的操作流程是主要服务美国消费者的商家必须了解的知识。

在交易习惯方面，美国消费者在交易中坚持公平合理原则，他们认为双方进行交易的前提是双方都有利可图，如果出现分歧，他们会怀疑对方的分析、计算而坚持自己的看法。

3）巴西

巴西电子商务的发展非常迅速，当地消费者的网购习惯比较成熟，消费者在网购过程中最看重的是价格实惠、选品丰富、打折促销及免运费。巴西人更喜欢二流质量三流价格的产品，对便宜的商品情有独钟且不追求品牌。他们在交易过程中的主要需求在于服装配饰、美容保健和家具用品等。以服装为例，他们追求休闲大气、欧美风格、配色夸张，但是要求尺码准确、顺应潮流。巴西人大多喜欢超前消费，多采取分期付款的交易方式。在网上支付方式的选择上，他们会首选 BOLETO，该支付方式在巴西一直占据着主导地位，当地客户可以到任何一家银行或使用网上银行授权银行进行转账。

4）加拿大

在加拿大，人们网购的产品主要集中在体育用品、婚纱礼服和服装上。从体育用品零售数据来看，加拿大是一个稳定持续发展的市场，经常参加体育活动的加拿大人占加拿大全部国民的 54%，可以说加拿大是一个热爱运动的国家。婚纱礼服方面，由于婚前少不了各种派对，所以当地人对婚礼宾客礼服的需求也比较旺盛，如伴娘服、伴郎服、花童服装等。据统计，60%的加拿大新娘是 Pinterest 社交网站的活跃用户。

另外，随着智能手机和移动网络的普及，智能手机的网购量在加拿大逐年上升。很多加拿大人习惯于直接使用智能手机货比三家，据 Brand Spark Canadian 针对加拿大消费者购物习惯的调查显示，58%的加拿大智能手机用户会在购物时拍下产品照片，然后发给感兴趣的人供其参考或者保存起来等以后再看。当在手机上看到满意的商品时，他们会直接在网上进行下单。此外，加拿大消费者还经常用手机联系其他卖家，以更详细地了解相关促销状况，以便获得最大程度的优惠。

5）西班牙

西班牙买家中男女大约各占五成，年龄集中在 16～34 岁，以学生和上班族为主。他们没有较多的资金可供支配，所以对商品价格会有一定的要求。

多数西班牙买家习惯使用计算机浏览网页来购物，使用手机和平板设备的也占有一定的比例。值得一提的是，据统计，有 26.2%的买家不只使用一种设备进行购物。西班牙消费者购买商品多通过关键词搜索，在购买之前会进行全站比价并参考好评（以西班牙人的评论为主），而朋友和 Facebook 推荐的卖家是他们的有限选择对象。西班牙人的购物需求以智能、新奇、时尚、运动、年轻为主，除单价比较高的产品外，其他都能接受两周内到货。卖家要特别注意的是，在西班牙销售服装产品除了要做到尺码齐全，还必须要附有公分尺码表。此外，西班牙人的购物类目也因节假日不同而不同。

案例 2-1

亚马逊拓展专属客户经理服务至欧洲站点，计费方式也将调整

2019 年 7 月 31 日，亚马逊宣布专属客户经理服务将从亚马逊美国拓展至已在亚马逊欧洲站点上线的中国卖家。与此同时，亚马逊也将对该项目的计费方式做出调整，以进一步降低项目进入门槛并更好地匹配卖家当前的业务情况和收入的季节性变化。

据网经社消息，专属客户经理服务目前面向已在亚马逊美国和欧洲海外站点上线并拥

有一定跨境电子商务运营经验的专业销售账户卖家开放。服务内容包括账户运营支持、经营绩效解读、商品推广协助、品牌注册流程指导、库存及物流管理指导、品类拓展建议以及亚马逊新站点和新项目参与推介等。此外，专属客户经理服务还针对欧洲增值税合规和准入机制提供相关的支持。

专属客户经理服务采用一对一专人服务模式。为卖家提供服务的客户经理团队均具有多年的行业市场经验和卖家服务经验，可针对不同行业、不同发展阶段与不同需求的卖家给予定制化的专业建议，助力企业快速成长。该服务还将及时传递亚马逊最新政策，积极响应账户运营问题，提高沟通效率。

基于项目内现有卖家的反馈，亚马逊也将对专属客户经理服务的计费方式进行调整。新的月度费用将基于所服务卖家上个自然月的收入，而非过去 12 个月的总收入，同时设置封顶金额，方便更多卖家以更优惠的价格获享专属客户经理服务。

据介绍，亚马逊致力于为卖家提供多种工具和服务，以帮助卖家简化开店流程、实现业务拓展。专属客户经理服务便是其中之一，该服务适用于拥有一定运营基础的卖家，可帮助其突破发展瓶颈，加速业务增长，打造国际品牌，解决如何拓展选品、如何提升运营效率、如何进一步拓展品牌知名度等成长过程中的问题。

资料来源：http://www.100ec.cn/detail--6520740.html，略有改动。

2.1.2 跨境电子商务客户的开发

1. 跨境电子商务客户开发认知

1）潜在客户必须具备的要素

潜在客户必须具备两个要素：一是用得着或者说需要某种消费。不是所有的人都需要商家的产品，需要的是一个具有一定特性的群体，如大型交换机的用户对象是集团、社团、企业等组织。二是买得起，对于一个想要又掏不出钱的潜在客户，商家付出再多的努力最后也不能成交。例如，在保险业，如把保险销售给一个仅能维持最低生活标准的家庭，无论推销技巧有多么高明，也不会成交。这是因为虽然这个家庭很需要保险，但没有经济能力支付长期的保险费。

2）识别最佳客户的流程及方法

（1）识别最佳客户的流程。最佳客户是从推销人员或企业的角度来进行分析的，识别最佳客户的流程为：① 确定本企业的盈利产品和服务，包括那些以后将会盈利的产品和服务；② 尽可能多地找出购买这些产品和服务的人；③ 找出最有可能成为潜在客户的一类人；④ 找出使企业不盈利或亏本的产品，特别是那些价格高、生产周期长且不符合市场需求的产品，这些产品往往是已超过其实际利用价值的老产品；⑤ 找出会购买那些不盈利产品或服务的人并且停止对他们的营销活动或者将不盈利产品变为更加有利可图的产品。这样虽然企业可能会离开一个较为舒适的市场，却可以转向一个有利润的市场，在可接受的利润基础上创造并满足最佳客户。

（2）识别最佳客户的方法。识别最佳客户的一个最直接的方法是：将最盈利产品的资料与购买这些产品的客户资料进行比较，若能分析出客户购买的原因并能找到具有类似特征且有足够数量的其他客户群体，那么这些新的客户群体就最有可能成为潜在客户；再经过企业的一番努力，他们就极有可能成为最佳客户。这是一个不间断的过程，目标市场随时都在变化，产品线和产品组合也将随之变化，因此业务也就一直在变化。

2. 跨境电子商务客户开发策略

1）以营销为导向的跨境电子商务客户开发策略

开发跨境电子商务客户的过程中利用的营销策略要突出企业的吸引力，依靠企业自身的产品、价格、渠道和促销优势吸引客户。此外，还要调动跨境电子商务客户的主动性，由客户完成开发并使其主动或自愿地被开发。开发的过程既是客户享受企业服务的过程，也是企业产品或服务被消费的过程。因此，以营销为导向的开发策略是境外客户开发的理想途径。

（1）以有吸引力的产品或服务吸引跨境电子商务客户。产品或服务是企业以跨境电子商务客户为中心并满足其需求的载体，因此吸引客户需要企业提供能够吸引客户的、恰当的产品或服务，这些产品或服务要满足甚至超越客户的需求。产品或服务不仅涵盖功能效用、质量、规格、外观、品牌、包装、物流、结算等，还要适合跨境电子商务客户的消费习惯，符合其审美观，顺应消费文化等。

 知识拓展

以有吸引力的产品或服务吸引跨境电子商务客户的方式

利用产品或服务本身的功能效用、性能质量、个性特色、附加服务、品牌效应和精美包装等是吸引跨境电子商务客户的常见方法。企业应根据客户的使用体验调整产品或服务的市场方向，以客户的需求为目标，以客户的体验为中心，准确地将产品或服务传递给目标客户。

1. 以功能效用吸引客户

功能效用是跨境电子商务客户对产品或服务产生需求的最基本的出发点。功能越强、越稳定，效用越大、越出众的产品对客户的吸引力也就越大，客户在做购买决策时倾向于选择此类有吸引力的产品。

2. 以质量吸引客户

以客户为中心就要求企业不断地提升客户体验，而满足客户体验的是产品或服务，衡量产品或服务满足客户体验能力的指标则是产品质量。

3. 以特色吸引客户

在工业化大生产时代，产品或服务的生产成本得到了控制，但大生产的结果是产品或服务的严重同质化。追求个性和颇具特色的产品在竞争激烈的全球市场上展现出了独特的竞争力，通过精准定位企业优势资源和市场细分而打造的特色产品在保证了企业原有经营优势的前提下，很好地对市场进行了细化分割，从而形成一种市场标准，最大程度地占领细分市场并获得收益，这也给企业吸引客户提供了渠道。

4. 以服务吸引客户

服务是企业在产品销售活动过程中为客户提供的各种附加劳务的总称。企业向客户销售产品时总要伴随着一定的劳务付出，这些劳务付出是围绕着为客户提供方便、满足客户的需要、使客户在购买产品前后感到满意而进行的，也是围绕着在客户当中建立企业信誉、吸引客户购买、增强企业的竞争力而进行的。

5. 以包装吸引客户

良好的包装具有美化商品的功能。企业可通过优美、精致的包装为商品增光添彩以吸引消费者，激起消费者的兴趣并使消费者产生购买动机，进而提高产品的销售量。

6. 以品牌吸引客户

品牌是指公司的名称、产品或服务的商标及其他可以区别于竞争对手的标志、广告等构成公司独特市场形象的无形资产。以品牌吸引客户就是把企业产品的特定形象通过某种手段深刻地印在消费者的心中，通过产品的质量、文化及独特的宣传来创造品牌在用户心中的价值，最终吸引客户。

（2）以有吸引力的价格吸引跨境电子商务客户。价格是市场走向的指挥棒，它受供求变动的影响，也影响着供求变动。对企业而言，价格反映着企业销售产品或服务所获得的经济收益；对客户而言，价格反映着为获得产品或服务的使用价值所承担的经济支出。因此，在跨境电子商务客户看来，价格反映着企业对其获取产品或服务的"经济态度"。适当的价格可以传达企业对跨境电子商务客户的关爱，反之，则可能给跨境电子商务客户带来唯利是图的企业形象。因此，企业要制定恰当的价格与收费标准以维系长期的客户关系。

客户在购买产品或服务时，对市场会有初步的了解，有些客户甚至会详细地了解市场行情从而形成价格预期。当市场价格低于客户预期时，客户在消费者剩余的刺激下会做出购买行为，当然，这要在商品质量与客户预期一致的前提下；如若客户不能准确地把握产品或服务的质量，较低的价格也可能给客户带来"便宜没好货"的感觉，那么制定低于客户预期的价格也未必能提高产品销量。相反地，当市场价格高于客户预期时，客户会根据预算减少或放弃购买。可见，价格与客户的预期产生较大偏差的时候无法促进企业产品的销售，企业应根据产品或服务在市场中的地位制定一个对客户有吸引力的价格。企业若想通过制定有吸引力的价格开发客户，可以尝试如下几种价格策略。

① 低价策略。低价策略是指为提高市场占有率或通过薄利多销获取长期最大利润等而制定较低价格的策略。

② 高价策略。高价策略就是在新产品上市初期或市场供给很少而需求强烈的时候将价格定得很高，以便在较短的时间内获得较高的利润。企业若在长期的经营过程中树立了产品的特殊形象，高价策略不仅不会减少企业收益反而会保障企业长期的经营和效益。

③ 差别定价策略。差别定价是指企业用两种或多种价格销售一个产品或一项服务，价格差异并不以成本差异为基础。

④ 心理定价策略。心理定价策略是指企业定价时利用客户心理，有意识地将产品价格定得高些或低些，通过吸引客户注意来提高销售量。

（3）以有吸引力的购买渠道吸引跨境电子商务客户。购买渠道是指客户将产品或服务买到自己手中的途径。对企业而言，购买渠道也叫作分销组合，主要包括分销渠道、储存设施、运输设施、存货控制等。它是企业为使其产品进入市场并最后送达客户所实施的各种行为，包括仓储和运输等。

销售产品或服务的渠道是否便利决定了客户获得产品或服务所支付的成本多少。它是影响客户购买决策的重要指标，会直接影响跨境电子商务客户的购买体验。一旦购买渠道不便，增加了客户购买的时间、资金成本等，则很可能会导致客户放弃购买。

针对跨境电子商务客户距离远、分布散的特点，跨境电子商务客户开发要依托遍布全球的互联网，业务覆盖全球的跨境电子商务平台、国内电子商务平台、社交媒体、搜索引擎、即时聊天工具等是企业开发跨境电子商务客户的有效渠道。

（4）以有吸引力的促销方案吸引跨境电子商务客户。促销方案是指企业利用各种有效的方法和手段，通过恰当的信息传播载体将企业及其产品或服务的信息传递给目标客户并与客户进行有效的沟通，使客户了解和注意企业的产品，激发消费者的购买欲望并促使客户实现最终购买行为的策略。

2）以推销为导向的跨境电子商务客户开发策略

这种策略中最为常见的客户源产生方式有满意顾客的推荐、循环价值链、互联网、广告等。

（1）满意顾客的推荐。满意的顾客不仅能提供客户源，通常还会成为企业其他业务的潜在客户，这种情况称为深度销售。企业对现有客户的销售经常比对新客户的销售能获得更大的赢利，一个中型公司若使其保持的客户数量每年增长 5%，那么它的利润仅在 10 年内就将翻一番。

（2）循环价值链。这种方式可以用于满意的顾客、合作伙伴或尚未买过产品的潜在客户。销售人员往往会通过访问过的每个客户发展出至少一个额外的客户。

（3）互联网。要利用互联网找到客户源，最重要的是企业要确保自己的网址被列于主要和重要的搜索引擎中。由于搜索引擎会定期更换其标准，企业需要不断地对网站进行监控和升级，从而用相似的标准对所销售产品进行分类，便于客户源及时发现企业网站。另外，许多企业采用付费的方式使企业网站能在搜索列表中处于明显的位置，还有企业利用具有"潜在客户发掘者"性质的软件去发现目标客户源。

（5）广告、直邮、产品目录和宣传品。许多企业采用刊登广告、直邮、寄送产品目录或宣传品等方式来吸引客户和诱导客户的需求。客户可通过拨打免费电话或寄回读者回执来获取更多的产品信息。比较有创意的吸引客户的方式是向客户提供企业产品信息明信片，明信片的一面是企业产品或服务的信息，另一面是事先贴好的邮票和该企业的地址。如果某位潜在客户有兴趣了解更多的产品，则只需填好自己的姓名和地址，将明信片寄出即可，之后该潜在客户很快会收到一封有关企业广告产品信息的附信和一张附带的问询卡片。当问询卡片返回到企业销售代表手中时，他会根据卡片上的信息决定是否跟进该潜在客户。如果这位潜在客户寄来第二封问询卡，销售代表就会与这位潜在客户联系，跟进相关事宜。

（6）展销会、博览会和商品市场。据统计，利用交易展示会吸引的客户的数量要比其他形式多三倍以上。在某些情况下，许多制造厂家的生死存亡就取决于这种特殊的销售方式的举办效果。例如，中国进出口商品交易会因每年春秋两季在广州举办，又被称为广交会。

（7）研讨会。如今，许多企业用研讨会来吸引客户源并为潜在客户源提供信息。

（8）利用 CRM 系统进行数据挖掘。一些尖端企业已经开发了包含客户源、潜在客户和客户信息的交互式数据库，还有一些处于发展阶段的企业会利用包含人工智能和统计工具的数据挖掘系统从隐藏在数据库中的大量信息中搜寻有价值的信息。

2.2　跨境电子商务客户信息的收集与管理

2.2.1　跨境电子商务客户信息收集

1. 明确客户信息收集内容

一般情况下，企业收集的客户信息应包括客户资料、地址资料、财务资料和行为资料四类资料。

1）客户资料

客户资料包括个人客户资料和企业客户资料。

（1）个人客户资料。

① 基本材料：姓名；身份证号码；所服务企业的名称；职位职称；家庭住址、电话及传真、手机、电子邮箱；公司地址、电话及传真、注册编号；户籍、籍贯；出生日期、血型、身高、体重；性格特征。

② 受教育情况：最高学历、专业；在校期间参加的社团、所获奖励；最喜欢的运动项目；对文凭的看法。

③ 家庭情况：婚姻状况；配偶的姓名、受教育情况、兴趣、生日、血型；结婚纪念日；有无子女、子女姓名、受教育情况。

④ 人际情况：亲戚情况；朋友情况；邻居情况。

⑤ 事业情况：曾经的就业情况、公司名称、职位；目前公司职位、年收入；在目前公司中的地位；对目前公司的态度；与本公司初次发生业务往来的日期；与本公司的往来情况；中、长期事业目标。

⑥ 生活情况：医疗病史；目前的健康状况；是否喝酒（种类、数量）；是否吸烟（种类、数量）；喜欢的菜系；生活态度；休闲、度假习惯；喜欢的聊天话题。

⑦ 个性情况：是否热衷政治活动；有无宗教信仰；有无参加俱乐部或社团；忌讳、重视做哪些事；喜欢哪些类型的书；特长；专业能力如何；处事风格如何。

⑧ 阅历情况：对于目前经历的综合看法；目前最满足、最遗憾、最想做的事分别是什么；关于目标的认识；有无重要的竞争对手。

⑨ 其他可供参考的资料。

了解以上资料是相当重要的，例如，企业可以根据这些资料在某个客户的结婚纪念日前送两张电影票，也可以利用客户的业余爱好与他们进行沟通。

（2）企业客户资料。

① 基础资料，是客户最基本的原始资料，主要包括客户的名称、地址、电话、所有者、

经营管理者、法人代表及他们的个性、兴趣、爱好、家庭、学历、年龄、创业时间及与本公司的交易时间等。

② 客户特征，主要包括服务区域、销售能力、发展潜力、经营理念、经营方向、企业规模等。

③ 业务状况，主要包括销售业绩、管理者和业务员的素质、与其他竞争者的关系、与本公司的业务关系及合作态度等。

④ 交易现状，主要包括客户的销售活动现状、存在的问题、保持的优势、信用状况、交易条件等。

2）地址资料

地址资料有助于企业分析喜欢特定产品或服务的人群是否具有某类房产或生活在某个区域。

3）财务资料

财务资料包括账户类型、第一次与最近一次的订货日期、平均订货价值及供货余额、平均付款期限等。

4）行为资料

行为资料是有关客户和潜在客户与企业交往的历史记录，它能表明客户购买企业产品的种类、数量及频率等。行为资料一般包含回应的类型（订货，询问，对调查活动、特价品、竞赛活动的反应等）；回应的频率；回应的价值；回应的方式（电话、传真、电子邮件等）；每次发生纠纷的原因、延迟交货或付款及产品残次的详细资料。

2. 选择客户信息的收集渠道

对于不同的客户关系，客户信息收集的方式与渠道有所不同。在终端消费者客户关系中，企业大致采用以下几种常见方式获得客户信息。

1）邮寄

（1）直接回应广告。广告发布后，企业希望客户打回电话、剪下优惠券并寄回、参观企业的展室等，一旦顾客对企业广告有回应，企业就可以和他们建立联系，把他们的名字添加到客户数据库中。例如，戴尔计算机一直以直销为主要业务，其通过大量的报刊广告将公司的产品和 800 免费电话传达给广大的消费者，当消费者对此做出反应时，他们提供的资料将成为戴尔客户数据库的一部分。

（2）特价品和竞赛活动。企业在做广告时可印上参赛券，要求潜在客户在填上姓名、地址和电话号码后将参赛券寄回以换取免费赠品或特价品。

（3）租用邮寄名单。许多小企业由于实力有限不愿投资开发和维护自己的数据库，常常依赖外部资料，从已经建立起客户数据库的公司租用或购买客户名单并向他们邮寄企业的相关信息。

2）组织活动

这是指企业组织与目标消费者建立情感交流的室内外活动并在活动现场收集客户资料，该做法非常具有针对性。

3）终端

由于终端是企业市场的前沿阵地，从那里收集到的信息具有一定的真实性，因此企业可以加强对终端的监管和互动，通过激励方法与商家的营业员做好互动，由此就可以采集到很多消费者的信息。

4）市场调研

如果企业掌握的信息不够全面，就需要做市场调研来补充相关资料。调研一般通过给客户寄送问卷向他们询问需要补充的相关信息的方式进行。

5）搜索引擎

搜索引擎是外贸企业进行海外推广的有效手段之一，同时也是收集买家资料时很重要的一个工具。

 知识拓展

利用 Google 搜索引擎寻找客户资料的一些方法和技巧

1. 直接在 Google 首页输入关键词

一个产品可能有很多关键词，如产品 projector，它还可以搜 electronics，同时也可以归入 home cinema 或 home theatre。而同一产品往往有不同的英文名称，如鞋子，其名称有 shoe、footwear 等，把这些不同的关键词输入 Google 的搜索框，每个关键词的搜索结果都不一样。每个关键词都会搜出很多国外相关公司的网站等信息，打开它们的网站就能看到公司的相关信息及联络方式了。此外，还可将同一关键词翻译成不同的语言再去搜索或者用关键词加上 importer、distributor、buyer、wholesaler、agent 等进行搜索，搜索的结果也都不一样。利用搜索引擎的"爬虫"原理，一般情况下，排在前几页的搜索结果都比较有效，因为其网站内容基本都是最近更新的。

2. 在各国当地的 Google 首页输入关键词

Google 在世界上的多个国家都有分公司，因此可用当地的 Google 输入关键词进行搜索。例如，可以上德国的 www.google.de、英国的 www.google.uk 等进行搜索，这样很容易就能找到当地的客户信息，搜索的结果也更精确。不过，如果用各国当地的 Google 进行搜索，最好通过翻译软件将关键词翻译成当地语言再去搜索。例如，想要找德国的客户，你可以将"鞋子"翻译成德文，再在 www.google.de 上进行搜索，如此可找到更多当地公司的信息。之后，如果还想进一步了解客户，还可以继续通过搜索客户公司名称和客户名称来了解其过往的询盘及求购信息或者查看跟客户有关的视频，如产品广告、公司宣传视频等。

3. 用"关键词+公司后缀"进行搜索

一般情况下，每个国家的公司的名称后缀都不一样，如中国公司的名称后缀是 Co.Ltd.，美国的是 INC、LLC 等，意大利的是 S.R.L，西班牙的是 S.P.A。将产品名称或产品所属的大范围的名称作为关键词输入 Google 搜索框中，然后加上要搜索的国家的公司名称后缀，也会出现不同的结果。

4．用公共邮箱后缀进行搜索

很多国家的买家都用一些公共邮箱系统，如意大利的@libero.it，这时就可以将"@"标志及要找的商品名称输入 Google 的搜索框。例如，要找手机的意大利买家，就可以输入"@libero.it.mobile"。幸运的话，你会找到很多买家。下面是一些常用的邮箱系统。

（1）印度的@vsnl.com。

（2）巴基斯坦的@cyber.net.pk。

（3）阿曼的@omantel.net.om。

（4）南非的@webmail.co.za。

（5）新西兰的@xtra.co.nz。

（6）新加坡的@pacific.net.sg。

（7）常用的@yahoo.com、@hotmail.com、@aol.com、@gmail.com 等。

3．收集客户资料的方法

（1）留意客户的重要资料，将记录积累为一个客户信息系统。

（2）挖掘客户购买时留下的信息。

（3）和客户聊家常。

（4）主动询问客户，表示关怀。

（5）方便的时候让客户自己动手填写卡片。

（6）在实际业务活动中，要留心观察，勤动手记录，勤开口说话，通过各种合适的途径掌握客户的相关信息。

4．分析客户商业价值

（1）识别企业的金牌客户。运用上一财政年度的销售数据或其他现有的较简易的数据来预测本年度占到客户总数量 5%的"金牌"客户有哪些。

（2）识别导致企业成本发生变化的客户。运用上一财政年度的销售额排名找出占到客户总数量 20%的"拖后腿"的客户，他们往往一年都没有成交一单或交易额很少，但仍然需要企业付出管理和销售成本。

（3）发现本年度最想与之建立商业关系的企业，然后把相关企业的信息加到数据库中，以便开展营销工作。

（4）寻找上年度有哪些大客户对企业的产品或服务多次提出了质疑，企业应尽心保持与这些大客户的往来，派得力的人员尽快与他们联系，不惜代价地解决他们提出的问题。

（5）寻找那些从本企业只订购一两种产品却从其他企业订购很多种产品的客户，这类客户由于具有需求旺盛、支付能力强和可接近的特点，因而对本企业来说是非常优质的潜在客户，通过与他们建立更紧密的关系可以实现销售量的提升。

案例 2-2

B2B 销售过程中潜在客户的挖掘研究

B2B 即企业对企业，指的是集团采购、大客户采购。每个企业都会拥有自己的客户群体，这些客户往往会符合这样一个"二八定律"，即 20%的客户带来了 80%的销量，剩余的 80%的客户只能带来 20%的销量。不言而喻，这 20%的顶尖客户不但需求量大，而且产品集中度高，能给企业带来很高的收益，同时他们提出的需求往往反映了本行业最新的产品方向。在完成现有产品的交付和服务的同时，每个企业必须挪出精力，有计划地开发 B2B 环节中的潜在客户，特别是有行业代表性的高收益的大客户，这样才能在不断变化的市场竞争中立于不败之地。

1．大客户信息的来源

具体包括网上的信息及资料；本企业原有的存档资料；销售人员手上的大客户；公司高管、企业管理者的人脉；本企业的合作伙伴；行业技术交流峰会、联谊活动；行业协会推荐；竞争对手透露信息；客户的介绍。

2．大客户的筛选和调研

所谓大客户，也就是平常所说的"VIP 客户""重点行业客户""关键客户"等，这样的客户不仅单一或者年度累计需求量大，还具备"行业标杆"的光环。但并不是每个大客户都能满足企业的要求，企业也没有精力去开发每一个大客户，企业只能从自己的产品能力出发，选择成交量大、宣传效应强或者利润回报高的大客户进行开发。

对于大客户的筛选是很有必要的，应大致遵循以下 3 个原则：首先，"大客户"往往员工众多、资产多，是利税大户，也是一个区域或者行业的明星标杆，它的需求往往代表行业当下或者未来的需求；其次，"大客户"的运营状况一定要优良，要业绩好、效益好、竞争力和创新力强，而不能只有体量，实际却入不敷出、江河日下；最后，所筛选的客户对于采购需要持有一定的长期合作理念，不会因为蝇头小利或者小的摩擦而随时更换乙方，太过随性的客户对于后期购入产品的服务保证以及定制化产品的开发持续性会带来很大的负面影响。

1975 年，营销大师杰罗姆·麦卡锡就提出了"4P"理论，他指出不应对销售注入太多运气成分，而是视其为一种管理，具体为：产品（product）——客户最需要什么？你能给他定制吗？价格（price）——不同的客户，不同的销量，不同的付款方式，相似的产品也会有不同的报价；促销（promotion）——面对谈判，综合分析竞品的竞争压力，快速地制定不同的促销策略；渠道（place）——面对一个大的客户，企业对其各方面情况了解了多少？客户的采购流程是怎样的？对此，企业必须建立一个有效的渠道了解、拜访各环节的重点人物（这对企业日后的货款风险控制很有益处）。

对于大客户的调研一般按照以下步骤进行。

（1）明确客户公司的体制。我国现有的经济体制下，常见的集团客户有大型国有集团、民营大型企业和个体经济实体。虽然批量采购往往出现在前两种经济体制下，但是近年来越来越多的个体经济实体出现大批量采购的现象也不容忽视。体制的不同带来的是出资方和采购决策层的多样性，国有大型集团出资方和采购决策层不统一，民营大型企业或集团的采购不一定通过出资方决策，但是个体经济实体的采购决策方往往就是董事层出资方。不同体制下，采购决策人员的思维方式是不一样的。

（2）了解客户公司的经营情况，这部分资料是分析客户公司实力、需求大小以及付款能力的依据。

（3）了解客户在所处行业的基本情况，如行业排位、销售额和利润大小，企业可依据其发展潜力来决定是否进行采购合作的长期性投入。

（4）分析客户公司的组织架构，这是一个很重要的步骤，通过分析客户公司的具体架构可以初步判断其采购决策流程以及每个层面的权重。

（5）比对客户需求与企业提供的产品，分析企业的优势在哪里。一般来说，乙方提供给散户市场的产品是大路货，能满足客户的基本需要，但是不能满足单一客户的所有需要或者重点需要。大客户的大批量采购过程中，初次推荐的竞品常常就是大路货，特别是在产品同质化日益严重的今天，通过降价赢取批量绝不是上策。如果通过现场调研后，能够及时发现客户当前在产品使用上的痛点并及时设计、改善和提升产品，往往不需要投入很高深的产品技术，就可以迅速地提高客户满意度，给客户创造意想不到的价值，给产品特质带来唯一性，避免单一的价格竞争。

（6）了解客户的财务支付口碑，这便于企业了解和分析假如成交后，客户一般是否会按照合同的付款约定执行；如果其按约付款口碑较差，企业接下来的应对措施是否有效。

认识和调研客户的方式有很多，有选择地运用或运用多种方式可在获得对客户情况调研结果的同时，提升客户的信任度。具体方法如下。

① 登门拜访。这是一种最原始的方式，同时也是最有效的方式之一，即在准备好谈话资料的前提下约见客户公司的高层，最好是由业界的知名人士推荐或者由该高层的熟人引荐。

② 参加展会或论坛。在行业展会，特别是本企业的独家论坛上，企业很容易碰上全部的竞争对手，同时也经常会遇到客户公司的采购人员，因此一定别忘了在树立"高大上"的产品形象的同时请本企业的高层一同出席。

③ 技术交流。销售员们在客户的会议室里面对投影仪绘声绘色地讲解 PPT 的同时就认识了对方采购流程链上的人员。此外，对客户产品使用现场的参观调研也是必备功课。这个步骤需要充分运用 5W2H 提问法，即 why——这样设计的目的是什么；what——设计和改善哪些方面、需要达到什么效果；where——从哪里下手；when——何时去做、何时必须完成；who——谁来负责；how——怎么做；how much——做到什么程度、能取得怎样的经济效益。完成了这些调研工作，针对客户的销售方案就已经初现轮廓了。

④ 提供赠品。企业需要依据客户不同的层次提供价值不同的赠品，以体现本企业的产品特色、地域特色，赠品要印上公司的 logo，这样能加深品牌印象。

⑤ 参观考察。邀请客户前来参观考察就像请他人来家里做客一样，这不仅仅是一种礼仪，客户如期而至就是对你之前的推介工作的一种认可，说明离成交已经前进了一大步。

⑥ 提供试用品。提供方一般会免费提供或给予极大的优惠力度，值得注意的是，在此之前，一定要做好评估工作，确保提供的这款产品质量过硬，而且非常适合客户，同时这个客户必须具备充分的采购潜力。试用后，销售人员还需要及时跟踪使用数据，主动交流，否则试用品项目的投入会变得毫无意义。

⑦ 商务活动。球类邀请赛、文艺晚会、商务宴会以及境外考察等都属于商务活动，通过不同环境下的沟通交流，企业更能挖掘到客户的潜在需求，增强相互的信任和友谊，促使普通合作升级为战略合作。

⑧ 定期免费上门检查产品。这虽是类似售后服务的工作，但是可取得使用者的好感，

使其在下次的采购中给予高分。

企业对客户做出以上的调研之后，往往可以将客户分为三种类型：一是中规中矩型；二是潜力增大型，这类客户值得企业在产品更新和关系维护上下功夫，其每年的需求量都在明显递增；三是对价格不敏感型，这类客户的需求点是良好的服务、优良的产品性能或者独特性能。

3．大客户采购决策流程的分析

影响大客户成交的"硬因素"有价格、质量和特性、品牌、交货期、服务满意度，"软因素"有采购决策流程及各人员权重、客户集团中的人际关系、客户集团中的利益分配、销售人员的推动力等。大客户采购流程中的每个决策分层都代表一个决策环节，每个环节都重要，权重却是因人而异、因时而异。

一般地，公司大客户采购决策流程大概分为以下三个层面。

（1）使用影响层，一般是直接需要某产品或者管理某产品使用的部门，产品的性能和质量的好坏影响该部门的日常工作。和该部门交流的重点是产品的优良性能和长期的服务维护，拜访的频率可以较高，产品的导入期推荐固然重要，但要形成长期的采购，售后的拜访工作不能只由服务人员参与。

（2）采购执行层，一般是客户公司的采购部、项目部、技术部，这些部门虽然没有最终拍板的权力，却有挑选供应商的权力，和他们交流的重点是产品的交货时间、优惠价格或者优良的性价比。同时，交流一般要避开招标档期，交流的方式应该多种多样，不要局限于工作。

（3）拍板层，一般是客户公司的总经理或者董事长，他们在企业有着至高无上的权利，和他们交往需要谦虚、谨慎，拜访他们最好通过有影响力的行业人物的引荐，拜访的频率控制在每年不超过三次，其中至少有一次要邀请本企业公司高层一同亲自登门拜访。

4．积极赢得大客户高层的信任和支持

长期从事大客户销售工作会结识客户公司中许多不同层面的人物，如采购员、采购部部长、应用工程师、总经理甚至董事长，通过他们还能结识潜在客户公司的不同层次员工，这就是常说的销售的"人脉"。"人脉"就是"商脉"，大量的经验表明，大客户组织结构中，高层人物发挥的能动作用是最重要的，他们常常是采购流程的决策者，只要他们开口，下面的人员就一定会执行。因此，赢取大客户高层的信任和支持非常重要，常见的方法有以下几种。

（1）安排与潜在客户公司高层的初次见面。通过业界知名人士或者其私人好友推荐可提高约谈的成功率。

（2）事先充分调研客户需求，明确解决方案。首先，若企业通过事先的调研和产品准备能准确地把握客户的需求，就能胜出；其次，大客户的采购常常伴随两个需求，即产品的痛点需求和客户的个人需求，若能同时满足，则谈判过程将顺利许多；最后，对于服务的解决方案，企业也必须做好事前准备，世界上的客户都很"懒惰"，他们花钱是想买省心，而不是买罪受。

（3）在客户高层面前，不要轻易地诋毁竞争对手。你能和他见面约谈，你的对手应该也能做到，不择手段地诋毁对手会给客户高层留下不好的印象。

（4）向客户高层引荐本公司的高层可表达对其本人及其公司的充分尊重。

（5）合理安排与客户高层进行行业余交流的时间、地点、内容，要做到投其所好。值得注意的是，针对高层的公关维护只是辅助，满足客户的三大需求（产品性价比需求、客户公司和个人的利益平衡需求、服务的需求）才是根本。

在潜在 B2B 客户的挖掘过程中，大客户的高层人事变动是常有的事情，对此，不要抱怨世事，不要长存"前功尽弃"的负面心理，要积极地利用平常积累的客户公司中下层员工关系，尽力满足新任客户高层的三大需求，也可以再次通过业界知名人士或新高层的私人朋友引荐，重新开始新一轮的开发工作，这时要避免表现出和前任高层十分熟悉。实际上，前任高层常常只是跳槽到一个新的公司，由此也就为你开发下一个新的潜在客户铺平了道路，有事半功倍的效果。

将潜在的 B2B 客户转变为客户既需要销售人员具备一定的产品知识，还需要其具备丰富的销售从业经验：不要轻易地为潜在大客户提供过多的信息；不要在挖掘潜在客户的初始阶段就开始讨论价格；不要过分执着于在万事俱备后才开始联系潜在客户；不要因为所谓的潜在"大客户"放弃马上就要下单的大客户。

5．充分利用数据分析，促进 B2B 潜在客户的挖掘

根据典型客户的需求数据和使用数据做好预测分析有助于企业准确地判断 B2B 甚至 B2C 的未来需求方向。企业要以快速的数据采集为标准，不断提升销售机会、销售质量，明确销售转变比率；在服务于典型的客户市场发展需求上进行有效的预测、分析，整理数据的类别。按照大型数据进行集合分析，建立完善的销售预测、服务预测的标准模式将有助于企业数据统计的获取。只有加强对各类客户情况变化的跟踪、分析，及时发现机会，及时处理数据，才能凸显数据分析助力 B2B 销售的效果。

综上所述，B2B 销售过程中，潜在客户的挖掘是提升 B2B 销售模式的关键要素。企业应对客户进行深入的分析，挖掘他们的需求，明确他们的购买目标，判断他们的喜好，对不同的客户进行不同的需求分析，从而提升客户的满意度，实现 B2B 的对接实现。这符合整体 B2B 销售建设发展过程的要求，顺应了新时代社会集团化发展的趋势，有利于品牌价值营销水平的升级。

资料来源：http://www.100ec.cn/detail--6519395.html，略有改动。

2.2.2　跨境电子商务客户信息管理

1．跨境电子商务客户信息管理的内涵

跨境电子商务客户信息管理的内涵应该包含两个方面的内容：第一，跨境电子商务客户信息管理是先进的企业管理策略，其目标是以跨境电子商务客户需求为导向，帮助企业降低销售成本，增加收入，探索、开拓新市场和渠道；提高跨境电子商务客户的价值以及提高客户的满意度和忠诚度。第二，跨境电子商务客户信息管理是一项新技术，它整合了多种先进的信息技术，包括互联网、多媒体、数据挖掘、人工智能网络以及相应的硬件环境。这类系统可帮助企业自动化与客户关系相关的活动。

跨境电子商务客户信息管理就是凭借现代信息技术识别、筛选、发展和保持客户的商

业过程。基于跨境电子商务客户的信息进行深入分析，挖掘客户潜在需求，提高客户满意度，增加客户黏性有利于提高运营效益。跨境电子商务客户信息管理具有空间感，它需要卖家以产品作为媒介，挖掘潜在客户的信息及需求，塑造店铺或品牌形象，赋予店铺活力，以此来提高店铺的效益。

2. 跨境电子商务客户信息管理的步骤

跨境电子商务客户信息管理的步骤可分为跨境电子商务客户信息收集；整合和处理跨境电子商务客户信息，建立跨境电子商务客户信息档案；跨境电子商务客户信息利用；跨境电子商务客户关怀与营销等。

1）跨境电子商务客户信息收集

收集各种有用的跨境电子商务客户信息（如客户基础信息，客户的咨询、建议、投诉等）是建立、完善客户关系管理体系必不可少的环节。收集资料的直接目的是统计跨境电子商务客户的需求、要求及其在使用产品或享受服务中遇到的问题，从而有助于企业采取相应的策略为客户解决问题。在收集和统计客户信息的过程中，企业要将具有同一诉求和问题的群体归为一类并分析其特征，从而帮助企业确定目标市场与主要客户群，制定营销策略。

2）整合和处理跨境电子商务客户信息，建立跨境电子商务客户信息档案

跨境电子商务客户信息档案是跨境电子商务企业在与客户交往过程中所形成的客户信息资料，可反映客户本身及与客户有关的所有信息。跨境电子商务企业结合自身的信息内容要求建立客户信息档案是其进行客户信息管理的基础性工作，是其进行客户开发和维护的依据。建立档案有利于企业对各部门收集的客户信息进行整合，有利于企业更有效地进行客户管理工作。信息处理阶段主要是对企业所收集的跨境电子商务客户信息进行筛选、比较、分析，同时迅速对客户咨询做出反馈等处理。这一阶段要求企业具备较先进的信息处理手段和处理工具（软件），能对客户信息进行及时有效的整合和处理并对客户的各种基本信息和业务信息进行详细的筛选、比较，以提炼出对企业有价值的信息。

3）跨境电子商务客户信息利用

客户信息利用是客户信息管理的重要组成部分，是实现客户价值的重要手段之一。客户信息可以作为决策者制定营销策略、公司战略和各种客户决策的依据，有利于吸引新客户、保留老客户，从而使企业在市场中保持优胜地位。

在对收集的客户信息进行相关整合和处理之后，对信息进行分析可以使企业掌握客户的基本情况和业务往来情况，了解各种客户为企业带来的利润和贡献的大小。企业可以根据客户分布及其购买的金额、频次、周期、客单价等对客户进行分类管理，即设置不同的客户等级制度并制定不同等级制度的门槛与优惠政策等。此外，客户信息还可以作为各种数据分析的资料来源，如客户业务数据分析、客户分类、客户忠诚度及满意度分析、客户利润分析、客户前景分析等。

跨境电子商务客户维护包括"维"和"护"两个层面，即维持双方关系不被客户遗忘，呵护双方情感信任，增加客户的忠诚度。其主要思想是在对跨境电子商务客户信息进行分析之后，以产品为载体，做到有的放矢，维系双方关系，促使购买。在维护的过程中，企

业需要加强跨境电子商务客户对店铺的认知度，提高客户的满意度、忠诚度，使得客户再次购买。在掌握和了解了所有的跨境电子商务客户信息之后，就要利用这些信息与客户进行互动和交流。只有和客户建立起情感上的信任与交流，客户才会成为企业的忠实客户。

4）跨境电子商务客户关怀与营销

企业收集客户信息与分析客户信息的最终目的是帮助企业营销，确切地说，就是帮助企业保留客户、开拓市场，从而提升销售额和市场份额，使企业在激烈的市场竞争中占有一席之地。企业可以通过分析客户信息有针对性地主动与客户沟通，从而建立合作关系。跨境电子商务卖家可以通过邮件、Facebook、短信、电话等方式进行客户关怀和精准营销，包括生日与节假日关怀、使用售后关怀、购买提醒、精准的促销活动推送等，从而建立长久的客户关系。

2.3 跨境电子商务客户的细分与分级管理

2.3.1 跨境电子商务客户细分

1. 按网店购物者常规类型分类

1）初次上网购物者

这类购物者在试着领会跨境电子商务的概念，他们的体验可能会从在网上购买小宗的安全种类的物品开始。这类购物者要求商家网站界面简单且购买过程容易，产品照片对说服这类购物者完成交易有很大的帮助。

2）勉强购物者

这类购物者对安全和隐私问题感到紧张。因为有恐惧感，他们在开始时只想通过网站做购物研究，而非购买。

对这类购物者，只有明确地说明网购的安全性和隐私保护政策才能够使其消除疑虑，轻松面对网上购物。

3）便宜货购物者

这类购物者能够广泛地使用购物比较工具，对品牌忠诚没有概念，只要求最低的价格。网站上提供的廉价出售商品对这类购物者最具吸引力。

4）"手术"购物者

这类购物者在上网前已经很清楚自己需要什么并且只购买自己想要的东西。他们的特点是知道自己做购买决定的标准，然后寻找符合这些标准的信息，当他们很自信地找到了正好合适的产品时就会开始购买。

快速告知其他购物者的体验和对有丰富知识的操作者提供实时客户服务会吸引这类购物者。

5）狂热购物者

这类购物者把购物当作一种消遣，特点是购物频率高、富有冒险精神。对这类购物者，迎合其好玩的性格十分重要。为了增强娱乐性，网站应多为他们提供观看产品的工具、个性化的产品建议以及电子公告板和客户意见反馈页之类的社区服务。

6）动力购物者

这类购物者是因需求而购物，而不是把购物当作消遣。他们会用自己的一套高超的购物策略来找到所需要的东西，不愿意把时间浪费在"东走西逛"上。优秀的导航工具和丰富的产品信息能够吸引此类购物者。

2．按客户性格特征分类

1）友善型客户

友善型客户性格随和，对自己以外的人和事没有过高的要求，具备理解他人、宽容、真诚、信任等特质，通常是企业的忠诚客户。

2）独断型客户

独断型客户异常自信，有很强的决断力，感情强烈，不善于理解别人；对自己的任何付出必须要求回报；不能容忍欺骗、被怀疑、不被尊重等行为；想法和要求必须被认可，不容易接受意见和建议，通常是投诉较多的客户。

3）分析型客户

分析型客户情感细腻，容易被伤害，有很强的逻辑思维能力；懂道理，也讲道理；对公正的处理办法和合理的解释可以接受，不愿意接受任何不公正的待遇；善于运用法律手段保护自己，但从不轻易威胁对方。

4）自我型客户

自我型客户以自我为中心，缺乏同情心，不习惯站在他人的立场上考虑问题；绝对不能容忍自己的利益受到任何伤害；有较强的报复心理；性格敏感多疑；时常"以小人之心度君子之腹"。

3．按消费者购买行为分类

1）交际型客户

这类客户很喜欢聊天，他们和卖家聊得愉快了就会到店里购买产品。对于这种类型的客户，卖家要热情如火并把工作的重点放在这类客户上。

2）购买型客户

这类顾客会直接买下产品并很快付款，收到产品后不主动和卖家联系，直接给好评，对卖家的态度很冷淡。对于这种类型的客户，卖家不要浪费太多的精力，执着地和他们保持联系可能会被认为是一种骚扰。

3）礼貌型客户

当客户因为一次交易和卖家发生了联系，如果卖家热情如火，在聊天过程中运用了恰当的技巧，有些客户或许会因为礼貌直接到店里再购买一些产品。对于这种客户，卖家要尽量做好售后服务。

4）讲价型客户

这类客户善于讲价，难以被满足。对于这类客户，卖家要咬紧牙关，始终坚持优质的服务质量。

5）拍下不买型

对于这种类型的客户，卖家可以投诉或警告，也可以不予理睬。

2.3.2　跨境电子商务客户分级管理

1. 跨境电子商务客户分级管理的含义

客户分级管理是指企业打破对所有客户一视同仁的固有模式，通过技术手段，根据客户对企业的价值贡献，以有效的划分方式将现有客户与潜在客户进行分级区分的客户管理方式，即找出哪些客户更有价值，需要重点服务；哪些是潜在客户；客户的需求是什么。在进行有效分级后，企业应针对不同级别的客户制定差异化的服务策略，对高级别客户提供价值更高的服务，对低级别客户减少服务投入。

2. 跨境电子商务客户分级

1）关键客户

关键客户由位于"客户金字塔"顶端的 A 级客户与 B 级客户组成，可以说是一个企业的核心客户群体，通常占企业客户总数的 20%。如前文所说的"二八定律"，这部分客户往往向企业贡献了总利润的 80%，应成为企业重点维护的对象。

（1）A 级客户。A 级客户是指在"客户金字塔"顶层，仅占整个企业客户群体的 1%，却能为企业带来最大价值的客户。

A 级客户是跨境电子商务卖家产品的重度用户，对商家和产品有较高的忠诚度，是商家客户资源中最稳定的一部分。这部分客户对产品价格升降的敏感度不高，对新品有一定的好奇心，有兴趣试用且乐于帮商家推荐商品，为商家节省了开发新客户的成本。他们为商家创造了绝大部分利润并且能保持较好的长期合作关系，还有较高的增值潜力。他们有多次回购行为，而且只要卖家上了新品，他们常常是第一批关注并下单购买的客户，甚至不需要咨询客服。同时，他们热衷于在评论页面分享自己的使用心得、商品实物图等，同时会认真地留下好评，给后来者以正面的参考信息。因此，A 级客户是最有价值的一类客户。卖家拥有 A 级客户的数量决定了其在跨境电子商务平台上的竞争力。

（2）B 级客户。在给企业带来最大价值的 20% 的客户中，除了 A 级客户，剩余的可列为 B 级客户。

B 级客户对卖家产品的使用量通常较大，但相较于 A 级客户而言，他们对商品价格的敏感度会更高一些，因此为商家创造的利润和价值没有 A 级客户那么高，而且他们会同时关注、购买、使用多家同类店铺的商品，如在购买发饰时，他们会固定在速卖通上的两三家饰品店里选择而不是执着于同一家店。所以，尽管他们也会积极地将喜好的商品推荐给新客户，但他们对于店铺及商品的忠诚度不如 A 级客户。这部分客户的购买行为更加理性，会对常购的几家店铺进行比较，选择性价比较高的一家下单；他们有一定的回购行为，在收货后也能及时地确认收货并同意放款；愿意留下带一定正面表述的好评；基于对常购店铺的信任，普遍存在自主购物行为。对这类具有一定提升潜力的客户，企业也应当投入充足的保障资金。

B 级客户比较体谅卖家，在跨境电子商务交易中遇到一些因不可抗力带来的交易问题时，能积极友好地与商家进行沟通解决。因此，他们对商家的市场战略具有重大影响，也能为商家带来可观的利润。对于这部分客户的管理目标就是尽一切可能维护这部分客户群体，与他们保持一种长期稳定的战略合作关系。

2）普通客户（C 级客户）

C 级客户是指在为企业创造价值的前 50% 的客户中除重要客户外的客户群体，通常占客户总数的 30%，即普通客户群体。普通客户的购买行为具有一定的偶然性，即只是偶然地进入店铺，偶然地产生购买行为，如受打折或优惠活动吸引。这部分客户多对产品有较为明确的需求导向，基本是冲着产品而来的。因此，他们可能会与客服有一定程度上的交流，以进一步了解产品相关信息。如果卖家在货物中留下邀请留评的信息，他们在收货后就会留下好评。普通客户通常是较为理性的消费者，如遇物流延迟、货损等问题也会接受卖家的沟通、建议。这部分客户虽然在购买力、忠诚度及价值创造方面远不及 A 级客户与 B 级客户，但数量较大，所以卖家即使不对其进行特殊对待，也应给予一定的重视，因为他们有可能发展成为关键客户，进而为卖家带来可观的利润。卖家对于普通客户的管理应以提高其在店铺购买产品的频次为目的。

3）小客户

小客户群体数量占客户群体总量的 50%，在"客户金字塔"中位于最底层。这部分客户的总购买量不多，忠诚度也较低。

（1）D 级客户。在为跨境电子商务卖家贡献价值较低的小客户中，有近 40% 的客户可能仅购买一次。在购买前由于对店铺与卖家不了解，他们常需要与客服进行较长时间的沟通，其咨询次数多、下单慢并且一般不会在收货后第一时间进入平台确认收货及同意放款，卖家通常要等平台放款规则时限到期才能收到款项。这部分买家未必会主动为商品留下好评，常是一次交易结束后即消失，再也联系不上；遇到物流延迟、货损等问题时会比较着急、焦虑，出于对卖家的不信任，可能会直接向平台申诉，也会要求一定程度上的赔偿。卖家对这类贡献度较低的客户不需要进行特殊的关照。

（2）E 级客户。这部分客户可以说是跨境电子商务卖家的"噩梦"。他们在前期过度咨询、对商家不信任、对商品质疑；下单后不断催货；收货后各种挑剔，要求退货甚至拒绝付款却不退货，以差评要挟卖家返现或补寄礼品等。另外，这部分客户经常提出苛刻的服务要求，消耗卖家资源，是问题客户。若不能满足其要求，他们会向他人抱怨，破坏店铺形象。这是会让商家蒙受损失的客户，不但过多占用资源还不能为商家带来利润，甚至在很大程度上侵蚀了商家的利润。商家可以通过一定方式剔除这部分客户，以降低客服人员的工作量，保护店铺信誉及收益。

3. 跨境电子商务客户分级管理的方法

1）关键客户的管理

由 A 级客户与 B 级客户组成的关键客户创造了商家近 80% 的利润，是店铺发展的基石，这部分客户的维护效果对整个店铺的经营业绩起到决定性作用。由于这类客户乐于试用新品，对价格的敏感度低并能积极地进行产品推荐，故往往是众多商家争抢的对象，其他卖家可能会以更优惠的条件去吸引这部分优质客户。所以，卖家应将关键客户的维护工作当成一场持久战，认真提升与关键客户的良好关系。同时，关键客户与店铺之间的关系是动态的，即现在的 A 级客户有可能因为其自身原因或店铺原因而流失，现在的 B 级客户可能会成长为新的 A 级客户。同样地，现在的普通客户也有机会发展为关键客户。因此，卖家应对关键客户的动向做出及时反应，不仅要避免现有关键客户的流失，还要对新成长的关键客户进行积极维护。

（1）设立专门服务团队。对于小卖家来说，关键客户群体的总人数有限，由店铺负责人亲自处理与这些客户的关系也并无不可。但如果是跨境电子商务平台上的大卖家，这种做法势必会分散管理层的精力。因此，现在有一些传统外贸企业管理者一般选择给特别重要　的关键客户安排一位客户经理以长期予以关注、沟通与服务，对其他关键客户则是给几个客户安排一个客户经理。对于跨境电子商务店铺卖家来说，客户群体分散，个体数量庞大，因此需要设立一个专门为关键客户服务的团队，使整个店铺的关键客户管理规范化、标准化。

（2）整合资源，重点服务。既然 20%的关键客户能为店铺带来 80%的利润，那么应向这部分客户投入 80%的服务资源，因为关键客户对店铺的价值贡献最大，他们也会对服务有更高的要求。如果商家心安理得地享受关键客户带来的利润却不进行特殊关怀，关键客户可能会产生不满情绪，出现客户流失现象。有些商家选择以直截了当的价格优惠作为对关键客户贡献的奖励，也有部分关键客户在价格优惠之外更重视商家为其提供的超值服务。例如，银行往往会设置贵宾服务窗口，机场会设置贵宾休息室与服务通道，酒店会安排贵宾服务区等，这些服务都会使关键客户产生一种优越感。

（3）保持密切联系，加强情感交流。跨境电子商务卖家应加强与关键客户的沟通与交流，让关键客户感受到商家对他们的重视，体会到自身价值的升华。与关键客户进行定期沟通非常重要，无论是通过网络社交平台、跨境电子商务平台站内信，还是通过邮件或电话。商家应针对关键客户制订一个沟通计划，以便更新关键客户的需求，做到及时发现问题并解决问题。商家与关键客户的沟通频次应远远高于普通客户，而对小客户则无须着重进行一对一沟通。对关键客户进行意见征询有利于提升关键客户的信任度。例如，传统外贸公司每年会邀请关键客户与企业高层进行会面，听取关键客户对企业产品开发、设计、生产、包装、服务、营销等方面的意见与建议，同时会向关键客户介绍企业下一阶段的发展计划与产品计划，这种方法有助于企业与关键客户建立长期、稳定的战略合作伙伴关系。

2）普通客户的管理

根据其创造的利润与价值，企业对普通客户的管理应侧重于提升客户级别与控制成本两个方面。

（1）提高客户级别，即甄选并培养有升级潜力的普通客户。跨境电子商务平台上的卖家面临的每一个客户都有第一次进入店铺、第一次与客服沟通、第一次下单、第一次留评的行为。所有客户在最初都属于普通客户群体，商家需要做的就是甄选出有潜力升级为关键客户的普通客户，通过引导、创造、增加普通客户的需求，鼓励普通客户购买具有更高价值的产品或服务来提升普通客户创造的价值，提高他们的贡献度。也有不少企业会根据普通客户的需要扩充产品线，以为普通客户提供"一条龙"服务来满足其潜在需求的方式增加普通客户的购买量，提升其客户层级。

（2）控制成本，即减少对无升级潜力的普通客户的服务投入。对于没有升级潜力的普通客户，卖家不需要像对关键客户那般给予特殊对待，也无须像对有升级潜力的普通客户那般进行引导与沟通，基本可以采取"维持"策略，仅需提供常规服务，无须耗费精力去提供附加服务，缩减为他们服务的时间、内容，即在人力、物力和财力上都不增加投入，以降低服务成本。

3）小客户的管理

（1）挖掘可提升客户层级的小客户。卖家应该帮助有升级潜力的小客户成长，给予其一定的照顾，将其培养成普通客户甚至是关键客户，小客户的成长必然带来店铺利润的提高。在产生初次购物行为后，有些客户可能会存在"买家自责"，即买家由于团购活动的热潮和网站的各种营销刺激的影响做出了购买行为，但下单后会对交易感到不自在，这时候，客服对其购买行为的鼓励及对其因购买未知产品和服务而产生的不安情绪的安抚就显得非常重要。只有在最开始就重视客户满意度，有购买力的小客户才有可能对产品及品牌产生信任，出现回购行为，增加购买频次和使用量，从而慢慢地提升客户层级。

（2）对于没有升级潜力的小客户减少服务投入。对于没有升级潜力的小客户，卖家不应选择直接放弃，更不应该怠慢客户而让其产生不满。在网络时代，信息传播十分迅速，一旦有一个客户对卖家的产品、品牌或服务的评价不佳，就会对卖家形象造成巨大的影响。

（3）淘汰劣质客户。可以明确的一点是，并不是所有客户都值得卖家竭尽全力地去服务及费尽心思地去维护。劣质客户不仅不能为卖家带来利润及价值，还会"侵蚀"其他客户给卖家带来的利润。一旦这些客户做出破坏店铺与品牌形象的行为，卖家应立即向运营平台提出申诉，而不是受制于人，被迫消耗资源，事后则可建立劣质客户黑名单，将这些客户列为拒绝往来客户。

2.4　跨境电子商务主流平台客户服务体系

2.4.1　速卖通平台客户服务体系

速卖通平台客户服务体系主要负责解答客户咨询、解决售后问题、促进销售及管理监控，其工作目标包括保障账号安全、降低售后成本及促进再次交易。

1. 速卖通平台卖家客户服务的基本规则

速卖通要求卖家对于客户提出的任何关于产品或服务的问题都要尽可能做出完整的解答，提出可行的方案。在与客户沟通时，速卖通除了要求卖家充分了解其所经营的行业和产品及透彻地掌握跨境电子商务平台各个流程之外，还要求卖家努力安抚客户情绪，控制损失，敏锐地发现大客户，持续、定期与客户沟通，解决客户的顾虑或疑惑，为客户提供最安全、最稳妥的物流方案。

2．速卖通平台对卖家客户服务能力的评估

速卖通平台设置了"卖家服务等级"这一指标，卖家服务等级在本质上是针对卖家服务水平的评级，一共分为优秀、良好、及格和不及格四级。不同等级的卖家将获得不同的平台资源，包括在橱窗推荐数、搜索排序曝光、提前放款特权、平台活动、店铺活动等方面享有不同的资源。等级越高的卖家享受的资源越多，优秀卖家将获得 top-rated-seller 标志，客户可以在搜索商品时快速发现优秀卖家并选择优秀卖家的商品下单。指标表现较差的卖家将无法报名平台活动且在搜索排序上会受到不同程度的影响。

卖家服务等级每月月末评定一次，考核卖家过去 90 天的经营能力，包括客户不良体验率、卖家责任裁决率、好评率等。考核的重点是体现卖家交易及服务能力的一项指标——客户不良体验订单率（order defect rate，ODR），也称缺陷率，即客户不良体验订单数占所有考核订单的比例。其计算公式为

客户不良体验订单率=客户不良体验订单数÷所有考核订单数

客户不良体验指考核期内客户给予中差评的、在卖家服务评价系统（detail seller rating，DSR）中获得中低分的、成交不卖的、仲裁提起后卖家 5 天不回应纠纷导致纠纷结束的。在评定 ODR 时，如果一笔交易同时满足两个及两个以上的不良体验描述，只计一次，不会重复计算。

速卖通平台对历史累计结束的已支付数大于或等于 30 笔的卖家进行考核，对卖家在考核期内的表现按标准分为优秀、良好、及格和不及格四个等级。

3．速卖通平台卖家评价规则解析

1）评分分类

全球速卖通渠道的评估分为信誉评估和卖家分项评分两类。

（1）信誉评估。信誉评估是指买卖双方在买卖完成后对对方信誉状况的评估，是双向的评估。信誉评估包含五分制评分和评论两部分。

（2）卖家分项评分。卖家分项评分是指客户在买卖完成后以匿名的方法对卖家在买卖中的产品描绘的准确性、交流质量及回答速度、物品运送时间合理性三方面做出的评估，是客户对卖家的单向评分。

卖家完成发货后，在买卖完成 30 天内，买卖两方均可评估。假如两方都未给出评估，则该交易不会有任何评估记录；如一方在评估期内做出评估，另一方在评估期内未评估，则系统不会给评估方默许评分（卖家分项评分也无默许评分）。

2）评分计算方法

除特殊情况外，速卖通会正常核算商家的各项评分和商家信誉评估积分，不论金额，统一为：好评+1，中评 0，差评-1。

（1）客户在同一个天然旬（每月 1～10 日、11～20 日、21～31 日为每月的三个天然旬）内对同一个卖家只做出一个评估的，该客户的评估星级则为当笔评估的星级（天然旬核算的标准是美国太平洋时间）。

（2）客户在同一个天然旬内对同一个卖家做出多个评估的，依照评估类型（好评、中

评、差评）汇总核算，即好、中、差评都只计数一次（包含一个评估里有多个产品的状况）。

（3）在卖家分项评分中，同一客户在一个天然旬内对同一卖家产品描绘的准确性、交流质量及回答速度、物品运送时间合理性三项中某一项的多次评分只算一次，该客户在该天然旬对某一项的评分核算方法公式为

$$均匀评分=客户对该分项评分总和÷评估次数（四舍五入）$$

针对以下三种状况，不管客户留差评还是留好评，仅展现留评内容，不核算好评率及评估积分。

① 成交金额低于 5 美元的（成交金额为客户支付金额减去售中的退款金额，不包含售后退款状况）。

② 客户提起未收到货纠纷或纠纷中包含退货状况且客户在纠纷上升到裁定前未主动撤销。

③ 对运费补差价、赠品、定金、结账专用链、售品等特别产品（简称"黑五类"）的评估。

3）卖家信誉等级

速卖通卖家信誉等级评定的相关资料都记录在卖家评价档案中。评价档案包含近期评估摘要（会员公司名、近 6 个月的好评率、近 6 个月的评估数量、信誉度和会员开始日期）、评估前史（最近 1 个月、3 个月、6 个月、12 个月及前史累计的时刻跨度内的好评率、中评率、差评率、评估数量和均匀星级等）和评估记载（卖家得到的一切评估记载、给出的一切评估记载及在指定时刻段内的指定评估记载）。其中

$$均匀星级=一切评估的星级总分÷评估数量$$
$$卖家分项评分中各单项均匀评分=客户对该分项评分总和÷评估次数$$

速卖通有权删去评估内容中包含人身攻击或其他不当言论的评估，若客户信誉评估被删去，则对应的卖家分项评分也被删去。

2.4.2 亚马逊平台客户服务体系

1. 亚马逊平台卖家客户服务的基本规则

亚马逊对卖家的管理采用"宽进严出"的方式，它允许个人和企业在其平台上开店，只有某些类目要求卖家具备一定条件，很多类目完全向卖家开放，而且允许卖家销售二手商品。所有卖家都必须遵守平台的全方位保障条款，权益受到侵害的客户可以获得亚马逊的全面支持。

亚马逊作为跨境电子商务平台，在产品及服务由第三方卖家转至客户的过程中，全程参与分销、广告投放、在线评论、售后客户服务等。作为亚马逊的特色，FBA（fulfillment by Amazon）已经成为其主营业务之一，可为第三方卖家提供包括仓储、运输配送、跨境物流及定制化物流方案等多项服务。这种收取网店流量费用，分仓租赁，代收、代包、代发、货物及代收款的模式不仅为第三方卖家提供了便利，而且有利于提升客户服务品质，从而为亚马逊带来更多的利润增长。

非 FBA 卖家主要通过自发货（merchant fulfilled network，MFN）的形式配送并与客户

通过亚马逊平台自行沟通和交流，亚马逊平台只在必要的时候参与。为了缓解与日俱增的 FBA 仓储压力，亚马逊推出 SFP（seller fulfilled prime）项目，从而使非 FBA 卖家也有机会接触到亚马逊 Prime 会员，但加入 SFP 的卖家必须向 Prime 会员提供美国 48 个州两天达（2-day shipping）的免费配送服务。

2．亚马逊平台对卖家客户服务能力的评估

亚马逊是一个非常注重客户体验的跨境电子商务平台，它制定了一套指标来规范卖家账户的日常运营，要求卖家根据设定的指标要求努力经营自己的店铺，服务好客户。如果卖家没有达到指标或者严重超标，其运营就会受到影响。卖家的客户服务能力可从卖家账户的卖家状态、健康状态评定和各项账户指标参数来判断。

1）卖家状态

亚马逊平台卖家状态分为以下四种。

（1）活动状态，表示卖家账户处于正常状态，可以在亚马逊上销售商品，所以按照正常进度支付款项。

（2）正在审核状态，表示卖家账户可以在亚马逊上销售商品，但当前正在接受亚马逊的审核，在完成审核前，卖家账户只能接收资金，但无法转出资金。

（3）受限制状态，表示卖家账户已受限制，可能无法销售某些类别的商品或只能销售自行配送的商品。

（4）暂停状态，表示卖家账户不能在亚马逊上销售商品，资金被暂时冻结。

2）健康状态评定

亚马逊卖家账户健康（account health）状态主要有三种不同颜色的符号标记。

（1）绿色复选标记为优秀（good），表示卖家为客户提供了良好的体验，达到了亚马逊要求的账户整体目标或者在此指标方面的目标。

（2）黄色感叹号为一般（fair），表示卖家向客户提供的体验未达到亚马逊要求的账户整体目标或者在此指标方面的目标。这类卖家应提升产品和服务的质量，以避免出现负面反馈或索赔。

（3）红色叉号为糟糕（poor），表示卖家向客户提供的体验远未达到亚马逊要求的账户整体目标或者在此指标方面的目标。卖家应立即提升产品和服务的质量，以避免出现负面反馈或索赔。

3）各项账户指标参数

亚马逊卖家账户处于什么样的状态、表现如何还可以从各项指标的分数看出来。

（1）缺陷率（order defect rate，ODR）。缺陷率是指卖家在相关时间段内产生的差评（negative feedback）或者涉及亚马逊商城交易保障索赔（amazon A-Z-to-guarantee claim）、服务信用卡拒付（Service Credit Card Chargeback）等纠纷的情况在总数中所占的比例。计算方法为

$$缺陷率=相关时间段内产生的缺陷的总量÷总数×100\%$$

亚马逊规定，卖家的缺陷率要低于 1%。

导致缺陷率高的主要因素是差评和纠纷。客户在收到包裹后，可以在 90 天内对产品进

行评价。如果对商品或服务不满意，客户可能会给卖家留下一星或者二星的差评，卖家可以在 60 天内请求客户移除，差评移除后将不会影响缺陷率。卖家必须保障产品质量并做好物流跟踪服务，如遇到纠纷，一定要先与客户协商，必要时可考虑退款，以减少差评的产生。

在产品上架初期评价少的情况下，一个差评就会造成指标飘红，给卖家带来打击，影响产品后续的销量，后面要提高指标，卖家将很费力。销售数量增多了，好评的基数就多了，有了容错空间，也不会有很大的指标压力。

（2）配送前取消率（cancellation rate）。在规定时间段内，可能出现卖家在确认发货之前因为库存不足或者其他某种原因主动取消了客户订单的情况，所取消的订单占所有订单的比例就是配送前取消率。计算公式为

$$配送前取消率 = 已取消数量 \div 总数 \times 100\%$$

亚马逊规定，卖家的配送前取消率应低于 2.5%。

配送前取消率是衡量卖家的库存是否充足的指标之一。高订单取消率会影响卖家账户，也会对卖家的利润产生负面影响，所以卖家要重视对库存的监控，库存不足应及时补货或及时下架，尽量降低配送前取消率。

如果客户下错了单，由卖家手动取消操作会被计入配送前取消率，所以建议卖家让客户自行在下单成功后的半小时内取消订单，以免超过了时限要由卖家取消。如果因此导致卖家配送前取消率超过 2.5%，在亚马逊人工介入审核店铺时，卖家可以向亚马逊平台反馈实情，由亚马逊进行处理，如此则不会影响指标。

（3）发货延迟率（late shipment rate）。在规定时间内，卖家因为自身原因在超过承诺的时间后安排货物配送称为延迟配送。迟发数在总数中所占的百分比就是发货延迟率。计算公式为

$$发货延迟率 = 迟发数 \div 总数 \times 100\%$$

亚马逊规定，卖家的发货延迟率要低于 4%。

在后台上传产品时，卖家在 OFFER 一栏的 Handling Time 选项里面填写的天数将与发货是否延迟直接相关，如果不填，系统默认为两个工作日。如果卖家延迟发货，可能会导致客户重复提醒卖家发货、投诉或要求取消订单，这会给卖家带来负面影响，所以卖家应努力在承诺的时间内按时发货。如果实在要拖延，应该及时联系客户说明情况，努力获得客户的谅解。

（4）有效追踪率（valid tracking rate）。有效追踪率只针对卖家自主配送的情况。卖家在发出包裹后，需将有效追踪编码（即快递单号）及时录入对应的系统中，以方便客户追踪包裹。能有效追踪的包裹数所占的百分比即为有效追踪率。有效追踪率的计算公式为

$$有效追踪率 = 上传有效追踪编码的包裹总数 \div 已发货的包裹总数 \times 100\%$$

亚马逊规定，卖家的有效追踪率应高于 95%。

物流跟踪信息需在确认配送后的 48 小时内上传，追踪编码需要真实有效并与物流服务商匹配无误，仅当追踪编码至少具有一次承运人扫描记录时，追踪才有效。能有效追踪的物流包括 FedEx、UPS 和 DHL 等具有有效追踪编码的国际物流公司，但不包括通过标准邮寄信封或平邮信封邮寄的物流，因为它们是跟踪不到物流信息的。

此外，有效追踪率也是一项绩效指标，如果卖家在特定商品分类下未实现 95% 的目标，将有可能丧失在该分类下销售非亚马逊物流商品的权限。有效追踪有助于客户追踪包裹的物流情况，也有助于卖家在收到亚马逊商城交易保障索赔时得到保护，降低货件遗失成本，提高转化率和收入等。

　　（5）准时到达率（on-time delivery）。准时到达率是指客户在卖家承诺的预计配送日期之内收到包裹的比例，是基于有效追踪编码（即快递单号）的。亚马逊规定，卖家的准时到达率应高于 97%。客户在预计时间之内没有收到包裹，可能会向卖家多次催促物流配送，甚至发起纠纷或给予差评。

　　（6）退货不满意率（return dissatisfaction rate）。退货不满意率是指在客户向卖家提出退货请求的前提下，卖家未在 48 小时内答复或者错误拒绝客户而收到负面反馈的比例。退货不满意率与缺陷率中的"差评"不是同一个概念。亚马逊规定，卖家的退货不满意率应低于 10%，如果没有达标，亚马逊虽不会对卖家进行硬性处罚，但仍需要卖家引起重视，因为只要是退货，都会对卖家造成损失，如果退货率高，会影响商品页面（listing）排名。但是卖家也不能为了不让客户退货，而对客户采取诱惑或要挟的手段，否则客户投诉到亚马逊平台的后果更严重。卖家应该注重自己的服务态度，努力争取客户，如果客户坚持要退货退款，应及时处理退货事宜。

　　（7）客户服务不满意率（customer service dissatisfaction rate）。此指标用于衡量客户对于卖家消息回复的满意度。当客户通过站内信、邮件向卖家咨询结束时，亚马逊会附带一份内容为"Did this solve your problem?（这是否解决了您的问题？）"的调查邮件，客户可以选择 YES（是）或 NO（否）。客户服务不满意率就是"否"的回答数占回复总数的比例。亚马逊规定，卖家的客户服务不满意率应低于 25%，如果卖家未能达标，亚马逊不会对卖家进行硬性处罚，但仍需要卖家引起重视。

　　（8）联系回复时间（contact response time）。联系回复时间考核的是卖家在 24 小时内回复客户发来的站内消息的比例。即使在节假日，如果卖家超过 24 小时没有回复客户信息，也算是延时回复，将影响该指标。所以，一般情况下，卖家都会配有专门负责处理客户咨询的在线客户服务人员在节假日做好值班工作。及时回复对客户来说非常重要，亚马逊规定，卖家的联系回复时间达标率应高于 90%。

　　（9）违反政策（policy violations）。违反政策是指卖家违反了亚马逊的相关政策，如侵权、卖假货。众所周知，亚马逊对知识产权的保护规定相当严格。如果卖家因存在侵犯知识产权的行为被投诉且成立，就会受到亚马逊的警告或处罚，轻则下架产品，重则直接封账户、关店铺。

　　总之不难看出，亚马逊对卖家的每项指标考核都是从为客户服务的角度考虑的，非常注重客户体验。所以无论卖家在哪个站点，无论店铺大小，缺陷率、配送前取消率、发货延迟率、有效追踪率都是卖家的生存根本。卖家必须按照亚马逊的要求运营店铺，尽心尽力地提升这四项指标。除了前四项，第九项指标也是亚马逊卖家需要特别重视的。对于其他指标，卖家也应该尽量做到达标，虽然未能达到这些指标不一定会使账户处于不良状态，但如果不加以改善，也会给卖家带来负面影响。所以，无论是售前、售中、售后，卖家都要以客户为重，做好客户服务和沟通，提升各项指标。

2.4.3 敦煌网平台客户服务体系

1. 敦煌网平台客户服务的基本规则

在交易过程中，客户在卖家填写货运单号后的 5~90 个自然日内未收到货物或对收到的货物不满意，可以提起部分退款、全额退款、退货退款、重新发货等申请。申请原因包括未收到货、货物与描述不符、虚假运单号、无理由退货。但是，如果卖家设置了承诺运达时间，则在承诺运达期内，客户无法开启"未收到货"的投诉。

客户提出退货或者退款申请后，形成协议纠纷，买卖双方将有 10 个自然日协商解决方案。卖家必须在 5 个自然日内对客户申请做出同意或拒绝的回应，如逾期仍未回应，系统将自动按照客户的申请执行操作。在协商期内，如卖家同意客户方案，即买卖双方协议达成，系统将按照协议内容执行；若卖家拒绝客户方案，需同时提交新的解决建议。如买卖双方未在 10 个自然日内达成一致，系统会自动将纠纷升级至平台裁决。

客户根据协议约定或平台的处理结果操作退货时，需要在卖家提供了退货地址后的 7 个自然日内提供有效的退货货运单号，否则系统默认客户放弃协议并关闭纠纷。如退货后重新发货，在卖家提供有效的重新发货货运单号后，客户可在 90 个自然日内确认收货。如客户未在卖家提供重新发货货运单号后的 90 个自然日内反馈未收到货或者货物存在问题等情况，系统将默认客户收到货物并在卖家重新发货的 90 个自然日后关闭纠纷。

退换货过程中所产生的风险和费用在原则上由平台裁决的责任方承担，如买卖双方均有责任，双方应按照责任的划分承担退货风险和费用；如因任何一方的不配合或证据不充分影响调查，敦煌网有权裁决不配合方为责任方。

2. 敦煌网平台对卖家客户服务能力的评估

敦煌网平台以大量精准数据为依托，每个月都会通过精确、多维度、细致的分析与计算对卖家的整体经营情况、服务能力等进行综合分析并根据卖家逐月累积的经营数据于每月 5 日评定、刷新。根据卖家在平台的表现，该平台将卖家共分为四类：顶级卖家、优秀卖家、标准卖家、低于标准卖家。该评级体系非常重视客户的购物体验及卖家的服务能力。在敦煌网上新注册的卖家，级别为"标准卖家"，新注册的卖家经过一段时间的经营后，平台将根据新评级体系的评级指标对其进行考核并对其卖家级别进行评定，如不满足以上各级别评级条件将自动降级。

3. 敦煌网平台客户服务纠纷互动系统

买卖双方未能在规定的协商阶段内达成任何协议，客户可以要求敦煌网调解中心介入。一旦调解中心介入，纠纷状态将以买家和卖家的配合及相应的在线反馈为依据即时变更，双方的反馈情况将直接关系着款项的流转，所以广大卖家应积极关注纠纷，进入纠纷详情页面查看相应纠纷状态下的系统提示并给予及时的在线反馈。协议阶段和平台纠纷处理阶段的所有节点均由系统控制，卖家进行在线操作时，需仔细阅读页面提示并给予真实的反馈，一旦线上内容生成，将无法更改。

需要重点强调的是，协议阶段和平台纠纷阶段各有侧重点：协议阶段重协商，在规定可协商时间内，如客户与卖家协商无果，一旦客户要求敦煌网调解中心介入，即变为平台纠纷阶段，此阶段流程为客户、卖家双方提供证据，调解中心出具裁决意见，调解中心监督执行方案。

1）双方提供证据阶段

平台纠纷阶段为承接协议阶段的协商进程，客户在要求调解中心介入调查的同时会一并提出建议方案，卖家在证据提交阶段可以对客户提出的建议做出同意或不同意的反馈，如卖家同意客户的建议方案，系统会自动流转到方案执行中；如卖家不同意客户的建议方案，则可按系统提示在规定日期内提供证据。

客户在要求调解中心介入时提出的解决方案需要卖家在 5 日内做出反馈（在此时间之后，卖家端同意客户方案的按钮将被置灰）。若不同意，则客户无法重新提出解决方案且卖家需要在 3 日内提供有效的证据，调解中心将依据证据出具裁决意见。调解中心不再受理通过其他方式达成的协议内容，更不会受理对客户与卖家双方已经达成协议内容进行更改的要求。

在平台纠纷的任何阶段，卖家在接受或者拒绝客户所提出的解决方案前，一定要仔细确认方案内容。

2）调解中心出具裁决意见阶段

在客户要求调解中心介入时起，买家和卖家双方各有 5 日可提供真实有效的证据，在分析收集的双方证据的基础上，敦煌网调解中心会在 5 日内公正、合理地出具裁决意见。

3）执行方案阶段

如卖家同意客户在要求调解中心介入时的唯一方案，此方案将被监督执行。

如卖家未同意或者不同意客户提出的唯一方案，敦煌网调解中心在双方证据基础之上做出的裁决意见将被执行。在平台纠纷阶段，针对各种类型的纠纷，调解中心将会有三种裁决方案：部分退款、全额退款、退货退款。由于部分退款和全额退款不涉及货物问题，所以这两种裁决意见会被即刻执行。

系统在处理纠纷过程中有一些重要节点，卖家积极、真实、有效的在线反馈关系到系统对于款项的处理，卖家需特别注意时间节点。

（1）客户在要求平台介入调解以后，卖家需要在 3 日内根据页面的提醒内容提供相关证据到平台。如在规定时间内无证据提交，系统将全额退款给客户并关闭纠纷。

（2）对于调解中心裁决退货退款的，若卖家在后台设置了默认退货地址，5 日之后若卖家未填写地址，则系统会自动导入默认退货地址。若卖家未设置默认退货地址，系统会要求卖家在 5 日内提供并确认详细的英文退货地址，如卖家在规定时间内无反馈及回应，系统会全额退款给客户并关闭纠纷。

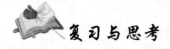

复习与思考

1. 潜在客户必须具备的要素是什么？

2．收集客户资料的方法是什么？

3．如何管理关键客户？

4．客户按性格特征有哪些种类？

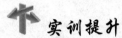 实训提升

实训项目：跨境电子商务客户分级管理

【实训目标】

1．加强团队合作，发挥每一个团队成员的能力，学习小组讨论、分析解决问题的方法。

2．培养学生自主学习和独立思考的能力。

【实训内容】

假如你在 eBay 英国站开了一家手工饰品店铺，需要分级管理客户，请以如何分级管理客户为主题写一篇报告。

【实训步骤】

1．教师带领学生学习相关知识，按照三人一组进行教学分组，每个小组设组长一名，负责确认每个组员的任务。

2．根据教师教授的内容，整理跨境电子商务客户分级管理的相关知识。

3．上网或者去图书馆查询关于跨境电子商务客户分级管理的课外知识。

4．每个小组派一个组员根据自己的报告上台演讲，教师和其他小组成员对其演讲内容进行评价、讨论。

第 3 章　跨境电子商务售前客户服务与沟通

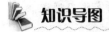 **知识导图**

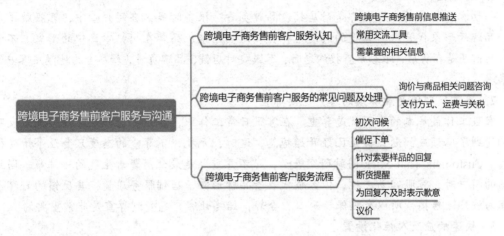

跨境电子商务售前客户服务与沟通

- 跨境电子商务售前客户服务认知
  - 跨境电子商务售前信息推送
  - 常用交流工具
  - 需掌握的相关信息
- 跨境电子商务售前客户服务的常见问题及处理
  - 询价与商品相关问题咨询
  - 支付方式、运费与关税
- 跨境电子商务售前客户服务流程
  - 初次问候
  - 催促下单
  - 针对索要样品的回复
  - 断货提醒
  - 为回复不及时表示歉意
  - 议价

知识目标

- ❑　了解跨境电子商务售前信息推送。
- ❑　掌握常用的交流工具。
- ❑　掌握跨境电子商务售前客户服务中的常见问题及处理措施。

重点及难点

重点

- ❑　询价与商品相关问题咨询。
- ❑　支付方式、运费与关税。

难点

- ❑　把握公司及产品情况。
- ❑　掌握客户心理。
- ❑　掌握跨境电子商务售前客户服务流程。

引例

旺季流量暴增，跨境电子商务卖家需要这 10 条客服策略

对于店铺来说，获得一个顾客比留住一个顾客的花费更多，而留住顾客的秘诀就是卓

越的客户服务。如今的跨境电子商务竞争已不再是简单的"价格竞争"，更多的是"服务竞争"，消费者比以往任何时候都更倾向于寻找一种既方便又省事的购物体验，满足消费者才能赢得消费者。

旺季不仅有大量的流量订单，还会有大量的客服工作，包括售前的客户咨询、售中询问以及售后的客户服务。越是在旺季，卖家越要做好客服工作，给消费者留下体贴周到、一切为客户着想的好印象。货品选得再对、营销做得再好也需要高质量的客服来匹配。

1. 对店铺、品牌负责

一切客服工作的出发点都是对店铺、品牌负责。很多时候，在用户心中，客服就是店铺、品牌的形象代言人，客服的态度也将直接影响店铺、品牌在用户心目中的形象。不管是在售前还是在售后，跟客户直接沟通时，客服要对店铺、品牌负责，竭尽全力地满足客户的需求。

2. 尊重！即使是最麻烦的客户也要尊重

客服工作最基本的准则就是尊重。在客服日常工作中，客户打电话或在线咨询就表明他们遇到了麻烦或问题，甚至已经开始抱怨，这时，无礼、不尊重的态度只会让事情变得更糟。Customers That Stick 网站研究表示，"不尊重"是最让消费者生气的一件事。遇到麻烦的用户时，客服容易失控，但客服代表着品牌形象、店铺服务质量，其反馈的好坏也最容易被广泛传播，所以客服保持耐心、冷静，始终让客户感受到尊重是非常重要的。

3. 快速响应及人性化设置

毫无疑问，客服的响应时间极为重要，客户有问题的时候总希望得到快速的答复，而实时聊天能帮助客服解决同时处理多个客户的问题，也可以确保客户的问题得到及时的解决。同时，客服也可以通过设置多样问题、多样答复来尽可能多地解决客户问题。

注重人性化设置是指一旦获知客户的姓名后，不管是在线聊天还是社交平台回复、邮件发送等，最好要使用客户的名字，以拉近距离。

4. 要时刻记着道歉

对于非常生气的顾客，单单说"对不起"是无法解决问题的，这还涉及对问题的理解和态度的真诚。顾客期待的是一种真诚的、人性化的道歉方式，而不是连基本问题都不理解就道歉的方式。客服既要时刻记着道歉，又不能一上来就道歉，更不能仅仅道歉，简单来说，就是要耐心地倾听顾客的问题，抓住问题的核心点，在给予顾客有效答复的前提下向顾客真诚地道歉。

5. 不要匿名

客服跟客户沟通时，最好不要匿名称"我是××在线客服……"，告知客户自己的名字会让客户有亲切感。Facebook 和 Twitter 等社交媒体平台上的交流也是如此，当客服团队在社交平台或论坛上跟客户沟通时，最好报上客服的名字，这不仅便于客户做回应记录，也可让彼此间的沟通更有人性味。

6. 及时跟进购买，做好用户反馈

客户服务并非被动的，其中，投诉处理会占用客服团队大量的时间。如何减少或避免大量的投诉问题？可以从源头开始跟进（或购买跟进）。

在顾客完成购买时，客服团队即可与其取得联系，以便了解他们的使用体验并询问他们对产品是否有任何问题。这样不仅能够及时与顾客保持联系，还会给顾客留下好的印象，甚至会带动其填写产品评论。

7. 不要忽视任何一个线上回复的机会

客户服务工作有一个非常重要的部分，就是监控社交平台用户评论。有时候，心怀不满的顾客会选择 Twitter 或 Facebook 等社交平台来抨击品牌，而不是直接联系客服。这时候，如果卖家还是通过购物平台的在线客服系统联系顾客，也许会让顾客更加恼火。卖家不妨直接在社交平台上进行回复并尽量解决顾客的问题。如果有必要，不要忽视在任何一个平台做回复的机会，要尽最大可能让顾客感受到重视。

8. 正视问题，不要推卸责任

当客户因为货物有问题不得不跟客服团队接触时，他们的愤怒和不满往往已达到顶峰，他们最不想听到的就是推卸责任的话，如"这是快递公司的错……"。卖家这时需要做的是尽可能地解决问题或是提供解决问题的方案。

即使问题是第三方原因造成的，客服也要耐心地听取客户的意见，不要着急下结论，甚至要主动承担责任。

9. 冷静对待退货退款

做电商，退货退款是较难处理的问题。客服并没有权利给予消费者承诺，他们能做的只是按照规章制度办事。但是要记住一点，一定要避免使用"请您耐心等待"等说辞。

客服处理退货退款时，要冷静地跟消费者沟通，解释退货流程，明确是否需要顾客将产品退回以及其他一切细节，如钱是否会退回客户的账户，客户购买时所使用过的平台或店铺积分能否退还并继续使用，等等。

一方面，客服团队要周全应对，另一方面卖家们也要清楚地罗列出店铺的退款规则，尽可能地避免不必要的麻烦或损失。

10. 接受批评，拥抱改变

一个品牌的成长和进步仅仅源自营销和产品开发吗？事实上，客户服务也起着不可或缺的作用。客户是产品和服务的真正使用者和评判者，与客户建立牢固的关系也将有助于公司、品牌的长远业务发展。靠谱的客服团队能够搜集并发现大量有价值的信息并将这些信息传递给产品开发人员，进而改进产品或服务，这对店铺或品牌的成长和发展非常重要。

资料来源：http://www.100ec.cn/detail--6476203.html，略有改动。

3.1 跨境电子商务售前客户服务认知

3.1.1 跨境电子商务售前信息推送

1. 问候、寒暄

问候、寒暄时，要亲切、自然、热情，以下为问候和寒暄时的常用语句。

Greeting	Hello/Hello,Dear Friend!
Welcome	Thanks for your visiting to my online store! What may I do for you? Is there anything you like?
Company&product	…
Further help	If you cannot find anything you like, you can tell us, and we will help you to find the source! Thanks again.

2. 公司简介

公司材料包括公司的历史、地理位置、技术实力、荣誉和产品简介等。那么如何在众多的资料中筛选出关键和有效的信息呢？如何更加有效地提供信息，从而达成交易？接下来，我们学习一下有效公司简介的撰写方法。

 知识拓展

卖家的简介比较

1. 简介 1

Let me introduce our company.

Shaoxing Xintianhai Color Printing Limited Corporation was established in 2007. The company covers an area of 800 square meters with a total investment of RMB300,000. The existing staff is more than 100 people.

Upholding the principle of Quality First, Customers First, our company provides customers with a variety of beautiful and comfortable scarves.

Our products are very popular in both global market and domestic market.

2. 简介 2

We are one of the biggest suppliers of Electronic Shaver on AliExpress. With more than 3 years' experience in world trade we are able to provide the best prices, the highest quality and the superior service. We inspect our products before shipping them out and provide a 1-year warranty for all products. We promise to give you a full refund if the products are not as described.

If you have any questions, please contact us. We are happy to help you.

它们各自的特点和优点是什么？

简介 1 的用词更加书面化，很多刚入行的学院派毕业生向客户推荐公司的时候往往会写出这样的语句篇章。他们对于行业、产品的知识较为欠缺，对于文体结构、文字用词的要求较高。在信函中，他们习惯性地希望把文字写得很精彩，常变换各种语法从句，常规行业用词、商业信息量却远远不够。

简介 2 的用词更加商业化，更能激发客户的关注和兴趣。它指出了公司经营的产品，提到了客户关注的价格、质量、服务、产品的质量保证和售后、退换等一系列信息。这些信息是达到推销目的的关键，与购买者的利益息息相关，也是买方最先关注、询问的信息。

公司简介中的内容应尽可能多，要有技巧地、恰当地呈现行业用词和商业信息量，而不是单一地注重文采。

3．标题

接下来继续探讨在不同的商务情景下以不同途径与客户进行有效的沟通时标题的句式和表达。

（1）无论是留言，还是站内信或者相关聊天工具，要用直接、鲜明、简略且安全的信息文字激发客户的好奇心，吸引他们的注意力，如"Latest technology, which can help you double your efficiency in some ways""The latest and unique pattern"。

（2）大买家效应法。假设有一个大买家 Shangri-La-Hotel，那么标题可以采取"产品名称+大买家"的形式，如 towel supplier of Shangri-La-Hotel for about 5 years，这样就会产生大买家效应。新客户会因为企业能够与大买家合作，而且具有合作多年的业绩，认同企业的资质，相信企业的推荐和对产品的描述，从而容易促成交易。

（3）认证吸引法。有些认证比较难通过，如果企业有通过此类认证的资质，那么在推荐产品时应在标题中凸显认证名称，此时对认证比较看重的客户就会跳过其他卖家，对你的产品采取进一步的询价行动，如"Our company has joined the European Union global footwear certification organization STARA, and obtained the 'CE' product quality certificate（公司加入欧盟全球性鞋类认证机构 STARA 组织并取得 CE 产品质量证书）"。

4．产品推荐信

产品推荐信为商务信函的一种，典型的产品推荐信有一些固定的内容，包括称呼、正文、信尾敬语、签名。正文部分要提出产品名，概括新产品是什么，简要列出产品特点。在英文推荐信中，由于客户关心的更多是产品及成本，所以企业一定要抓住重点，把产品特性放在英文推荐信的首位，同时要指出客户的利益点。

接下来看一篇推荐信范文，试着去感受一下产品推荐信的结构和每段正文的典型表达方式。

Dear ×××:

Our ××（产品名）can provide excellent benefits to your company.

People with little or no art experience can still create their own masterpieces themselves!（一句话概括新产品是什么）

Products Features（简要列出产品特点）:

Brand new and creative concept for DIY crafts;

Easy to handle, amazing decor effects exciting user experience;

Great gifts for birthday, anniversaries, Christmas and Valentine's Day…

Multi-purpose available: Scratchboard art could also be used as a clock and photo frame…

Affordable High quality and museum class scratchboard, no toxic and environmentally friendly;

I look forward to hearing from you soon.

Yours sincerely

Shirley

Website:

Tel.:

Fax.:

 知识拓展

表　达

1. 寒暄语句

（1）This is ×× from ××× Co., Ltd. of China writing to you, hoping this mail finds you in your best time.

（2）Thank you for taking a few minutes to read about our new product recommendation. We believe...

（3）Thank you again for taking the time to consider our new product.

（4）I'll be happy to send you samples for evaluation!

（5）We sincerely hope you place the order ASAP!

（6）And I also hope to be your friend in private!

（7）If any questions, please contact me freely! Thank you!

（8）Looking forward to your early order!

（9）More products and information, please contact us.

2. 尺码

A: I am used to UK size 4, which size of the dress I shall choose?

B: Could you take a look at our detailed size data.

3. Quality（质量）

A: The dress is cheap, is that good enough?

B: Dear Daisy, thanks for the interest, you get the clothes low price, as it is directly shipped from our factory. Good quality product with attractive price is our way to continue business here.

3.1.2　常用交流工具

1. TradeManager

TradeManager（又称为国际版阿里旺旺），缩写为 TM，该软件是 alibaba.com 网站的在线即时通信工具，该软件也是供阿里巴巴国际站的卖家与买家用户进行在线交流的软件，拥有在线沟通、联系人管理、消息管理、登录记录查询等基本功能，用户则通过

TradeManager 主动和同行业的买家进行交流联系，还可以直接登录到 My Alibaba 操作系统。对于卖家来说，该软件不仅仅拥有在线沟通功能，而且支持旺铺、网站快捷入口、定位沟通对象及文件图片互通等强大功能，可方便买家与卖家更轻松地沟通。

 知识拓展

常　用　句　型

（1）Thanks for your visiting to my online store.

感谢您访问我的网上商店。

（2）What may I do for you?

我能为您做什么吗？

（3）Is there anything you like?

有什么您喜欢的吗？

（4）If you cannot find anything you like, you can tell us, and we will help you to find the source!

如果您找不到任何喜欢的东西，可以告诉我们，我们将帮助您找到货源！

（5）We are one of the biggest suppliers of Electronic Shaver on AliExpress.

我们是阿里巴巴全球速卖通最大的电子剃须刀供应商。

（6）With more than 3 years' experience in world trade, we are able to provide the best prices，the highest quality and the superior service.

我们有 3 年以上的世界贸易经验，能够提供最好的价格、最高的质量和卓越的服务。

（7）We inspect our products before shipping them out.

我们在出货前会检查我们的产品。

（8）We provide 1-year-warranty for all products.

我们为所有产品提供 1 年的保修服务。

（9）We promise to give you a full refund if the products are not as described.

如果产品与描述不符，我们保证给您全额退款。

（10）If you have any questions, please contact us.

如果您有任何问题，请与我们联系。

2．DHgate

为了方便卖家产品管理、双方沟通交易等一系列操作，敦煌网平台特地准备了敦煌通（DHgate）供商家使用，以便提高工作效率。敦煌通是为了方便买卖双方即时在线沟通交流的一种聊天工具，卖家借此可以更加方便、快捷地了解客户的需求及问题。其功能包括：① 不仅能聊天，还能发送文件和截图；② 记录买家信息，简单、快捷地管理买家；③ 消息预知功能，提前知道客户输入的咨询内容；④ 随时查询、导出聊天记录，通过多种搜索形式可快速锁定目标信息；⑤ 自定义问候语、自定义常见问题，提升回复速度和效率。

3. 常见的聊天软件及工具

1）MSN

MSN 是一种出现得很早、很方便的在线聊天工具，有对应的邮箱，但是现在 MSN 被 SKYPE 绑定了，有些地方必须绑定 SKYPE 才能使用 MSN。

2）SKYPE

SKYPE 一种很潮流也很方便的聊天工具，使用它除可以网上聊天，也可以进行语音、视频交流。它最大的功能就是可以绑定电话，方便和朋友间的联系，到 SKYPE 官网购买充值卡就可以给远在异国的客人和朋友打电话。

3）Viber

相比其他聊天软件来说，Viber 更高效、更快捷。用手机装上软件注册成功后，同步到通信录就可以跟远在国外使用同款软件的朋友畅所欲言了，普通流量就可以拥有高音质的服务。

4）WhatsApp

使用 WhatsApp 的人数比较多，其中大部分用户都是中东和南美地区的，也有部分中国人。

5）Facebook

卖家在 Facebook 上可以看到客户的动态信息，也可以跟客户连线对话、建立群组等。这是一个不错的交友网站，卖家可以看到可能认识的人，也可以加客户的朋友为好友，还可以使用关键词搜索寻找潜在客户，然后将其加为好友。

6）Twitter

Twitter 是类似于 Facebook 的交友网站。

7）QQ、WeChat

现在，很多外国客户也在用腾讯的软件，使用微信摇一摇，说不定能摇到外国客户。

8）Google Talk

这是 Google 集团推出的一款软件，不太稳定、速度慢。

4. 在线支付

跨境电子商务电子账户常用的在线支付是货到付款、支付宝、财付通和网银。

阿里巴巴的 Escrow Service 又称为国际支付宝，是阿里巴巴专门针对国际贸易推出的一种第三方支付担保交易服务，英文全称为 Alibaba.com's Escrow Service。该服务现已全面支持航空快递、海运、空运等常见物流方式，并且航空快递和海运已经实现了平台化，买卖双方均可在线下单。

目前，国际支付宝支付支持多种支付方式，如信用卡、T/T 银行汇款、Moneybookers、借记卡。只要海外买家有信用卡账户并开通网银功能，就可以方便地在网上进行付款操作。即使没有信用卡账户，买家也可以通过传统的 T/T、西联等方式进行付款，不会增加海外买家的任何额外操作成本。如果买家使用信用卡进行支付，资金通过美元通道，则平台会直接将美元支付给卖家。

交易安全是整个电子商务交易中最关键的环节，通过使用阿里巴巴的 Escrow Service 交易，能有效地避免传统贸易中买家付款后收不到货、卖家发货后收不到钱的风险。买家支付的货款将在 Escrow 账户上被暂时冻结，等待买家确认之后直接放款给卖家，保证货物和资金安全。Escrow 收到买家全部货款后才会通知卖家发货，帮助卖家规避收款不全或钱货两空的风险。

海外买家更倾向于和开通 Escrow 的卖家交易，因为 Escrow 丰富、真实的交易记录可以提升卖家的可信度，而且可减少与买家的沟通成本，快速达成交易。目前，阿里巴巴 Escrow 海运、空运只向买家收取 25 美元每笔的快递费；航空快递服务费是每笔交易额的 3.09%。供应商不收费，供应商端需要承担的是放款时花旗银行会收取的 20 美元手续费。

3.1.3　需掌握的相关信息

1. 把握公司及产品情况

在跨境电子商务中，客户往往不专业或缺乏对相关产品的了解。跨境电子商务客户服务人员在帮助客户解决问题的过程中，需要从更专业的角度来解决问题。售前客户服务人员在向客户推荐产品时，无论是关于产品的专业术语还是行业专用的概念，还是购买流程中涉及的税费及物流问题，客户服务人员都需要介绍得简明扼要并进行适当的简化，用通俗易懂的方式向客户解释和说明。针对客户问题，在提出解决方案时，客户服务人员需要基于问题产生的真实原因提出负责而有效的解决方案，而不是拿一些搪塞的说法来拖延问题的处理时间。

从长远来看，就客户所提出的咨询问题耐心细致地进行解答，并且能够顺利且彻底地解决这些疑难问题会十分有效地增强客户对卖家的信任感，进而形成客户黏性。也就是说，售前客户服务人员应当把每一次客户咨询和反映的问题都当作展示自己专业能力的机会，用专业的方法与态度来解决问题，将初次询盘和偶然询盘的客户转化为长期客户。

2. 掌握客户心理

1）掌握客户静默式下单的心理

很多时候，跨境电子商务的客户在下单购买之前不会与卖家进行联系，这就是所谓的"静默式下单"。这就意味着在跨境电子商务中，客户在售前联系客户服务人员时往往是带着问题来的。例如，客户购买的是一个技术型产品或者客户需要进行批发式购买，则客户下单前联系卖家就是为了就一些特殊的技术指标或批发条款进行确认。由于买卖双方在时间和空间上的距离，加上在语言与文化方面可能存在隔阂，客户作为不专业的一方，有时很难清晰地理解某些中国卖家写出的英文产品说明，如果售前客户服务人员在回复消息的过程中让客户等待的时间过久，再与各种主客观的因素叠加在一起会很容易引起客户的不满，也会直接导致在实际操作中，许多客户缺乏与卖家沟通的耐心，不愿相信卖家的说明和解释。因此，售前客户服务人员一定要关照外国客户的心理需求，清楚、明确地进行产品介绍，提供专业化的咨询服务，这样才能有效地引导客户购买产品，提高咨询转化率。

2）配合客户需要得到确定回答的心理

从商务礼仪的角度讲，售前客户服务人员要确保在谈判开始时就做谈判的主导者，设法引导客户的情绪，为后面的双向沟通与问题解决打好基础。

在跨境电子商务中，当出现问题时，客户普遍会感到很棘手并容易出现焦躁心态，这是非常正常的。这也是为什么这么多年来许多跨境电子商务的经营者普遍认为客户服务工作是一项让人头疼又非常麻烦的工作。针对售前客户服务工作中可能出现的各类问题，卖家首先需要做到的就是在沟通的每一个环节，特别是在与客户第一次的接触中，设法淡化时间、空间上的疏离感，在第一时间向客户保证能够在客户的购物过程中为客户答疑解惑，帮助客户顺利地购买到心仪的商品，也就是所谓的先给客户吃"定心丸"。在实际的售前客户服务工作中，要从字里行间的细节里向客户呈现出感恩的态度，这对于顺利解决问题、说服客户接受卖家提出的解决方案，甚至对降低解决问题的成本来说，都是非常有效的。

3）要对客户所有的消息进行回复

许多跨境电子商务平台都会在后台系统监控所有站内信或留言的平均回复时间。卖家平均回复时间越短，时效越高，则从侧面反映出卖家的服务水平越高。在实际操作中，卖家往往还会遇到这种情况：经过沟通后，卖家顺利地帮助客户解决了问题，而客户往往回复一封简单邮件，如"Thanks"或"OK"。许多卖家在操作时不甚精细，对这种邮件可能就不做任何回复了。但各个跨境电子商务平台的后台系统无法真正识别客户发出的信息内容是否需要回复，这些简短的客户信息如果没有得到及时回复，仍可能影响系统对卖家回复信息时效的判断。长期来讲，对卖家是没有好处的。

因此，售前客户服务人员要做到无论在何种情况下，在与客户进行的互动中，要对客户所有的消息或者邮件进行回复。这既是出于礼貌，也是出于技术角度的考虑。

3.2　跨境电子商务售前客户服务的常见问题及处理

3.2.1　询价与商品相关问题咨询

1. 关于询价

当有客户询价时，售前客户服务人员在回复内容中要感谢对方的询问，表达出想与对方建立业务往来的愿望并告知对方达成条件后进行报价。下面以客户的大量询价为例。

Sample 3-1

Q: Hello, I want to order ×××pieces for this item, how about the price?

A:

Dear buyer,

Thanks for your inquiry. We cherish this chance very much to do business with you. The order of a single sample product costs $×× XUSD with shipping fees included. If you order ×××pieces in one order, we can offer you the bulk price of ×××USD/piece with free shipping. I look forward to your reply. Regards!

参考译文

问：你好，我想订购此产品×××件，价格是多少呢？

答：

亲爱的客户：

感谢您的询价。我们非常珍惜这次与您做生意的机会。单件产品的成本为××美元，含运费。如果您一次订购×××件，我们可以向您提供××美元每件的原价并免费发货。期待您的答复。祝好！

2．关于商品细节

售前客户服务人员与客户的对话大部分是围绕商品本身进行的，所以在沟通交流的过程中，客户很可能会问及关于商品的专业问题，而清晰明了的产品描述能够让客户快速获取所需要的信息并且没有多余的疑问。售前客户服务人员熟悉产品知识是与客户交流、谈判的基础，售前客户服务人员对商品细节问题越熟悉，客户对售前客户服务人员的信赖度就越高。

例如，服装的尺寸没有统一标准的尺码，目前最为常用的有四种型号，分别是国际码、中国码、欧洲码和美国码，这四种尺码是可以互相转换的。售前客户服务人员不仅要清楚地知道四种尺码的大小差异，还要知道它们之间的转换方法，以便给客户提供明确的尺码推荐意见，必要时可以向客户提供尺寸图。

Sample 3-2

Q: Hello,seller,I wear US size 8. Could you give me some advice on which size I should buy from you?

A: Hello, dear customer, size M of this dress will fit you pretty well. Please feel free to contact us if you have any other questions. Thanks!

参考译文

问：你好，卖家，我平时穿美国码 8 号，该从你这儿买什么尺寸呢？

答：您好，亲爱的客户，您穿 M 号的连衣裙会很合适。如果您有任何其他问题，请随时与我们联系。谢谢！

在回答客户关于商品的咨询时，售前客户服务人员也可以预先制作简明、清晰的流程说明图示，这样撰写文字就变得非常简单。虽然制作图示会花费一些时间，但是以后应对很多类似的提问时，售前客户服务人员都可以使用已经做好的图示方便、快捷地解答。

Sample 3-3

Dear friend,

Thanks for your letter!

We took some photos and made an illustration for you to show how to assemble this product.

Please look at the illustration in the attachment.

If you have any further question, please feel free to contact us again.

Yours sincerely,

(Your name)

参考译文

亲爱的客户朋友：

感谢您的来信！

我们拍了一些照片并为您做了一个插图，以演示如何组装这个产品。

请看附件中的插图。

如果您还有任何问题，请再次与我们联系。

此致

（你的名字）

3.2.2 支付方式、运费与关税

1. 关于支付方式

一般来说，针对没有 PayPal 账号的客户关于支付方式的咨询，客户服务人员可以参考下面的例子回复问题并推荐客户使用 PayPal 进行付款。

Sample 3-4

Q: Do you accept check or bank transfer? I do not have a PayPal account.

A:

Thank you for your inquiry.

For the sake of simplifying the process, I suggest that you pay through PayPal. As you know, it always takes at least 2~3 months to clear an international check so that the dealing and shipping time will cost too much time.

PayPal is a faster, easier and safer payment method. It is widely used in international online business. Even if you do not want to register a PayPal account, you can still use your credit card to go through checkout process without any extra steps.

Hope my answer is helpful to you.

Yours sincerely,

(Your name)

参考译文

问：你们接受支票或银行转账吗？我没有贝宝账户。

答：

感谢您的咨询。

为了简化流程，我建议您通过贝宝支付。正如您所知，兑现一张国际支票至少需要 2～3 个月，那么交易和运输上势必要花费大量的时间。

贝宝是一种更快、更便捷、更安全的支付方式，它广泛应用于国际在线业务。即使您不想注册贝宝账户，仍然可以使用信用卡进行结账，无须任何额外的步骤。

希望我的回答对您有帮助。

此致

（你的名字）

如果客户选择第三方支付方式（Escrow），客服人员也可以参考如下邮件提醒客户折扣快结束了。

Sample 3-5

Dear buyer,

Thank you for the message. Please note that there are only 3 days left to get 10% off by making payments with Escrow (credit card, Visa Master Card, Moneybookers or Western Union). Please make the payment as soon as possible. I will also send you an additional gift to show our Appreciation.

Please let me know for any further questions. Thanks.

Best regards,

(Your name)

参考译文

亲爱的客户：

谢谢您的留言。请您注意，通过委托付款服务（如信用卡、维萨卡、万事达卡、MB电子银行或西联汇款）获得 10%折扣的优惠时间仅剩 3 天。请尽快付款。我们还会额外送您一份礼物，以表示我们的谢意。

如果有任何问题请告诉我。谢谢！

祝好！

（你的名字）

当客户购买多件商品时，客户服务人员可以在邮件中告诉客户关于修改价格及合并支付的操作。

Sample 3-6

Dear buyer,

If you would like to place one order for many items, please first click "add to cart", then "buy now", and check your address and order details carefully before clicking "submit". After that, please inform me, and I will cut down the price to $××. You can refresh the page to continue your payment. Thank you.

If you have any further questions, please feel free to contact me.

Best regards!

(Your name)

参考译文

亲爱的客户：

如欲订购多项物品，请先选择"添加到购物车"，接着选择"立即购买"，然后仔细检查您的地址及订购详情后再按"提交"按钮即可。完成这些步骤后请通知我，我将在后台把您的商品价格改低为××美元。您可以刷新页面继续完成付款。非常感谢！

如果您还有任何问题，请随时与我联系。

祝好！

（你的名字）

 **知识拓展**

客服常用句型

（1）We will ship out your order within 3～5 days once your payment has been verified by AliExpress.

一旦您的付款通过速卖通验证，我们将在3～5天内对您的订单安排发货。

（2）If the product is out of stock, it may delay 2-5 days.

如果产品缺货，可能会延迟2～5天。

（3）Items are shipped from China using Airmail and reach most of the countries within 10～25 business days.

中国的物品用航空邮件运送，将在10～25个工作日到达大多数国家。

（4）Delivery time depends on destination and other factors and it may take upto 30 business days.

交货时间取决于目的地和其他因素，可能需要30个工作日。

（5）Thank you so much for your great support on us.

非常感谢您对我们的大力支持。

（6）We are happy to inform you that…

我们很高兴向您介绍……

（7）Your order can be sent via EMS express.

您的订单可以通过EMS特快发送。

（8）We upgrade the logistics arrangement.

我们升级了物流安排。

（9）Welcome to visit us again!

欢迎再次光临我们的店铺！

（10）Our store is not able to provide shipping service to your country.

我们的商店无法提供去您所在国家的物流服务。

（11）We can accommodate future orders.

我们可以妥善处理未来的订单。

（12）You can simply specify the shipping address and we will deliver the order to your designated address.

您只要明确送货地址，我们将会把货物发送到您指定的地址。

2．关于运费

客户一次性购买多件商品时，可能会提出合并运费的要求。这个时候，客户服务人员可以通过修改并发送电子发票（invoice）的形式，对客户购买的多件商品只收取一次运费。在电子发票发送成功后，客服人员可及时告知客户运费已合并，让客户直接通过电子发票进行支付。

Sample 3-7

Q: Hello, seller, can the shipping fee be paid together as I've bought several items from you? Please send me just in one package, thanks!

A: Hello, dear customer, thanks for your business!

We have combined the shipping already and only charge you the shipping fee once. You can check the invoice I've just sent to you and please make the payment through the invoice directly. Please feel free to contact us if you have any other questions. Thanks!

参考译文

问：你好，卖家，我从你那儿买了好几样东西，能一起付运费吗？麻烦打包成一个包裹，谢谢！

答：

您好，亲爱的客户，谢谢惠顾！

我们已经合并运费，只收取一次费用。请检查一下我刚发给您的发货单，请直接按发货单付款。如果您有任何其他问题，请随时与我们联系。谢谢！

3．关于关税

关税是客户在购物时必然会关注的问题。在下面例子里，客户服务人员就客户所担心的税费问题给予了耐心、细致的解答，明确告知了客户在一般情况下购买小额的货物不会产生额外费用，如遇特殊情况，需要向当地海关部门咨询。

Sample 3-8

Q: Are there any import taxes or customs charges that I need to be aware of if I purchase this and have it shipped to Louisiana in the United States?

A:

Dear buyer,

Thank you for your inquiry. I am happy to contact you.

I understand that you are worried about any possible extra cost for this item. Based on past experience, import taxes falls into two situations.

Firstly, in most regions, it did not involve any extra expense on the buyer side for similar small or low-cost items.

Secondly, in some individual cases, buyer might pay some import taxes or customs charges even when their purchase is small. As to specific rates, please consult your local customs office.

I Appreciate for your understanding!

Sincerely.

(Your name)

参考译文

问：如果我购买了这个产品，要运往美国的路易斯安那州，是否需要缴纳进口税或关税？

答：

亲爱的客户：

感谢您垂询本店，我很荣幸为您服务。

我非常理解您关于本次购物可能产生其他费用的担忧。根据以往的经验，海关的进口关税分为以下两种情况。

第一种情况，在大部分地区，像您所购买的小件或低价商品无须缴纳任何关税费用。

第二种情况，在某些特殊情况下，客户还是要为自己所购买的小件商品缴纳进口关税或消费税。至于具体的税率，您可以去咨询您所在地区的海关部门。

我们非常感谢您的理解！

再次向您表示由衷的歉意！

（你的名字）

3.3 跨境电子商务售前客户服务流程

3.3.1 初次问候

当客户光顾店铺并询问产品信息时，售前客户服务人员与客户初次打招呼要亲切、自然、热情，尽量在初步沟通时把产品信息介绍清楚。

Sample 3-9

Hello, my dear friend. Thank you for your visiting to my store, you can find the products you need from my store. If there is no what you need, you can tell us, and we can help you find the source, please feel free to buy anything! Thanks again.

参考译文

您好，亲爱的朋友。感谢光临，您可以在我店找到您需要的产品。如果没有找到您所需要的，可以告诉我们，我们会帮您找到货源，请随意购买！再次感谢您的惠顾！

3.3.2 催促下单

在客户浏览产品还没有下单时，售前客户服务人员可以用礼貌、婉转的方式表示库存不多，以此来催促客户尽快下单。

Sample 3-10

Dear buyer,

Thank you for your inquiry.

Yes, we have this item in stock. How many do you want? Right now, we only have lots of the × color left. Since they are very popular, the product has a high risk of selling out soon. Please place order as soon as possible. Thank you.

Best regards,

(Your name)

参考译文

亲爱的客户，谢谢您的咨询。

我们有这个产品的库存。您想要多少？我们现在还剩下×批×颜色的。由于这种产品很受欢迎，很快就会销售一空，请您尽快下单。谢谢！

祝好！

（你的名字）

3.3.3　针对索要样品的回复

在可以顺利发货的情况下，客户在了解了产品特性、价格、物流、关税等情况之后往往会要求提供样品。在无法提供样品的时候，售前客户服务人员需要礼貌地向客户说明情况，也可以建议客户先购买单件商品试用。

Sample 3-11

Dear buyer,

Thanks you for your inquiry, I am happy to contact you.

Regarding your request, I am very sorry to inform you that we are not able to offer free samples. To check out our products we recommend ordering just one unit of the product (the price may be a little bit higher than ordering a lot). Otherwise, you can order the full quantity. We can assure the quality every piece of our product is carefully examined by our working staff. We believe trustworthiness is the key to a successful business.

If you have any further questions, please feel free to contact me.

Best regards.

(Your name)

参考译文

亲爱的客户：

非常感谢您光顾本店，我很荣幸为您服务。

关于您提出的提供样品的要求，很遗憾地通知您，本店不提供免费的样品。如果您对我们的商品不放心，需要一个样品验证，那么建议您首先购买单件商品（单件购买的价格也许会略高于大量购买的价格）。当然，我们更希望您直接购买所需数量的商品，我们可以为店铺的每一件商品提供质量保证，因为我们相信诚信是做生意的基石。

如果您有任何其他问题，欢迎随时联系。

谨致以最真挚的问候！

（你的名字）

3.3.4　断货提醒

如果客户咨询的产品已经断货（out of stock），售前客户服务人员需要告诉客户会及时向客户发送到货提醒，同时还可以向客户推荐符合客户需求的类似商品。

Sample 3-12

Dear buyer,

We are sorry to inform you that this item is out of stock at the moment. We will contact the factory to see when they will be available again. Also, we would like to recommend to you some other items which are of the same style. We hope you like them as well. You can click on the following link to check them out.

Please let me know for any further questions. Thanks.

Best regards,

(Your name)

参考译文

亲爱的客户：

我们很遗憾地通知您，此产品目前缺货。我们将与工厂联系，看什么时候到货。另外，我们想向您推荐其他同款产品，希望您也会喜欢。您可以点击后面的链接查看。如果有任何问题，请告诉我。谢谢！

祝好！

（你的名字）

3.3.5　为回复不及时表示歉意

如果和客户的沟通过程历时比较长，遇到因周末而回复不及时的情况，售前客服人员一定要先表示歉意，因为错过了最佳回复时间，也可通过主动打折的方式赢取客户的谅解。

Sample 3-13

Dear buyer,

I am sorry for the delayed response due to the weekend. Yes, we have this item in stock. And to show our apology for our delayed response, we will offer you 10% off. Please place your order before Friday to enjoy this discount. Thank you! Please let me know if you have any further questions. Thanks!

Best regards,

(Your name)

参考译文

亲爱的客户：

非常抱歉因为周末延迟回复您的消息。我们有这个产品的库存。为了表示我们对延迟答复的歉意，我们将为您的订单打九折。如在星期五之前下单，您就可以享受此折扣了。

非常感谢！

　　如果您还有什么问题，请随时问我。谢谢！

　　祝好！

　　（你的名字）

3.3.6　议价

　　当客户表现出购买意图并询问价格和折扣问题的时候，售前客户服务人员要回应客户的议价要求。通常来说，卖家对于多件同类商品的销售会给出一定的折扣，所以，如果有客户提出还价要求，售前客户服务人员可以参考以下的例子来回复问题。

Sample 3-14

　　Q: Hello, I can give 100 dollars. Is it OK?

　　A:

Thank you for your interest in my item.

We are sorry for that we can't offer you that low price you bargained. In fact the price listed is very reasonable and has been carefully calculated, and our profit margin is already very limited.

However, we'd like to offer you some discount if you purchase more than 5 pieces in one order, a ××% discount will be given to you. Please let me know if you have any further questions. Thanks!

　　Yours sincerely,

　　(Your name)

　　参考译文

　　问：你好，我付 100 美元，可以吗？

　　答：

　　谢谢您对我们的产品感兴趣。

　　很抱歉，我们不能给您那么低的价格。事实上，所列商品价格是经过仔细计算而列出的，是非常合理的。我们的利润已经很有限了。

　　不过，如果您一次订购 5 件以上，我们很愿意给您一些折扣，可以打××折。如果您还有什么问题，请告诉我。谢谢！

　　此致

　　（你的名字）

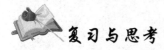
复习与思考

1. 在不同的途径和商务情景下与客户进行有效沟通时的标题如何撰写？

2. 客户在购买商品时都有什么心理？

3．初次问候客户的时候应该怎么做？请举例说明。

4．回复不及时时如何对客户表示歉意？请举例说明。

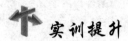 实训提升

实训项目：断货提醒实训

【实训目标】

1．加强团队合作，发挥每一个团队成员的能力，学习小组讨论、分析解决问题的方法。

2．培养学生自主学习和独立思考的能力。

【实训内容】

假如你在 eBay 英国站开了一家手工饰品店铺，其中一个爆款耳饰断货了，请给你的用户写一封邮件解释这个情况。

【实训步骤】

1．教师带领学生学习相关知识，按照三人一组进行教学分组，每个小组设组长一名，负责确认每个团队成员的任务。

2．根据教师教授的内容，整理跨境电子商务客户断货提醒的相关知识。

3．上网或者去图书馆查询关于跨境电子商务断货提醒的课外知识。

4．每个小组派一个组员根据自己的报告上台演讲，教师和其他小组成员对其演讲进行评价、讨论。

第4章 跨境电子商务售中客户服务与沟通

知识导图

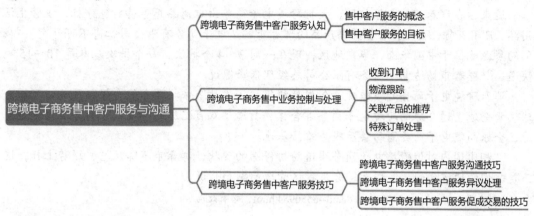

知识目标

- ☐ 了解售中客户服务的概念。
- ☐ 掌握跨境电子商务售中业务控制与处理。
- ☐ 了解跨境电子商务售中客户服务技巧。

重点及难点

重点

- ☐ 售中客户服务的目标。
- ☐ 特殊订单处理。
- ☐ 跨境电子商务售中客户服务异议处理。

难点

- ☐ 能够跟踪物流。
- ☐ 能够向客户推荐关联产品。
- ☐ 能够掌握跨境电子商务售中客户服务促成交易的技巧。

引例

边城珲春跨境电商出口火爆 一季度对俄出口额同比增长逾10倍

记者1日从吉林省珲春市综合保税区管理局获悉，2019年一季度，珲春通过跨境电子商务平台向俄罗斯出口各类货物总计 200 多吨，出口贸易额达 1.5 亿元人民币，较 2018 年同期增长逾 10 倍。

珲春是老工业基地省份吉林对外开放的窗口城市。伴随着珲春与俄罗斯远东地区经贸往来日益频繁，珲春跨境电子商务迎来了良好的发展契机。

据介绍，俄罗斯客户通过阿里巴巴在俄电子商务平台"速卖通"实现下单交易后，由深圳、义乌等地的集散中心发货运至珲春市综合保税区，再通过珲春口岸运往俄罗斯符拉迪沃斯托克市，在该市的分拣中心分发至俄罗斯各地。

近来，在珲春市综合保税区，大批跨境电子商务出口商品正等待打包分拣，主营生活用品、日用百货、服装和电子数码产品的珲春市畅达电子商务有限公司忙得不可开交。"我们的货源地位于中国华南、华东地区，现在一周 3～4 个批次，每个批次基本是 10～15 吨快递。"珲春市畅达电子商务有限公司总经理张峰源说。

珲春跨境电子商务起步较晚，但发展得很快。吉林省依托珲春综合保税区构建了买全球、卖全球、通全球的跨境电子商务综合体，打造了双百亿级的跨境电子商务集散制造基地、全球高端电子商务商品售后服务维修基地。

"相比国内对俄跨境电子商务渠道纷纷停滞的现状，珲春市不降反增，逆势上扬，这正是我们的通道优势。"珲春综合保税区管理局副局长说。

资料来源：http://www.100ec.cn/detail--6550954.html，略有改动。

4.1　跨境电子商务售中客户服务认知

4.1.1　售中客户服务的概念

售中客户服务是指从客户下单到客户签收货物这一阶段的客户服务与沟通，这是体现卖家服务质量的重要环节。

售中客户服务与沟通涉及的业务范围包括处理物流跟踪、关联产品定向推荐、特殊情况处理与交流。售中客户服务既是不断满足客户购买商品欲望的服务行为，又是不断满足客户心理需要的服务行为。在售中阶段，卖家的服务质量高低是决定客户是否购买的重要因素。因此，提高服务质量对售中客户服务来说至关重要，卖家应该实现售中客户服务规范化，要对具体的内容和要求分别制定规则。

4.1.2　售中客户服务的目标

售中客户服务的目标是为客户提供性能价格比最优的解决方案。针对客户的售中服务主要体现为销售过程管理，销售过程以销售机会为主线，围绕着销售机会的产生、控制和跟踪、合同签订、交付等一个完整销售周期而展开。

优秀的售中客户服务可以增强客户的购买欲望，可以有效地消除客户与企业销售、市场和客服人员之间的隔阂，使买卖双方之间形成一种相互信任的关系。

4.2　跨境电子商务售中业务控制与处理

4.2.1　收到订单

客户在下单之后不一定会及时付款，对于这种情况，卖家不可以直接关闭订单，可以通过留言、站内信或者相关聊天工具进行催促付款，提高产品付款率。如果客户下单超过两天仍未付款，则可以放弃该客户。

若买家下单后已及时付款，卖家则需根据买家留言及时告知发货信息。若发生买家付款后未通过平台资金风控审核或者卖家由于库存无货不能及时发货的情况，卖家需及时与买方沟通，引导客户解决问题。

1．催促付款

有些买家下了订单以后却迟迟不付款，如果卖家不及时跟进，将会导致订单过期或取消。因此，在买家下单未付款时，作为卖家，应及时通过站内信或邮件跟客户联系，以保证订单不流失。

1）提醒买家付款（通用）

一般情况下，若客户下单后没有及时付款，卖家可以提醒客户若有产品的价格、尺寸等相关问题，可以及时沟通，还可以承诺客户付款后会尽快发货。

Sample 4-1

Dear customer,

We have got your order of ×××. But it seems that the order is still unpaid. If there's anything I can help with the price, size, etc., please feel free to contact me.

Once the payment is confirmed, I will process the order and ship it out as soon as possible. Thanks!

Best regards,

(Your name)

2）针对不会付款的无等级买家

新客户不太熟悉付款流程，此时卖家客服人员应该向客户介绍具体的付款流程，同时告知客户如果还有疑问可尽快联系卖家。

Sample 4-2

Dear customer,

We appreciated your purchase from us. But we noticed that you have no payment yet. You may not know how to pay. This is a detailed payment process links: ××××××××××

If you have any questions about payment or any other reason that you don't want to go to complete the order, please let us know. We can help you solve the question of payment or make

跨境电子商务客户服务

any changes to the order.

Thanks again! We are all looking forward to get your answer as soon as possible.

Best regards,

(Your name)

3）针对客户下单后半天未付款的情况

客户拍下产品半天内还没有付款，其有可能还处于犹豫期。此时，客服人员应该用一两句话概括产品的特点，以强化客户对产品的信心。例如，可以说明产品 high quality with competitive price，也可以说产品 popular，同时还可以提示 instant payment，但注意不要过分强调，以免使客户反感。

Sample 4-3

Dear Customer,

Thanks for your order.

The item you selected is a one with high quality /a most fashion /most popular one with competitive price. You would like it.

Since they are very popular, the product may sell out soon. Instant payment can ensure earlier arrangement to avoid short of stock.

Thank you and awaiting your payment.

Best regards,

(Your name)

4）针对客户下单后两天未付款的情况

若客户下单后两天内还未付款且对客服之前发送的邮件没有回复，则有可能是客户觉得价格高了或者找到了更便宜的卖家。此时，客服可以告知客户产品利润很薄，但是愿意给予一定的折扣以促成交易。

Sample 4-4

Dear friend,

We found you haven't paid for the order you placed several days ago. The payment process has already been sent to you and I think you have already known how to pay.

Our profit margin for this product is very limited. But if you think the price is too high, we can give you a discount of 3%. Hope you are happy with it and you are welcome to contact me if there's anything else I can help with.

Best regards,

(Your name)

5）提醒客户库存不多，请尽快付款

如果在活动期间，订单量较大，为避免断货导致客户不能购买到其想要的产品，客服可以提醒客户产品库存不多，请尽快付款，否则有可能会断货。

· 80 ·

Sample 4-5

Dear friend,

Thank you for your inquiry.

You have chosen one of the best-selling products in our store. It is very popular for its good quality and competitive price. We have only 10 pieces of blue T-shirt left now. We would like to inform you that this product may be sold out soon.

We noticed that you hadn't finished the payment process for the order. To ensure that the product won't be sold out, we will ship your order within 24 hours once your payment is confirmed. If you need any help or have any questions, please let us know.

Best regards,

(Your name)

6）提醒折扣或活动快要结束

如果促销活动快要结束，买家下订单后迟迟没有付款，卖家可以提醒买家早日付款以免错过折扣或活动。

Sample 4-6

Dear friend,

Thank you for the message. Please note that there are only 3 days left to get 10% off by making payments with Escow (credit card, Visa, MasterCard, money bookers or Western Union). Please make the payment as soon as possible. I will also send you an additional gift to show our appreciation.

Please let me know for any further questions. Thanks.

Best regards,

(Your name)

7）由于回复不及时错过客户的咨询

遇到周末或者节假日有可能导致客服人员回复不及时，可以先表示歉意，因为错过了最佳的回复时间，也可以通过主动打折的方式来赢取客户。

Sample 4-7

Dear friend,

I am sorry for the delayed response due to the weekend (or holiday). We do have this item in stock and to show our apology for the delayed response, we will offer you 10% off. Please make the payment before Friday to enjoy this discount. Thank you.

Please let me know if you have any further questions.

Best regards,

(Your name)

注意：若客户下单后两天还没有付款且对客服发送的两封邮件都没有回复，则可以放弃该客户。

2．买方付款后的处理

买方下单后的 24 小时内，速卖通风控部门会对买家的资金做审核，如果发现资金来源有问题，平台会关闭交易。若订单未通过风控部门的审核，卖家需要及时与买家沟通。若通过了风控部门的审核，卖家应填发货通知单，也就是物流信息。

1）买方已付款，但库存无货

卖家可直接向客户推荐类似的产品并提供相应的链接。如果客户经过考虑后决定取消购买，可以告诉客户取消流程。

Sample 4-8

Dear customer,

Thanks for your order. However, the product you selected has been out of stock. Would you consider whether the following similar ones also ok for you:

http://www.aliexpress.com/store/   product/×××kk×1.html

http://www.aliexpress.com/store/product/-××k××2.html

If you don't need any other item, pls apply for "cancel the order". And please choose the reason of "buyer ordered wrong product". In such case your payment will be returned in 7 business days.

Sorry for the trouble and thanks so much for your understanding.

Best regards,

(Your name)

2）资金未通过风控审核

当买家的订单因为未通过风控部门的审核被关闭后，卖家要给买家留言，告诉他/她可以另下一个新的订单，然后使用其他的支付方式进行付款，要尽量留住客户。

Sample 4-9

Dear Customer,

I am sorry to tell you that your order has been cancelled because your credit card has not been approved by AliExpress. If you want the item now, we have prepared for you and you can make a new order. Besides, you can pay through Western Union, T/T payment or other ways too.

Also, please contact with the Ali initiatively! Good luck!

Best regards,

(Your name)

3）资金通过风控审核

资金通过风控审核且库存有货时，卖家要尽快发货，同时跟买家确认地址和电话。此外，为了避免通关可能遇到的麻烦，卖家要先和买家沟通报关单上的货名与货值。这里还需要告诉买家产品的具体安排，同时对买家说明产品的质量及检查事项，请买家放心，以消除买家的疑虑。

Sample 4-10

Dear Valuable Customer,

Thank you for your order and fast payment.

Your item will be arranged within 24～48 hours to get courier No. and it would take another two days to be online for tracking. By the way, please confirm your address, post code and phone number is updated without change(Russian customers must give us the receivers full name).

To avoid high import taxes, we usually declare the item name "××" and item value "under USD 50", is it OK?

Any special requirements will be replied within 24 hours. We would check the product quality and try our best to make sure you receive it in a satisfactory condition.

Thanks for your purchase and we will update courier No. to you soon.

Best regards,

(Your name)

4）通知发货

客户下单付款后都希望能尽快收到货物，但由于卖家发货后填写的发货信息要1～3个工作日才能更新，因此当买家付款后，卖家最好能在最短的时间内发货。发货后应及时填写物流单号并第一时间联系买家，告知物流运送情况。

Sample 4-11

Dear customer,

Thank you for shopping with us,

We have shipped out your order (order ID: ××× ×××× ××××××) on June 21 by China Post Air Mail. The tracking number is×××× ×××××× × ××××××.

It will take 20～30 workdays to reach your destination. But please check the tracking information for updated information. Thank you for your patience!

If you have any further questions, please feel free to contact me.

Best regards,

(Your name)

卖家除了告诉客户单号、查询网址及物流大致需要的时间，还可以提醒客户给予五星评价及反馈信息。

Sample 4-12

Dear Customer,

Thanks for your order. The product has been arranged with care.

The tracking number is ××××××× ×× ××××. You may trace it on the following website after 2 days:

http://www.17track.net/index_en.shtm

Kindly be noticed that international shipping would take longer time. We sincerely hope it can arrive fast. And you can be satisfied with our products and services.

We would appreciate very much if you may leave us five-star appraisal and contact us first for any question, which is very important for us.

We treasure your business very much and look forward to serving you again in the near future.

Best regards,

(Your name)

4.2.2 物流跟踪

1. 货运途中可能遇到的情况

货物发出后，有时候物流并不能一帆风顺，会遇到各种各样的问题，这时卖家应主动与买家沟通，避免买家提起纠纷或者留下不好的印象。若货物能够在预计时间内顺利到达，卖家也需要及时告知买家相关货运进展情况。

1）物流信息未及时更新

买家普遍希望尽快收到购买的物品，在得知快递单号后往往会主动查询物流信息，但如果物流信息几天内都未能及时更新，买家会比较着急。此时，卖家可以主动与买家联系，请买家耐心等待。

Sample 4-13

Dear customer,

As we all know, it's the busiest part of the shopping season and the logistics companies are running at maximum capacity.

Your delivery information has not been updated yet, but please don't worry. We will let you know as soon as the update is available.

Thank you for your patience!

Best regards,

(Your name)

2）货物长时间在途

货物长时间在途且在预期时间内未到达客户所在国家，这容易引起客户的不满。此时，卖家需要主动跟客户联系，希望客户耐心等待并承诺若未能收到货物，会重新补发或者全款退回，以增加客户对卖家的信心使其继续耐心等待。

Sample 4-14

Dear customer,

If you haven t received your order yet, please don't worry. We just checked the tracking information and it's on its way!

Please don't worry about your money or your purchase either. If you do not receive your package, we will resend your order or you can apply for a full refund.

If you have any questions or problems, contact us directly for help.

Thank you for your patience and cooperation.

Best regards,

(Your name)

3）确认收货超时，货物依然未妥投

若发生这种情况，客户会严重不满，卖家需要告知买家物流的大致情况并且承诺会延长收货时间，请买家不要提起纠纷。

Sample 4-15

Dear customer,

We have checked the tracking information and found your package is still in transit. This is due to the overwhelming demand for logistics this shopping season.

We have also extended the time period for you to confirm delivery.

If you have any questions or problems, please contact us directly for assistance, rather than submitting a refund request.

We aim to solve all problems as quickly as possible!

Thanks!

Best regards,

(Your name)

4）货物丢失

对于包裹长时间未妥投，也无法查询到物流信息的情况，卖家应该主动与客户沟通，告知包裹可能丢失，请客户申请退款或重新下单，同时承诺若客户愿意重新下单，将给予特别折扣。

Sample 4-16

Dear customer,

I am sorry to tell you that we still cannot get the tracking information and I'm afraid the package might be lost by China Post. I suggest that you apply for refund. If you still want to buy these products, you can place the order again and I will offer you special 10% discount.

Thank you for your patient and looking forward to doing business with you again.

Best regards,

(Your name)

5）更改快递方式

客户下单后最希望的就是能够尽快顺利地收到包裹，因此，作为卖家，首先要按买家的要求来选择快递公司。如果由于特殊原因需要更换快递公司，卖家必须及时与买家沟通并把更换后的包裹运单号及时告诉买家。更换快递公司后，卖家还要延长客户的收货时间，以免后期影响客户顺利收到货物。

若是在货运高峰期，货物未能及时发出，可以参考如下说法。

Sample 4-17

Dear customer,

There is a backlog of orders for China Post AirMail to ship. I don't know when your packet can be shipped. How about changing a logistics company?

If you agree, I will send your package by e-Packet. And I will let you know the tracking No. as soon as I send your package out.

Best regards,

(Your name)

若货物被退回需要更换快递，可以参考如下说法。

Sample 4-18

Dear customer,

Due to the overwhelming demand for logistics this shopping season, the original dispatch has failed.

We have already dispatched your order with a different logistics company.

You can track the new delivery of your order here: ××××××××××××.

Tracking No. is ××××××× ×××-× ×××××× ×××××××.

We have also extended the time period for you to confirm delivery. If you have any questions or problems, contact us directly for help.

Best regards,

(Your name)

2. 货运相关进展

如果货物顺利地到达买家所处国家，则卖家应经常跟踪包裹并把进展及时告诉买家。

1）货物抵达海关

货物抵达海关后，卖家要通知买家关注动态，确保其能及时收到货。

Sample 4-19

Dear customer,

This is ××. I am sending this message to update the status of your order. The information shows it was handed to customs on Jan. 19. Tracking number is ××××××××××. You can check it from web: ×××××××××××××××.

You may get it in the near future. I apologize that the shipping is a little slower than usual. Hope it is not a big trouble for you.

Best regards,

(Your name)

2）货物到达邮局

货物就快要送达了，卖家可以提醒买家关注配送信息。如果当地邮局有所延误，可以主动联系邮局。另外，还可以提醒买家在收到货物后给予好评和反馈。

Sample 4-20

Dear customer,

This is ××. I am sending this message to update the status of your order.

The information shows it is still transferred by Sydney post office. Tracking number: ×××××××　××××, Please check the web: ×××　×××.

I think you will get it soon. If it is delayed, please try to contact your local post. Then you might get it earlier. Please pay attention to the package delivery. Hope you love the product when get my products.

If so, please give me a positive feedback. The feedback is important to me. Thank you very much.

Best regards,

(Your name)

3）货物妥投

货物妥投后，物流服务就基本结束了。卖家可以询问买家收到的货品是否完好无损，提醒买家如果满意此次服务，请给予五星好评；如果有问题也请及时联系以便尽快帮助买家解决问题。

Sample 4-21

Dear customer,

The tracking information shows that you have received your order.

Please make sure your items have arrived in good condition and then confirm satisfactory delivery.

If you are satisfied with your purchase and our service, we will greatly appreciate it if you give us a five-star feedback and leave positive comments on your experience with us!

If you have any questions or problems, please contact us directly for assistance, rather than submitting a refund request.

We aim to solve all problems as quickly as possible! Thanks!

Best regards,

(Your name)

4.2.3　关联产品的推荐

1. 推荐关联产品

如果买家进入跨境电子商务店铺后对某一款产品感兴趣，他们就会在站内信里留言或者在即时聊天工具中询问具体情况。如果卖家帮他们解除了疑问，则买家下单的机会就会增大，然后卖家可以顺势引导，把与买家感兴趣的产品相关联的商品推荐给对方。

1）买家不满意选择的产品，可以推荐关联产品

如果买家在询问之后对其感兴趣的产品的某些地方不满意，卖家可以把关联的产品推荐给他们，告诉买家这些是相关的热销商品，希望他们能够喜欢。

Sample 4-22

Dear customer,

I am sorry that your are not satisfied with the product you inquired. According to your information, I would like to recommend some other items of similar styles and hope you will like them too. These are our popular best-sellings right now. Please click the link: ××××× ×× ××××××and×××× ××××××× to get more specific information about the items.

If you have any question about the item, please feel free to contact us.

Best regards,

(Your name)

2）买家下单后，推荐产品的关联产品

买家下单后，卖家还可以抓住机会，继续推荐相关联的产品，刺激买家继续下单。

Sample 4-23

Dear customer,

Thank you for ordering our dress. The packet has been shipped today and you will get it in about 15 days.

We are selling a popular and nice belt which coordinates your dress order. For the specific information you can click: × ××××× ××××××××.

If you have any question about the item, please feel free to contact us.

Best regards,

(Your name)

2．推荐订阅店铺

如果卖家能够说服买家订阅店铺，则更有利于产品的推广，通过及时向订阅客户发布产品及活动信息可以有效地提高产品销量。

1）向新买家推荐

向新买家推荐店铺时，主要强调的是店铺可以向客户推送最新的产品及促销信息。

Sample 4-24

Dear customer,

Thank you for showing interest in my products. In order to offer a better service and keep you updated with the latest promotions and products, please subscribe to my store. Any problem of subscribing please refer to http://help.aliexpress.com/alert_subscribe.html.

Best regards,

(Your name)

2）向老买家推荐

向老买家推荐店铺时，主要强调的是订阅后可以享受 VIP 服务以及积分折扣。

Sample 4-25

Dear customer,

Welcome to subscribe to my store. By a few clicks you can enjoy our VIP service such as the latest updates from new arrivals to bestselling products on a weekly basis etc. As you are our old friend, you can enjoy our discount and marks accumulation after you subscribe to our store.

Any problem of subscribing please refer to: http://help.aliexpress.com/alert subscribe.html.

Best regards,

(Your name)

3．推荐特殊产品

在店铺活动期间，如买二送一或者买两件以上享受九折优惠等，卖家可以主动向新老客户推荐关联产品信息，刺激产品销售。在重大节日前，卖家在与客户交流的过程中可以提前告知客户节日的促销活动。

1）折扣产品推荐

为了刺激销售，店铺会不定期举办一些活动。在店铺活动期间，卖家可以主动向客户推荐促销产品，告知活动信息，以刺激销售。

Sample 4-26

Dear customer,

Thanks for your message. If you buy both of the ×××× items, we can offer you a ××% discount.

Once we confirm your payment, we will ship out the items for you in time.

Please feel free to contact us if you have any further questions.

Best regards,

(Your name)

2）新产品推荐

新产品上线时往往关注度不高，这是因为客户都不知道新产品的存在，此时，卖家需要主动向客户推荐新产品的信息，以提高新产品的客流量及转化率。

Sample 4-27

Dear customer,

As Christmas and the New Year is coming, we found ×××× has a large potential market. Many customers are buying them for resale one eBay or in their retail stores because of its high profit margin. We have a large stock of ××××. Please click the following link to check them out: ××××××××, Thanks!

Best regards,

(Your name)

3）节日热销产品推荐

一般来说，节日前的一段时间也是销售旺季，卖家应主动地提前告知客户活动信息及相关节日产品的信息，同时告知如果购买数量达到一定标准以上，即可享受批发价格。

Sample 4-28

Dear customer,

Right now Christmas/Thanksgiving/… is coming, and Christmas/Thanksgiving/… gift has a large potential market.

Many buyers bought them for resale in their own store. It's a high profit margin product. Here is our Christmas/Thanksgiving/… gift link: ××××××× × ××××××××××. Please click to check them. If you are going to buy more than 10 pieces in one order, you can enjoy a wholesale price of ×××. Thanks!

Best regards,

(Your name)

4.2.4 特殊订单处理

特殊订单指的是那些由于发货、物流、海关等原因造成不能正常出货或退货的订单。对于不能正常出货、收货或者延误的订单，无论是什么原因引起的，卖家都必须及时与买家沟通，避免引起买家不满而产生纠纷。

1. 发货前的特殊订单

客户下单后可能会对支付、海关收税等情况存在疑问，卖家需要及时向客户解释。另外，对于货物无法包邮或者无法发出的情况，也需要通过邮件向客户解释清楚，取得客户的理解。

1）合并支付及修改价格

当同一个买家在同一天下单两笔不同订单且收件地址一样时，两笔订单可以合并支付并且可以合并成一个包裹发出去，但卖家应该跟买家沟通好，同时可以给买家一点价格优惠以增强买家的购物体验。

Sample 4-29

Dear customer,

If you would like to place one order for many items, please first click "add to cart", then"buy now" and check your address and order details carefully before clicking "submit". After that, please inform me and I will cut down the price to US \$ ××. You can refresh the page to continue your payment. Thank you!

If you have any further questions, please feel free to contact me。

Best regards,

(Your name)

2）海关收税咨询

客户有时候会担心在货物到达海关后需要支付额外费用，卖家此时应该如实向客户进行解释，必要时需要引导客户向当地海关咨询，不能欺骗客户购买。

Sample 4-30

Dear customer,

Thanks for your inquiry and I am happy to contact you. I understand that you are worried about any possible extra cost for this item. Based on past experience, import taxes falls into two situations.

Firstly, in most countries, it did not involve any extra expense on the buyer side for similar small or low-cost items.

Secondly, in some individual cases, buyers might need to pay some import taxes or customs charges even when their purchase is small. As to specific rates, please consult your local customs office.

If you have any questions, please let us know.

Best regards,

(Your name)

3）由于物流风险，无法向买家所在国家发货

针对一些特殊情况（如国家发生战争等），物流暂时无法向买家所在国家发货，卖家需要跟买方及时沟通，征求买家的意见，明确是否可以寄往其他国家或地区。

Sample 4-31

Dear customer,

I am sorry to inform you that our store is not able to provide shipping service to your country. However, if you plan to ship your orders to other countries, please let us know. Hope we can accommodate future orders.

I appreciate for your understanding.

Best regards,

(Your name)

4）超重导致无法使用小包包邮

小包包邮是卖家经常使用的促销手段之一。但是，若买家一次性购买了多种货物，导致重量超过了 2 kg，则无法使用小包包邮。此时，卖家可以建议买家使用其他快递方式或者将一个订单拆分成若干个重量小于 2 kg 的订单。

Sample 4-32

Dear customer,

I am sorry to tell you that the free shipping for this item is unavailable. I am really sorry for the confusion.

Free shipping is only for package weights less than 2 KG, which can be shipped via China

Post AirMail. However, the item you would like to purchase weights more than 2 KG. You can either choose another express carrier, such as UPS or DHL (which will include shipping fees, but are much faster).

Or you can place the orders separately, making sure each order weights less than 2 KG, to take advantage of free shipping. If you have any questions, please let us know.

Best regards,

(Your name)

5）没有直航货机

针对一些没有直航货机的客户，卖家应向买家说明由于没有直飞航班，所有去往其所在国的包裹都要通过其他国家中转，所以在运输时间上很难控制，让买家对收货时间有一定心理　预期。

Sample 4-33

Dear customer,

We can send this item to Lithuania. However, there's only one problem.

Due to there're little direct cargo flight between Lithuania and China, the items shipped to there has to be transited from other Europe Countries.

That make the shipping time is hard to control.

As our former experience, normally it will take 25 to 45 days to arrive at your country.

Is it OK for you?

Waiting for your reply.

Best regards,

(Your name)

2．特定情况造成的包裹延误

对于由于节假日或者不可抗力因素造成的邮递延误，卖家应该主动告知客户并保证及时更新相关信息，同时对因此造成的麻烦致歉并希望客户能理解。

1）对节假日等可预测的邮递延误进行解释

卖家应主要告知客户由于什么原因可能会导致包裹延误，使客户有心理预期，最后要感谢客户的理解。

Sample 4-34

Dear customer,

Thank you for your purchase and prompt payment. China will celebrate China Spring Festival from 30 Jan to 5 Feb, both days inclusive. During that time, all the shipping services will be unavailable and may cause the shipping delay for several days.

We will promptly ship your item when the post office re-open on 6 Feb… If you have any concerns, please contact us through eBay message. We apologize for the inconvenience caused and appreciate your kind understanding.

Wish you and your family have a happy time together as well.

Best regards.

(Your name)

2）对天气、海关严格检查等不可抗力因素造成的延误进行解释

有时候，货物会由于遇到严格的海关检查或者天气、节假日原因等导致延误，此时，卖家首先要知会买家，其次要告诉客户卖家会怎么做，如 keep update，最后要对此次给买家造成的麻烦致歉，必要时可以给予适当的折扣以提高买家的购物体验。

及时的沟通会让买家感觉到卖家一直在跟踪货物的状态，是负责任的卖家，若置之不理则会给买家造成误会。

Sample 4-35

Dear customer,

We received the notice from logistics company that your customs for large parcel periodically inspected strictly recently. In order to make the goods sent to you safety, we suggest that the delay in shipment. Wish you consent to agree. Please let us know as soon as possible. Thanks!

Best regards,

(Your name)

对于旺季、天气等原因造成的延误可参考以下说法。

Sample 4-36

Dear customer,

Thank you for your order with us, but we are sorry to tell you that due to peak season/bad weather these days, the shipping to your country was delayed.

We will keep tracking the shipping status and keep you posted of any update.

Sorry for the inconvenience caused and we will give you 5% off to your next order for your great understanding. If you have any concerns, please contact us through the instant message or e-mail, so that we can respond promptly. Thank you.

Best regards,

(Your name)

3．其他特殊情况

在跨境电子商务售中客户服务阶段，有时候也可能会由于卖家或买家自身的原因产生一些问题。无论什么情况，卖家都应及时与买家沟通，尽快解决问题。

1）卖家发错货或者漏发货

如果是由卖家的原因导致的错误，卖家应主动提出补发或者给予买家折扣并请求买家的谅解。

Sample 4-37

Dear customer,

It is a pity to tell you that my colleague send you the wrong bag/forgot to send you the item ×× you ordered. Could I send you again or we give you $×××× discount? I guarantee that I will give you more discounts to make this up next time for your next purchase. So sorry for all your inconvenience. Your understanding is highly appreciated. Thank you very much.

Best regards,

(Your name)

2）客户不清关

根据跨境电子商务的相关规则，买家是有义务清关的，但是买家有可能由于关税等原因不愿意清关，此时卖家要及时跟买家沟通，一起寻求解决办法。

Sample 4-38

Dear customer,

Thanks for your purchasing in our shop and we are sorry to tell you that parcel was kept at the Russian custom.

Status:（查询结果）

According to the rule of Ali, buyer have the duty to clear the custom and get the parcel. We also hope you can clear the custom as soon as possible and get the favor.

Anything we can help please feel free to contact us. Thanks!

Best regards,

(Your name)

4.3 跨境电子商务售中客户服务技巧

4.3.1 跨境电子商务售中客户服务沟通技巧

1. 沟通的基本概念

沟通是客服利用网络即时聊天工具与顾客直接交流，解答顾客疑问，消除顾客的顾虑，达到促进交易、提高转化率和客户满意度的目的。

2. 沟通的重要作用和意义

1）塑造店铺形象

店铺形象取决于顾客对产品的评分和评价，也就是顾客的满意度。根据买家购买满意度分析，除产品本身价值（质量）外，客服的态度、表达方式、语气、销售技巧有助于获得更好的评分和评价，提高店铺的形象。另外，由于顾客看不到商家本人，也看不到产品本身，无法了解各种实际情况，卖家单纯靠精美的店铺装修和详尽的产品描述仍会使客户产生距离感和怀疑。这个时候，客服的沟通就显得尤为重要了。顾客通过与客服在网上交流，可以逐步了解商家的服务和态度，客服的一个笑脸（旺旺表情符号）或者一句亲切的问候都能让客户真实地感觉到自己不是在跟冷冰冰的机器打交道，而是与一个善解人意的朋友在沟通，这样会帮助客户放下开始的戒备，从而在客户心目中逐步树立起店铺的良好形象。

2）提高转化率（成交率）

现在很多客户都会在购买之前针对不太清楚的内容询问商家或者询问优惠活动等，客服若能够随时在线回复客户的疑问，可以让客户及时了解需要的内容，从而立即达成交易。有的时候，客户不一定是对产品本身有疑问，仅仅是想确认一下商品是否与事实相符，这个时候，在线客服就可以打消客户的很多顾虑，促成交易。同时，对于一个犹豫不决的客户，一个有着丰富专业知识和良好销售技巧的客服，可以帮助客户选择合适的商品，促成客户的购买行为，从而提高成交率。有时候，客户拍下的商品并不一定他们是着急要的，这个时候在线客服可以及时跟进，通过向买家询问汇款方式等督促买家及时付款。

3）提高客户回头率

当买家在客服的良好服务下完成了一次理想的交易后，买家不仅了解了卖家的服务态度，也对卖家的商品、物流等有了切身的体会，当买家需要再次购买同样商品的时候，就会倾向于选择自己所熟悉和了解的卖家，卖家的客户回头率由此获得了提高。

4）更好地服务客户

和客户进行网上交流仅仅是客户服务的第一步。一个有着丰富专业知识和良好沟通技巧的客服应可以给客户提供更多的购物建议，更完善地解答客户的疑问，更快速地对买家售后问题给予反馈，从而更好地服务于客户，获得更多的销售机会。

3. 沟通礼仪

1）礼仪的概念

礼仪就是律己、敬人的一种行为规范，是表现对他人的尊重和理解的过程和手段。礼仪有仪态礼仪、行为礼仪、沟通礼仪等。在跨境电子商务中，客服最主要的工作就是与顾客进行沟通，因此，沟通礼仪是跨境电子商务客服必须掌握的技能和知识。

2）沟通礼仪在跨境电子商务客服工作中的作用

（1）沟通礼仪是塑造良好的第一印象的关键。在面对面的交流中，仪容、仪表、仪态是塑造第一印象的基础，跨境电子商务客服人员与顾客沟通时往往使用网络即时通信或电话等工具进行交流。因此，客服人员沟通的礼仪将给顾客留下重要的第一印象，将会影响接下来的沟通。

（2）良好的沟通礼仪是取得顾客信任的前提，可达到促成销售的目标。跨境电子商务客服人员不能与顾客面对面交流，只有做好沟通中的礼仪才能给顾客营造愉悦的网购体验，解除其对网络不可知风险的戒备心理，从而促成销售。

（3）良好的沟通礼仪有助于解决纠纷。网络销售中买卖双方都非常满意是理想状态，但实物与图片总会有些许差距，物流运输等也免不了会出差错，若因此出现纠纷后，卖家在为客户解决实际问题的同时，要做到语气柔和、态度亲切，要耐心解释，如此，即使问题没有立即得到解决，客户也能心悦诚服地接受，对卖家产生很好的印象。客服人员应善于利用良好的礼仪巧妙地处理与客户的关系，减少冲突、缓和气氛、软化矛盾、解决问题。

3）沟通礼仪的内容

（1）回复。

① 及时回复。在顾客提问时，客服人员要及时回复顾客，如果繁忙或暂时离开，应当设置好自动回复，让顾客知道客服的状态以及大概回复的时间，回复时应致歉或给予顾客购物提示。

② 回复频率。客服人员要主动营销，以了解顾客的真实需求并给予引导，不可顾客问一句，隔半天才答一句。当然，也不能回复得太过频率，短时间内给顾客发大量信息不仅不礼貌，还会引起顾客的反感。

（2）自我介绍。在第一次回复时，客服人员应当向顾客做自我介绍，如"我是××旗舰店客服晓晓，很高兴为您服务，店庆活动进行中"。

（3）礼貌用语。回复用语要温和，切忌生硬。若与顾客之间有分歧，要致歉，以得到顾客的体谅和谅解。不管在什么情况下，要多用敬语"您"，多用礼貌用语"请"。征询、商量时可用"您看这样解决行吗？""您还有什么要求？"等，以此得到客户的理解，求得共识。

（4）表情符号。恰当的表情符号可体现沟通时的状态，让顾客对客服人员产生良好的印象。

客服人员在第一次回复顾客时可加上微笑的表情符号；在与顾客取得共识或赞同对方时，可加上握手的表情符号；在与顾客达成交易，结束交谈时，可加上再见的表情符号。

4．客户需求认知

1）客户需求认知的基本概念

客户的需求认知是指买家若认为现有供应商的产品或服务有问题或不完善，卖家必须帮助买家确认这些问题并发掘问题背后的不利影响和后果，使买家产生解决问题的强烈需求。

新买家可能存在三个不同的接触点，即接纳者、不满者和权利者。销售方若能在这三个不同的接触点中找到协作者，成功的机会便会大增。现在，假设卖家顺利通过"接纳者"而有机会直接面对不满者，则其需求认知阶段的任务有三个：发掘对方的不满，扩大对方的问题，基于对方的不满和问题提出解决方案。

2）了解客户需求的基本方法

（1）直接询问法。跨境电子商务客服工作中，使用在线沟通工具可以很方便地询问客户的需求。

（2）间接了解法。通过查看客户基本资料，从年龄、性别、地区、网购记录等方面分析客户可能的需求并根据综合分析，有针对性地发掘客户的不满，从而在专业知识方面为客户提出解决方案。

3）钻研业务，为满足客户需求提供解决方案

了解到客户需求后，卖家要能为之提供解决方案，才能促进销售。因此，跨境电子商务客服人员必须熟悉产品、钻研产品，要能够灵活地应用专业知识，在第一时间为客户推

荐适合的产品，提供解决方案。

例如，很多购买羽毛球拍的顾客，特别是新手并不清楚自己适合的磅数，客服在了解客户的基本情况后，可根据客户的体型、力量、打法等就高磅还是低磅、中杆是软还是硬、拍头是重还是轻等进行推荐；再进一步了解顾客的打球频率和习惯，挖掘顾客在打球中遇到的问题，如出汗、换衣、换鞋等并扩大这些问题，再提供球包、汗巾、手胶套餐组合销售的解决方案。

5．有效沟通

1）有效沟通的定义

所谓有效的沟通，是指通过演讲、会见、对话、讨论、信件等方式准确、恰当地表达内容，以促使对方接受。

2）跨境电子商务客服人员与客户的有效沟通

（1）事前准备。作为一个优秀的跨境电子商务客服人员，与客户沟通前要先学习客户购物心理，了解具有不同购物心理的客户的沟通方式，掌握应对方法，同时要熟悉产品、公司运营规则，随时准备回答客户的问题。

（2）确认需求。在与客户沟通时，客服人员要以礼貌、简洁的提问确认客户的需求，在初期阶段可进行开放式提问，初步了解客户需求方向后转为封闭式提问，进一步明确客户的需求。

（3）阐述观点。明确客户需求后，按FAB顺序向客户阐述观点。

FAB中，F就是feature，属性；A就是advantage，优势；B就是benefit，利益。在阐述观点的时候，按FAB顺序来说，对方能够听懂、能够接受。

（4）处理异议。在沟通中遇到异议之后，客服首先要了解客户的某些观点，当客户说出了一个对卖家有利的观点时，再用这个观点去说服客户，即在沟通中遇到了异议要用"柔道法"，让客户自我说服。

（5）达成协议。沟通的结果就是最后达成了一个协议。请一定要注意，是否完成了沟通取决于最后是否达成了协议。在达成协议的时候要做到感谢、赞美、庆祝。

（6）共同实施。买卖双方在达成协议后要共同实施，即客户下了订单要进行支付；支付成功后，售后要跟进发货，直到完成交易。

4.3.2 跨境电子商务售中客户服务异议处理

1．异议类型

客户异议是指客户对商家销售的产品、商家客服人员、商品销售方式或交易条件产生怀疑、抱怨并进而提出否定或相反的意见。学会如何更好地解决客户的异议对客服人员来说非常重要。客户异议主要分为以下几种类型。

1）需求异议

需求异议是指客户因认为不需要产品而形成的一种反对意见。它往往是在客服人员向客户介绍产品之后，客户当面拒绝的反应。例如，一些客户会提出"我们根本不需要它"

"我们用不上这种产品""我们已经有了类似产品"等异议。这类异议有真有假，真实的需求异议是成交的直接障碍，客服人员如果发现客户真的不需要产品，那就应该立即停止推介。虚假的需求异议既可表现为客户拒绝的一种借口，也可表现为客户没有认识或不能认识自己的需求。客服人员应认真判断客户需求异议的真伪性，对于提出虚假需求异议的客户，应设法让其觉得店铺销售产品提供的利益和服务符合其需求，使其动心，再进行营销。

2）财力异议

财力异议是指客户自认为缺乏货币支付能力而产生的异议，如"产品不错，可惜无钱购买""已经购买了很多产品了，不能再买了"等。一般来说，客服人员应该在了解真实原因后再做处理。

3）产品异议

产品异议是指因客户认为产品本身不能满足其需要而形成的一种反对意见，如"我不喜欢这种颜色""这个产品的造型太古板""新产品质量都不太稳定"，还有对产品的设计、功能、结构、样式、型号等提出异议的。产品异议表明客户对产品有一定的认识，但了解得还不够，因此担心产品能否真正满足自己的需要。这种情况下，客户虽然有比较充分的购买条件，但就是不愿意购买。为此，客服人员一定要充分掌握产品知识，能够准确、详细地向客户介绍产品的使用价值及利益，从而消除客户的异议。

4）权力异议

权力异议是指客户以缺乏购买决策权为理由而提出的一种反对意见，如客户说"买不买这件商品要问问我老公，我做不了主""不知道这件衣服穿起来好不好看，我要问问朋友"等。与需求异议和财力异议一样，权力异议也有真实与虚假之分。对没有购买权力的客户极力推荐商品是营销工作的严重失误，是无效营销。在决策人以无权做借口拒绝客服人员及其产品时放弃营销更是营销工作的失误，是无力营销。客服人员必须根据自己掌握的有关情况对权力异议进行认真分析和妥善处理。

5）价格异议

价格异议是指客户以产品价格过高为由而拒绝购买的异议。无论产品的价格怎样，总有些人会说价格太高、不合理或者比竞争者的价格高。例如，"太贵了，我买不起""我想买一种便宜点的型号""我已经买了这么多了，能不能包邮""在这些方面，你们的价格不合理""我想等降价再买"。当客户提出价格异议，表明他们对所咨询产品有购买意向，只是对产品价格不满意。当然，也不排除有的客户以价格高为借口拒绝营销。在实际客服工作中，价格异议是最常见的，客服人员如果无法处理这类异议，就难以达成交易。

6）客服人员服务异议

客服人员服务异议是指客户对某个客服人员有异议，不愿让其接近，也就排斥此客服人员的建议，但其往往肯接受他认为合适的其他客服人员。例如，"原来那个客服介绍得更详细，你都不懂产品""你的服务态度太差，我要投诉你"等。客服人员对客户应以诚相待，与客户多进行感情交流，做客户的知心朋友，从而消除异议，争取客户的谅解和合作。

7）购物流程异议

客户提出购物流程异议表明客户愿意购买产品，只是对购物流程不熟悉，包括对交易过程、付款、售后服务环节以及物流状况等不熟悉。面对这样的问题，客服人员应该打消客户的疑虑，说服客户接受公司的购物流程，告诉客户，如果现在掌握了购物流程，以后的购物都会很方便、很安全。

为了避免在成交阶段出现过多的异议，客服人员应该在准备介绍时就主动解除客户有可能提出的异议，为成交打下基础。如果客户在试图成交阶段接二连三地提出异议，就说明前期营销介绍阶段存在的漏洞太大。

2．商品异议的处理

1）常见商品异议

（1）客户犹豫不决。客服人员在销售过程中经常碰到客户对两件或多件产品进行对比，难以取舍。如何帮助顾客挑选产品，尽快让客户做决定？

客服人员不仅是在卖产品，更多的时候是在帮顾客做选择，当顾客对两个或两个以上的产品都很感兴趣，但是又不想全买，势必会让客服人员来帮他做选择。首先，客服要了解顾客真正的需求；其次，要通过自己的专业知识，站在顾客的角度帮顾客选择最适合的产品；最后，要逐条列出原因来告诉顾客为什么选某款产品合适，这时候顾客就会觉得客服说得有道理，会按照客服的选择去购买，而且能很快决定购买。

在销售过程中，一名优秀的客服最主要的是要抓住主动权，让客户的思路跟随客服的思路走，这样就成功了一大半。客服要善于给客户出选择题，告诉客户最佳答案，让客户去选择。

（2）客户担心产品的真伪。产品真伪问题一直是网购客户问得最多的，毕竟网络购物是看不到产品的，有这方面的担心也是可以理解的，那么客服如何让顾客购买呢？

卖家可以出具通过正规渠道进货的硬性证明，这样客户就没有疑问了；如果产品确实是正品，但是因为很多原因没有相关硬性证明，那么可以采用一些软性证明，如拿自己的产品和市场上的假产品进行对比、分析，再拿出产品的历史销售记录给客户看，告诉客户"我们有这么多的客户，如果产品有问题，我们早就在市场上消失了"，然后再给客户一个承诺，如"您好，我们是保证正品的，接受专柜验货，假一罚十，有质量问题包退换"。只要找最有说服力的证据证明自己的产品，客户一定会相信的。

（3）客户担心产品效果。产品效果也是顾客最为关心的一个问题，类似"这个化妆品真的有网上说得那么好吗""这件衣服真的很适合我吗"的问题不仅令客户比较困惑，客服回答起来也比较纠结，因为再好的产品也不可能适合每个人，也不会用了马上就有效果或者用一次就有效。面对这样无法承诺的问题，最好的解决方式就是让客户认清事实。首先要告诉客户有很多人反馈产品效果很棒，但是不能保证对所有的人都一样；其次要说明使用人自身的一些问题也需要注意，否则再好的产品也满足不了客户的需求。

2）客服应答技巧

（1）顾客对商品的了解程度不同，沟通方式也应有所不同。

① 对商品缺乏认识，不了解。这类顾客对客服的依赖性强。对于这样的顾客，客服需要像对待朋友一样去细心地解答，多从他（她）的角度考虑，给他（她）推荐产品并且告诉他（她）推荐这些商品的原因。对于这样的顾客，客服的解释越细致，他（她）就会越信赖客服。

② 对商品一知半解。这类顾客对商品有些了解，但比较主观、易冲动、不太容易信赖他人。面对这样的顾客，客服要控制情绪，耐心地回答，向他们展现出丰富的专业知识，让他们认识到自己的不足，从而增加对客服的信赖。

③ 对商品非常了解。这类顾客知识面广、自信心强，问问题往往都能问到点子上。面对这样的顾客，客服要表示出对其专业知识的欣赏，用商量的口气和他（她）探讨专业知识，给他（她）来自内行的推荐，告诉他（她）"这个才是最好的，你一看就知道了"，让他（她）感觉到自己被当成了内行的朋友，而且能感受到被尊重，让他（她）相信客服的推荐肯定是最好的。

（2）对商品要求不同的顾客，沟通方式也应有所不同。

有的顾客因为买过类似的商品，所以对购买的商品的质量有清楚的认识，这样的顾客是很好打交道的。

有的顾客将信将疑，会问"图片和商品是一样的吗"，对于这样的顾客，客服要耐心地给他们解释，在强调实物拍摄的同时，要提醒他们难免会有色差等，让他们有一定的思想准备，不要把商品想象得太过完美。

还有的顾客非常挑剔，客服在沟通的时候就可以感觉到这一点，他们会反复问"有没有瑕疵""有没有色差""有问题怎么办""怎么找你们"，等等。这个时候，客服除了要实事求是地介绍商品，还要把一些可能存在的问题都介绍给他们，告诉他们没有商品是十全十美的。如果顾客还坚持要求完美的商品，客服就应该委婉地建议他们选择到实体店购买需要的商品。

3. 价格异议的处理

1）为什么会产生价格异议

产生价格异议无非以下三种原因。

第一种：要面子。人都是有虚荣心的，每个人都喜欢听到赞美，希望感受到别人的重视。顾客哪怕仅买一根绣花针，也总是希望得到 VIP 大客户般的对待。

第二种：占便宜。这里所说的占便宜指的是顾客总是希望自己与众不同，能够拿到比其他顾客更低的价格。其实，大多数顾客并不喜欢便宜货，他们喜欢的是占便宜，我们经常可以看到，二十几元一件的东西无人问津，可是标价几百元的名牌打折到几十元的时候就会引起抢购。很多顾客都有一种优越心理：同样的产品，只要我比你拿到的价格低，我就赚了。

第三种：求保障。当顾客觉得自己已经享受到优惠的价格之后，他们又会转而担心"给我这么优惠的价格，会不会是因为产品本身有瑕疵或者卖家在服务上面做了手脚"，所以对于产品的质量和后续服务会特别在意。对此，卖家一定要迎合顾客心理，将心比心，合理运用销售推广技巧，赢得客户的青睐。

2）价格异议的常见应对方式

（1）较小单位报价法。根据自身店铺的情况，以较小的单位进行报价，一般强调数量。

（2）证明价格是合理的。无论出于什么原因，任何买家都会对价格产生异议，他们大都认为产品价格比他们想象的要高得多。这时，卖家必须证明产品的定价是合理的。证明的办法就是多讲产品在设计、质量、功能等方面的优点。只要能说明定价的理由，买家就会相信购买是值得的。

（3）在小事上慷慨。在讨价还价过程中，买卖双方都是要做出一定让步的。卖家如何让步是影响洽谈成败的关键。

就常理而言，虽然每一个人都愿意在讨价还价中得到好处，但并非每个人都是贪得无厌的，大多数人只要得到一点点好处，就会感到满足。

基于这种分析，卖家在洽谈中要在小事上做出十分慷慨的样子，使买家感到已得到卖家的优惠或让步。例如，增加或者替换一些小零件时不要向买家收费，否则会因小失大，引起买家反感并且使买家马上对价格敏感起来，影响下一步的洽谈。免费向买家提供一些廉价的、微不足道的小零件或包装品可以增进双方的关系，卖家也决不会吃亏。

（4）比较法。为了消除价格障碍，卖家在洽谈中可以多采用比较法，往往能收到良好的效果。比较法就是拿要销售的产品与同类产品比较，说明要销售产品的优点，引导客户消费。

（5）讨价还价要分阶段进行。和买家讨价还价要分阶段，一步一步地进行，不能一下子降得太多，而且每降一次都要做出一副一筹莫展、束手无策的无奈模样。

（6）讨价还价不是可有可无的。像挤牙膏似的一点一点地讨价还价到底有没有必要呢？当然有必要。首先，买家会相信店主说的都是实在话，相信他确实买了便宜货，同时也让买家相信网店店主的态度是很认真的，不是因为产品质量不好才降价，而是被逼得没办法才被迫降价，这样一来会使买家产生买到货真价实的产品的感觉。店主"千方百计"地与买家讨价还价可使买家觉得自己战胜了对手，获得了便宜，从而产生一种满足感。假使让买家轻而易举地就把价格压下来，其满足感则很低，而且还会有进一步压价的可能。

（7）不要一开始就亮底牌。有的店主不讲究价格策略，洽谈一开始就把最低价抛出来并煞有介事地说："这是最低价，够便宜的吧！"

这种做法的成功率是很低的。要知道，在洽谈的初始阶段，买家是不会相信店主的最低报价的。这样一来，卖家要后悔也来不及了，只能像鹦鹉学舌一样翻来覆去地说："这已是最低价格了，请相信我吧！"此时此刻若想谈成，只能把价格压到下限价格之下了。

（8）如何应付胡搅蛮缠型买家的讨价还价。在买家当中，确实有一种人会胡搅蛮缠、没完没了地讨价还价。与其说这类买家想占便宜，不如说他们是成心捉弄人。即使卖家告诉他们最低价格了，他们仍会要求降价。对付这类买家，店主一开始必须狠心把报价抬得高高的，在讨价还价过程中要多花点时间，每次只降一点，而且降一点就说一次"又亏了"。就这样降个五六次，他们也就满足了。有的商品是有标价的，因标有价格，所以降价的幅度十分有限，每一次降得要更少一点。

4．服务态度异议的处理

很多网店虽然每天有很多人来光顾，可就是做不成生意，不能让顾客留下，这是出了什么问题呢？主要原因是没有与顾客沟通好。做好下面这些工作，卖家就肯定能留住顾客了。

（1）忌争辩。客服与顾客沟通的主要目的是推销产品，不是去参加辩论会，要知道与顾客争辩解决不了任何问题，只会导致顾客的反感。客服首先要理解顾客对商品有不同的认识和见解，要容许客户发表不同的意见。如果刻意地去和顾客发生激烈的争论，即使占了上风，赢得了胜利，把顾客驳得哑口无言、面红耳赤，结果只能是失去了顾客、丢掉了生意。

（2）忌质问。客服与顾客沟通时，要理解并尊重顾客的需求与观点，要知道人各有所需，客户买此商品，说明他需要此商品；他不买，也有自己的原因，切不可采取质问的方式与顾客谈话。

客服用质问或者审讯的口气与顾客谈话是不懂礼貌的表现，是不尊重人的行为，是最伤害顾客的感情和自尊心的做法。

（3）忌命令。客服在与顾客交谈时要采取征询、协商或者请教的口气，切不可采取命令和批示的口吻。人贵有自知之明，客服要清楚自己在顾客心里的地位——客服不是顾客的领导和上级，无权对顾客指手画脚、下命令或下指示；客服是顾客的购物向导。

（4）忌炫耀。与顾客沟通谈到商品及店铺时，客服要实事求是地介绍商品和店铺，稍加赞美即可，万万不可忘乎所以，得意忘形地自吹自擂商品有多么美观、实用、价格低廉及品质好等。要知道人外有人，山外有山，况且每个人的品位及审美都不一样，客服认为好的，顾客未必也认为好。

（5）忌直白。顾客成千上万、千差万别，来自各个阶层、各个方面，他们在知识和见解上都不尽相同。客服在与客户沟通时，如果发现客户在认识上有不妥的地方，不要直截了当地指明。一般人最忌讳在他人面前丢脸、难堪，俗语说打人不打脸，揭人不揭短，要忌讳直白。

客服一定要针对交谈的对象，做到言之有物，要把握谈话的技巧、沟通的艺术，要委婉地给予忠告。

（6）忌批评。客服在与顾客沟通时，如果发现他有些缺点，不要批评和教育他，更不要指责他。要知道批评与指责解决不了任何问题，只会招致对方的怨恨与反感。与顾客交谈时要多用感谢词、赞美语并掌握赞美的尺度。

（7）忌用专业用语。客服在推销商品时一定不要用专业术语，如顾客问"这件衣服是不是全棉的"，不要告诉他商品是棉几支几支，要直接告诉他含棉量是100%还是90%，用专业术语不但会让顾客不明白你的意思，而且还会让顾客以为你在炫耀。

（8）忌"独白"。与顾客谈话就是与顾客沟通思想的过程，这种沟通是双向的，客服不但要主动介绍，同时也要鼓励顾客讲话，由此客服可以了解顾客个人的基本需求，如是想购买裙子还是上衣或是裤子。双向沟通是客服了解客户的有效工具，切忌"独白"。客服一开口就滔滔不绝、喋喋不休，只顾自己一吐为快，全然不顾顾客的反应，结果只能让顾客反感、厌恶。

（9）忌冷淡。与顾客谈话，态度一定要热情，语言一定要真诚。感人心者，莫先乎情，只有用自己的真情才能换来对方的感情共鸣。在谈话中，冷淡必然带来冷场，冷场必定导致生意"泡汤"。

（10）忌生硬。客服在与顾客语音交流时，声音要洪亮，语言要优美，语调要抑扬顿挫、节奏鲜明；描述要有声有色、有张有弛、声情并茂、生动活泼。切忌说话没有高低、快慢之分，没有节奏与停顿，生硬呆板，没有朝气与活力。

客服具备良好的沟通技巧有助于达成交易，可以使顾客买完一次再买一次。与顾客交流时，客服要注意管好自己的嘴，要知道什么话应该说，什么话不应该讲。

4.3.3 跨境电子商务售中客户服务促成交易的技巧

1．如何说服客户促成交易

1）展示其他人在做什么

人们会观察他人并经常模仿他人的行为，尤其是在一些自己不确定的事情上，这种心理现象被称为"社会证明"。人们会假设他人拥有更多的知识或者比自己知道得更多，并且经常以他人的行为为基础进行决策。另外，人们还会做那些他们所喜欢的人正在做的事。客服能够通过以下方式增强在线社会证明：展示最热门的条目；展示"买了××产品的顾客还买了哪些产品"；展示最畅销的产品；展示证明书或者奖状。

2）提供用户评论

用户评论会对人们的购买决策产生巨大的影响。由于社会性媒体的快速成长，用户评论成为网站设计的必要组成部分。与营销人员相比，网络用户更愿意相信那些像他们一样的用户所说的话。对于旅游和电子产品网站来说，评论尤其重要。

客户购买前通常需要查看用户评论，如果他们在你的网站上找不到评论，就会到别处去看，总之，在网络上没有任何东西可以隐藏起来。另外，不要因害怕负面评论而擅自"编辑"一些评论，客户一眼就能看出来真假，这会让他们不相信你说的任何话。对顾客的负面评论，卖家应进行快速的反应，而不是删除或"编辑"。

3）展示商品的稀缺性

稀缺可产生需求并促使人们更快地购买。客服可以通过以下说法来表现产品的稀缺性：只有两个库存；最后清仓；暂无商品，添加至期望清单；此活动还剩2天4小时3分17秒结束（可用计时器）。

经常推出限时抢购活动会给顾客造成一种紧迫的感觉，迫使他们在产品都卖出去之前预订。关于决策的研究表明，与人们从来没有拥有某物相比，当人们感觉自己即将失去某物时，他们会认为该物更有价值。

4）通过图片和视频提高说服力

在产品销售方面，尤其是高价值和奢侈性产品，图片和视频是非常具有说服力的工具。因此，确保提供商品的清晰图片和视频可以让购买者对其将要购买的产品放心。其中，图片必须拥有专业的质量保证，要提供不同的观察视角且可放大。

5）交叉销售和提升销售

一旦人们决定要购买，说服他们买更多的东西将会变得容易，因为他们的一只脚已经踏进门里了。不要低估交叉销售和提升销售所具有的潜在利润。客服人员向客户展示相关商品和额外产品会使客户更快、更容易地购买更多商品。

6）展示权威

人们更容易被权威的建议所说服。例如，卖化妆品的经常会在商品标题上列出"牛尔

（知名美容师）推荐"。对于 B2B 网站来说，这更重要。商家可以通过以下方式展示权威性：展示相关权威专家；展示第三方网站的数据和链接；展示政府和权威机构的相关信息；展示代表权威的符号和图片。

7）消除客户的顾虑

"如果我想退货怎么办""存在隐性成本吗"，这些是购物者可能有的一些顾虑。客服提前、快速地回答引发这些顾虑的问题能够对客户产生积极的影响并减少他们的担心。简单来说，客服要给用户提供做出适当选择时所需的信息，帮助他们消除顾虑。

2. 养成确认订单的习惯

养成确认订单的习惯可以帮助客服降低差错率，同时起到提醒客户的作用。在确认订单的过程中，客服可以对买家进行催付，同时可以对店内的其他商品或者活动进行推荐。

确认订单时应有明确的流程，特别是对有疑问的订单，需要依据流程认真比对、确认。要确认客户的实际购物清单，明确客户是否有特殊要求并在可处理范围内及时做好备注。

3. 礼貌告别

确认订单后，客服要适时与顾客礼貌地告别，这样既不会过多地浪费顾客的时间，还可提高工作效率。

进行礼貌告别既可让顾客清晰地知道交谈即将结束，还可以在告别时提醒顾客收货的大概时间、需要注意的事项及优惠信息等。

礼貌告别的要点有：要对顾客表示感谢；可加上确认订单的信息，让顾客再次确认订单内容，避免出错，同时也作为结束交谈的信号；估算物流到达时间，提醒顾客保持通信，准时收货；邀请顾客再次惠顾，传达收藏店铺和再次惠顾的优惠信息，可加上店铺的服务承诺和保障，让顾客放心地结束交谈。

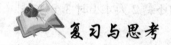

1. 客服提醒买家付款时应该怎么做？请举例说明。
2. 货物到达邮局时，作为客服应该怎么做？请举例说明。
3. 沟通的重要作用和意义是什么？
4. 跨境电子商务售中客户服务异议有哪些类型？

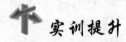

实训目标：推荐关联产品服务

【实训目标】

1. 加强团队合作，发挥每一个团队成员的能力，学习小组讨论、分析解决问题的方法。

2．培养自主学习和独立思考的能力。

【实训内容】

假如你在 eBay 英国站开了一家手工饰品店铺，有顾客要买一个耳饰，你要向顾客推荐相关产品以增加销售额，请给用户写一份邮件来推荐相关产品。

【实训步骤】

1．教师带领学生学习相关知识，按照三人一组进行教学分组，每个小组设组长一名，负责确认每个团队成员的任务。

2．根据教师教授的内容整理关联产品的相关知识。

3．上网或者去图书馆查询关于关联产品推荐的课外知识。

4．每个小组派一个组员，根据自己的报告上台演讲，教师和其他小组成员对其演讲进行评价、讨论。

第5章 跨境电子商务售后客户服务与沟通

知识导图

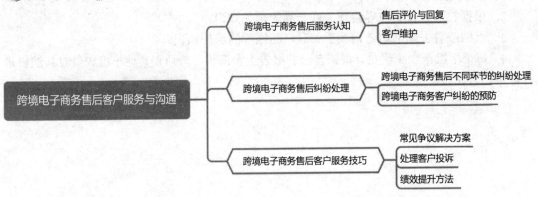

知识目标

- ❑ 了解售后评价与回复的内容。
- ❑ 掌握跨境电子商务售后不同环节的纠纷处理。
- ❑ 了解常见争议解决方案。

重点及难点

重点

- ❑ 客户维护。
- ❑ 跨境电子商务售后客户服务绩效提升方法。

难点

- ❑ 能够处理及预防跨境电子商务客户纠纷。
- ❑ 能够处理客户投诉。

引例

阿里国际站发布机械售后服务规范 为买家提供售后保障

《电商报》获悉，阿里巴巴国际站于近日发布售后服务规范——机械售后服务规范，买家下单采购带有 After-sales 标识的机械产品后，卖家需要按照该服务规范向买家提供所销售产品的相关售后服务。

该服务规范于 2020 年 2 月 26 日生效，规范中的售后服务内容包括机械产品的安装和维修服务，卖家可通过委派售后工程师上门和买家本地服务点提供售后维修服务。

同时，在收到买家需求后，卖家需要在 24 小时内进行有效回复，逾期未回复或未提供合理解决方案的视为卖家拒绝提供售后服务。卖家无正当理由拒绝履行售后服务承诺或未按照要求和时效履行售后服务承诺的，买家可向阿里巴巴国际站发起投诉。投诉成立两次及以上立即清退卖家且清退后一年内不得再次报名申请加入机械售后服务。此次机械售后服务规范的发布为相关买家提供了售后保障。不过需要注意的是，若受不可抗力影响或买家明显滥用服务权利等，买家将无法享受机械售后服务。

据《电商报》了解，近日，阿里巴巴国际站还发布了服装、运动两大行业跨境电子商务疫情期特刊，为平台商家提供相关行业热点的同时也为商家解读了行业因疫情而受到的影响。

资料来源：http://www.100ec.cn/detail--6546158.html，略有改动。

5.1　跨境电子商务售后服务认知

5.1.1　售后评价与回复

1. 修改评价

正常情况下，客户给中差评是对店铺的提醒，反映了店铺当中出现的问题。跨境电子商务卖家针对这些中差评该怎么办呢？首先要正视中差评，尽可能地去消除中差评的不利影响，甚至创造出积极效应。其次，根据产生中差评的原因，卖家应及时与客户进行沟通。

1）中评

如果因为产品质量原因而引起客户不满，使其给予中评，卖家应及时和客户进行沟通，让客户知道中评对于一个新手卖家是致命打击，让买家给予谅解。

Sample 5-1

Dear buyer,

I am very glad to receive your message. Although I haven't got a high score on AliExpress, I've been doing business on AliExpress for many years and I am quite confident about my products. Besides, since AliExpress offers Buyer Protection service which means the payment won't be released to us until you are satisfied with the product and agree to release the money.

We sincerely look forward to establishing long business relationship with you.

Regards,

(Your name)

2）差评

客户给了差评，卖家一定要及时跟客户交流，问清楚到底是因为质量问题还是因为物流慢等问题。如果是因为产品的缺陷，就想办法弥补或者在客户下次下单时在不亏本的情况下给予优惠，以此让客户改一下评价，这样卖家也不亏，同时又留住了一个客户。当然，有些买家也不是故意给差评的，他们只是不太了解平台规则，这时卖家不妨将平台的修改规则告诉他们，买家愿意修改最好，不愿意则可以忽略，有时候收到几个差评也是正常的。

卖家要处理差评，首先要清楚它们产生的缘由。产品没有达到客户的期望值是产生纠纷和卖家获得差评的根源，物流速度慢是造成客户满意度下降的根本，沟通得不够会让客户的不满演变成纠纷或差评，产品质量不过关、包装破损等也是客户给差评的原因。

为避免差评，卖家不要一味地美化产品和图片，如果产品有瑕疵和不足，要在照片中适当体现，产品描述应清晰、简洁、详尽。有的客人没有注意到尺寸就想当然地买了产品，结果货到了觉得小了，不经过任何沟通，直接给了卖家差评。遇到这样的客人，客服可以先利用站内信和邮件与其进行沟通，请求修改评价，有一部分客户很好讲话，直接就修改了评价，也有一部分客户没有任何回应。对于后者，客服在一周之后还有一次邮件"轰炸"的机会，再没反应就给他们好处，说改了评价可返3美元或者下次给5%折扣，用"诚心"感动他们。

Sample 5-2

Dear buyer,

I noticed that you gave us a negative feedback. You know 5-star is really important for us. I would be grateful if you can change your feedback to 5stars.

The below procedure can help you change the feedback:

1. Sign into My AliExpress.

2. Go to Transactions, click Manage Feedback(under Feedback); then click Active Feedback.

3. Choose an order and click the Revise feedback button.

4. On the Request Buyer Feedback Revision page, enter your reason and click Revise Feedback.

Regards,

(Your name)

3）好评

店铺的好评率标志着一个店铺的信用度，好评率越高，顾客就会对店铺越信任，购买的欲望越强。如果店铺获得的好评很少，即使客户想购买也不会放心。对于一模一样、价格相等的产品，顾客一定会选择好评率高的店铺购买。店铺交易量越多，好评率就会越高。如果收到好评，客服一定要对买家进行答谢，这有助于买家再次转化。

Sample 5-3

Dear buyer,

I am so pleased and grateful that you gave us a good feedback /you are satisfied with our products and service. I hope I can give you a good discount or send a gift to you when you order next time. Thank you very much.

Best regards,

(Your name)

2. 催促评价

不少卖家都以为产品卖出去，交易就完成了，从而忽视顾客的评价。其实不然，店铺要想留住顾客，就要从做好售后开始。回复顾客评价往往能影响顾客的复购率及新顾客的购买率。

1）买家收到货之后没有留下评价

有些买家收到货物后不管产品质量好不好，一律不给评价，那么卖家可以委婉地催促买家给予评价。有些买家甚至不知道怎么评价，卖家可以及时和买家进行沟通，告诉他评价的步骤。买家收货后，卖家可以主动发信息和邮件咨询客户收到货物是否符合其需要和期待，有时候主动催一下客户反而使得客户对卖家更有信任感，从而提升好评率和回头率。

Sample 5-4

Dear buyer,

Could you tell me if the item has been successfully delivered to you?

If you get it, we sincerely hope you will like it and be satisfied with our customer services. If you have not got it or got it but have any concerns please don't hesitate to contact us. We would like to do whatever we can do to help you out.

If you don't mind, please take your time and leave us a positive comment, which is vital importance to the growth of our small company.

Please DO NOT leave us negative feedback. If you are not satisfied with any regard, please contact us for solution.

Thank you so much.

Yours sincerely,

(Your name)

2）买家收到提醒邮件 10～15 天后没有留下评价

在卖家发邮件提醒买家评价 10～15 天后，买家若对评价一事置之不理，卖家可以再发邮件进行催促，特别是要将店铺的链接或者产品名称列出来，以明确提醒买家。

Sample 5-5

Dear buyer,

Thank you for buying shoes from us on April 23. We hope that you are satisfied with your purchase. The details for your purchase are as below:

Item Name: ×××

Item Number: ××××××

Total Deal Price: ×××

If you are satisfied with your purchase and the services provided, please do spare some time to leave positive feedback for us.

Your positive feedback is essential to the development of our business. If you have any

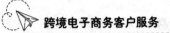

problems or concerns about your purchase, please get in touch with our customer service as soon as possible and we will do everything we can to help.

Thank you again and we look forward to seeing you again soon.

Yours Sincerely,

(Your name)

5.1.2 客户维护

1. 推广宣传

对于电商卖家而言，邮件是一种非常节约成本的营销渠道。因此，很多卖家都把邮件作为唯一的营销方式。其实，邮件还能改善其他营销方式的效果。

1）推荐订阅店铺

产品邮件推送功能是速卖通平台为买家和卖家双方搭建起来的一个沟通渠道。买家一经订阅，每周都可以收到平台最新的优质产品和优质店铺信息，买家还可以通过关键词或行业订阅相关信息。卖家可以利用这个功能推荐买家订阅自己的店铺，即可让买家在第一时间了解自家的最新产品。

Sample 5-6

Dear buyer,

Welcome to subscribe to my store. By a few clicks you can enjoy our VIP service such as the latest updates from new arrivals to best-selling products on a weekly basis etc. Any problem of subscribing, please refer to help.aliexpress.com/alert_subscribe.html.

Yours sincerely,

(Your name)

2）营销活动推荐

营销推广的手段主要有优惠券、限时秒杀、打折促销、会员优惠、抽奖活动等，这些都可以在一定程度上促进网站销量的提升。这些推广活动的开展除了可以吸引新客户，还可以让店铺的老客户再次进行购买，提高老客户的回头率。

Sample 5-7

Dear buyer,

Thank you for shopping in my shop.

To express our gratefulness to all our customers, a series of promotional activities will be held from June 1 to 7 by our company, such as $15 off orders of $99 or more, 22% off for all the products and different coupons for your choice. There are only 7 days left for the activities.

Don't hesitate to visit us.

Regards,

(Your name)

2．客户日常维护

与客户进行感情交流是卖家维系客户关系的重要方式，节日、婚庆喜事、生日时的一句真诚祝福、一个小礼物都会使客户深为感动。交易的结束并不意味着客户关系的结束，在售后环节，卖家还需要与客户保持联系，以确保双方关系持续下去。

1）联系函（与新客户建立业务关系）

在维护客户时，试图和新客户建立业务往来关系是极其重要的环节。在这个环节中，卖家需要向客户介绍公司及产品优势，从而使客户被公司的资质和产品特色所吸引。

Sample 5-8

Dear customer,

We'd like to introduce our company and products to you, and hope that we may build business cooperation in the future.

We are specializing in manufacturing and exporting ball pens for more than 6 years. We have profuse designs with series quality grade and our price is competitive because we are the manufacturer.

You are welcome to visit our store http://... which includes our company profiles and some hot selling products. Should any of these items be of interest to you, please let us know. As a very active manufacturer, we develop new designs every month. If you have interest in it, it's my pleasure to offer news to you regularly.

Best regards,

(Your name)

2）祝贺信

祝贺信是为了祝贺生意上的朋友高升或得奖而发出的信函。虽然祝贺信是写给个人的，却和一般朋友间的通信大不一样，它会影响店铺今后业务的开展，可能使买卖双方形成一种微妙的亲密关系。

Sample 5-9

Dear Mr. Smith,

Congratulations on your recent promotion to Deputy Managing Director of ABC Trading Company. Because of our close association with you over the past ten years, we know how well you are qualified for this important office. You earned the promotion through years of hard work and we are delighted to see your true ability win recognition.

Congratulations and best wishes for continued success.

Yours sincerely,

Blank Lee

Import manager

3）节日问候

给已经取得联系的客户或者新开发的客户发节日祝福邮件可以维护好客户关系，还有助于和客户沟通、确认细节，推荐产品，让客户记住你，对你有印象。

Sample 5-10

Dear ×××,

Many thanks for your contiguous supports in the past years. We wish both business snowballing in the coming years. May your New Year be filled with special moment, warmth, peace and happiness, the joy of covered ones near, and wishing you all the joys of Christmas and a year of happiness.

Last but not least, once you have any inquiry about products in the following days, hope you could feel free to contact with us, which is much appreciated.

Yours sincerely,

(Your name)

4）问候老客户

在非节假日问候老客户的主要目的是向老客户介绍店铺的最新优惠活动或者是向客户介绍公司的最新产品。除了这两个目的，单纯性问候也必不可少，以免客户遗忘店铺。问候可以加深客户对之前有过购物经历的店铺的印象。

Sample 5-11

Dear ×××,

It has been a long time we did not make contact. How are you doing?

Would you please kindly let us know what kind of the product you are looking for recently? If you have any new inquiry, please let us know and we would quote you our best price.

Attached is the updated price lists for your reference.

Thanks for your attention.

Yours sincerely,

(Your name)

5.2 跨境电子商务售后纠纷处理

5.2.1 跨境电子商务售后不同环节的纠纷处理

1. 纠纷开启前

在交易的过程中，卖家要尽量避免纠纷的产生，如果真的产生纠纷了，顺利地解决问题可让买家感到满意，使卖家留住客户并且产生口碑效应，从而赢得更多的客户。

1）发货后通知买家

国际物流往往存在很多不确定因素，如海关问题、关税问题、派送转运等。在整个运输过程中，这些复杂的情况很难被控制，难免会产生包裹清关延误、配送超时甚至包裹丢失等状况。买家长时间无法收到货物或者长时间不能查询到物流更新信息将会直接导致其提起纠纷。同时，没有跟踪信息的快递方式也会使卖家的利益没有保障，因为当买家提起"未收到货"的纠纷时，货物信息无法跟踪对卖家是非常不利的。因此，在选择快递方式时，卖家可以结合不同地区、不同快递公司的清关能力以及包裹的运输期限，选择 EMS、DHL、FedEx、UPS、TNT、SF 等物流信息更新较准确、运输时效性更佳的快递公司，这些快递方式相比航空大小包来说，风险会低很多。总的来说，卖家选择快递方式时务必要权衡交易中的风险与成本，尽可能地选择可实时查询货物追踪信息的快递公司。在发货后，卖家要第一时间给买家发信息，告诉对方货物已经发运了并提供运单号和查询网址等信息。

Sample 5-12

Dear Customer,

Thank you for shopping with us. We have dispatched your order(order No. ×××)on January 20 by EMS. The tracking number is ×××. It should take 5～10 business days to reach your destination. Please check the tracking information here: www.×××××.com for updates. Thank you for your patience.

If you have any further questions, please feel free to contact me.

Best regards,

(Your name)

2）继续跟踪物流

物流时间长是跨境电子商务的一个主要问题，因此，为了能为客户提供良好的购物体验，卖家要不时地对物流情况进行跟进，如果包裹显示在途，要请买家耐心等待。

（1）使用挂号运输方式，如 EMS 或者 DHL 等。

Sample 5-13

Dear Valued Customer,

We are happy to inform you that your purchase has been dispatched! The typical time of arrival is between 7 and 10 days. If your item does not arrive within 10 days, please let us know.

After your item has arrived, why not take a moment to leave positive feedback about our products and service? It only takes a moment, and it's a great way to help others make purchases like yours.

Thank you for your custom, and we look forward to providing you with the best buying experience again on AliExpress.

Yours sincerely,

(Your name)

（2）货物丢失。

Sample 5-14

Dear Customer,

Thank you for your patience. We confirmed that your order was mailed(order No: ×××)on January 20.

However, the tracking information shows it's still on the way. We were informed that the package did not arrive yet due to a shipping delay from the delivery company.

If you do not receive your package before January 20, we can resend your order or apply a full refund to you as per your choice.

If you have any further questions, please feel free to contact us directly and we will be glad to assist you.

Best regards,

(Your name)

3）包裹被扣关

国际快递被扣关有很多原因，在被扣关后，卖家要提示买家不要害怕或慌张，希望买家联系海关进行清关，只要按照正常的流程交清关税，就可以顺利放行。

Sample 5-15

Dear customer,

We have checked the tracking information and found your package has now arrived at your country customs agency. If your package is delayed please consult your local customs office to resolve the problem. If you have any further questions, please feel free to contact me.

Best regards,

(Your name)

2. 纠纷开启时

卖家发货后，买家经过长时间的等待却依然无法收到包裹，此时就有可能产生纠纷。在买卖双方就此问题无法协商一致的情况下，买家会以未收到货物为由提起纠纷，如果物流信息不全或在承诺运达时间内无法查询到货物妥投的信息，速卖通平台将认定该笔纠纷的责任为卖家责任。卖家针对这类纠纷案件需在平台的响应期内提供物流妥投或买家实际已收到货物的凭证，若限期内无法提供，速卖通平台将直接按照买家申请的金额退款并关闭该纠纷案件。这种情况下，卖家要积极与买家沟通，与买家协商是否能继续等待，如果买家愿意等待，可在纠纷中反馈买家愿意等待的具体时间和凭证。

1）货不对版

买家投诉货物与描述不符或者货物数量不对的时候，卖家可以请求买家根据问题类型提供相应的证据。

Sample 5-16

Dear buyer,

I am so sorry for our carelessness. I need confirm the weight of parcel to check the less quantity with our shipment staff who just start to work after some days.

Could I offset the piece's money when you order next time, and we can give you a good discount or send a simple gift to you.Or if you ask for immediate refund now, could you give me your PayPal account?

I am so sorry for all the convenience.

Best regards,

(Your name)

当客户反映产品与描述不符时，客服该怎么进行回复呢？请参考以下内容。

Sample 5-17

客户来信

Hello, seller, I've got the goods that is inconsistent with the description, so please sent again!

回复

Dear buyer,

We sincerely regret that you are not satisfied with your purchase. We accept returns or exchanges as long as the item is unopened and/ or unused. We strive to provide exceptional products and service to our customers and your opinion is very important to us. Please provide a detailed explanation photos are also welcomed.

Please send your item back to:××, ××××, 325000, Wenzhou, China.

We will send you a replacement upon receipt of your parcel. Please be aware that the return shipping and any new shipping charges for a replacement item will be charged to the buyer.

If you have any other concerns, please contact us through eBay message so that we can respond you promptly, thanks!

当买家收到货物后不满意并提出退货时，客户该如何应对呢？请参考如下内容。

Sample 5-18

客户来信

Hello seller, I don't like the goods you send to me, can I return?

回复

Dear buyer,

Yes, we accept return or exchange. Please send your item back to: ××, ××××, 325000, Wenzhou, China.

We will refund(excluding the postage)you via PayPal once I receive your parcel.

2）货物未在规定时间内到达

货物由于一些原因未在规定时间内到达或者货物丢失都会引起纠纷，卖家要及时和买家沟通，可通过退款或重新发货来处理纠纷。

Sample 5-19

Dear Customer,

We would like to confirm that we sent your order on January 10. 2019, however, we were informed the package has not yet arrived due to shipping delays at the shipping company.

According to our agreement, we have resent your order by EMS, with a new tracking number of: ×××. It typically takes 7~10 business days to arrive your destination. We apologize for the inconvenience and thank you for your patience.

Best regards,

(Your name)

若买家留言"Hello seller, I haven't received the product that you sent to me"，卖家该怎么进行回复呢？

将物流信息告诉客户是比较明智的做法，另外也可对节假日等可预测的邮递延误进行解释或者对天气等不可抗力因素造成的延误进行解释。

（1）告知物流信息。

Sample 5-20

Dear Customer,

Thank you for purchasing (item ID or item title). We have sent the package out on Dec16. The postal tracking number is below for your reference: No. RR725377313CN

Status: departure from outward office of exchange

Ship-out Date: 2019-1-10

Standard ship times are approximately 7~15 business days. However there may be delay in international parcel delivery times due to increased holiday demand. We promise a full refund including original shipping charge if the item is not delivered within 30 days upon receipt of payment.

Your satisfaction is our utmost priority, please contact us if you have any concerns. We apologize for any inconvenience. Your understanding is greatly appreciated.

（2）对节假日等可预测的邮递延误进行解释。

Sample 5-21

Dear Customer,

Thank you for your purchase and prompt payment. China will celebrate National Holiday from October 1 through October 7. During that time, all the shipping services will be unavailable and may cause the shipping delay for several days.

We will promptly ship your item when the post office re-opens on October 8. If you have any concerns, please contact us through eBay message.

Thank you for your understanding and your patience is much appreciated.

（3）对天气等不可抗力因素造成的延误进行解释。

Sample 5-22

Dear Customer,

Thank you for purchasing an item from our store. We are sorry to inform of you that the delivery of your item may be delayed due to Hurricane Sandy.

We shipped your item (white cotton T-shirt) on Dec. 3 but unfortunately, we were notified by the post office that all parcels will be delayed due to this natural disaster.

Your patience is much appreciated. If you have any concerns, please contact us through eBay message so that we can respond promptly. Our thoughts are with you.

3）产品质量问题

因为产品质量问题引发纠纷时，卖家要积极与买家协商、解决问题，双方争取达成一致的解决意见。

Sample 5-23

Dear friend,

The photos were received with thanks. Sorry that we failed to check out the problem and we would pay more attention to this part.

Anyway, we will refund you $3 for compensating or may you just accept this time and we would like to provide bigger discount for your next order?

Sorry again for the trouble. Please feel free to let us have your comment.

Best regards,

(Your name)

Sample 5-24

客户留言

Hello seller, I have received the goods you send to me, but I found that it is with a bad quality.

回复

Dear Customer,

I am very sorry to hear about that. Since I did carefully check the order and the package to make sure everything was in good condition before shipping it out, I suppose that the damage might have happened during the transportation. But I'm still very sorry for the inconvenience this has brought you. I guarantee that I will give you more discounts to make this up next time you buy from us. Thanks for your understanding.

3．纠纷升级为平台纠纷

纠纷升级为平台纠纷可能存在多种情况，包括双方有无及时响应、是否一直在有效协商、是否某一方提出了另一方不能接受的要求等。在纠纷开启阶段，卖家要认真核实买家投诉的原因，再根据投诉原因提供有效的证据。卖家要查看买家的留言和反馈的问题，及时地进行有效沟通，争取在 3 天内协商出一致的解决方案。如果问题已经解决，可以引导买家关闭纠纷。

1）卖方过错，给予退款或退货

在卖家看到买家提供的证据以后，卖家确实有过错的，应同意给予部分退款或者退货退款，要求买家关闭纠纷。

Sample 5-25

Dear Customer,

We sincerely regret that we have been unable to come to terms thus far but we hope to bring this matter to a successful resolution. As such, we would like to offer you the following options:

1．Keep your ordered item (s) and accept a partial refund.

It is possible to receive a partial refund of $××××× (USD).

2．Return and Refund. If you decide not to keep your ordered item (s), you can still return your order to ×××××××× and receive a full refund. However, you would be responsible for all return shipping fees. Whatever you decide, we will continue to honor you as a valued customer and appreciate your giving us the opportunity to serve you. If you have any questions, please feel free to contact me.

Best regards,

(Your name)

2）提交平台裁决纠纷

买家将纠纷升级为平台纠纷时，卖家可以告诉买家已提供证据给"阿里巴巴纠纷组小二"，等待纠纷专员裁决。如果平台裁决退货退款，卖家要再次询问买家的退货地址并表达希望后续继续交易的期望。

Sample 5-26

Dear Customer,

We are pleased to inform you that as a result of AliExpress's arbitration, we may bring the dispute to a successful resolution.

Regarding your order (No.××××), you are eligible for a return or refund. We have already provided our return address on AliExpress but we'll confirm it here as well:

Contact name:

Address: ×××

Zip Code: ××××

Tel: ××××××(very important for us to receive the item).

Please also be reminded:

1．Returned goods muster main intact and in original condition.

2．Remember to mark "Order No." and "Returned Goods" on the parcel. Please let me know your shipment tracking number so we may be able to better ensure there are no shipping delays and we can apply your refund to you as quickly as possible.

We appreciate your cooperation and thank you for giving us the opportunity to serve you.

Best regards,

(Your name)

5.2.2 跨境电子商务客户纠纷的预防

1．选品环节

1）选品不当导致的客户纠纷

（1）因货源不稳定引发客户纠纷。不同产品的供货稳定程度略有区别，卖家在跨境电子商务平台上销售货物一定要保证货源充足、库存稳定，不然前期苦苦经营、打造的爆款若因为一个小的零件供给不足，导致成交不卖，将引发客户纠纷，对店铺造成巨大的影响。

（2）因产品不适销引发客户纠纷。跨境电子商务中面向海外市场的产品要适销对路，首先要对消费者的偏好和需求进行前期调研，充分满足消费者的喜好和需求。在调研中，要尊重客观事实，切忌主观臆测，否则会把企业的营销推广活动引入歧途，同时还要对目标市场进行细分，查明各类客户对产品的爱好和需求。

（3）因疏忽产品知识产权引发客户纠纷。部分跨境电子商务企业在选品时容易忽视知识产权风险。跨境电子商务卖家应强化知识产权意识，打造自主品牌，避免因知识产权问题引起纠纷。卖家在选择店铺产品时就应考虑自己的产品图案或文字是否会造成侵权，如果构成侵权就要向创作者提出请求，取得创作者的同意方可使用。

（4）因产品质量缺陷引发客户纠纷。在跨境电子商务选品环节，卖家要充分保证产品质量，而保证产品质量需要卖家与工厂不断地联系与协调。部分工厂由于缺少与卖家的沟通，会放松对产品质量的把控，从而不能保证产品质量。客户收到有质量问题的产品后会产生不满，极有可能导致客户纠纷。卖家在选品环节应该高度重视工厂的生产能力，保证产品质量，从而有效防止因产品质量引发纠纷。

2）选品环节预防客户纠纷的策略

（1）保证货源稳定，供货充足。跨境电子商务平台上的卖家在选品环节要充分考虑产品的货源稳定性，确保产品供货充足。客户下单后，卖家应及时发货，客户看到自己购买的产品已发货，便会安心地等待包裹，不再为发货问题而担心，从而可以提升客户的满意度，增加客户对店铺的信任感。速卖通平台的规则对卖家发货的时效要求非常高，如果不能在规定时间内及时发货，卖家就会受到平台的处罚，所以卖家在选品环节要确保货源稳定和供应商供货充足。

（2）保证产品适销，考虑主要目标市场需求。在跨境电子商务选品环节，保证产品适销非常重要，卖家要为不同国家的消费者制定差异化的选品策略，选品环节应充分考虑目标消费市场的风土人情，从而提升客户满意度。速卖通平台可以根据不同国家设置不同的详情页面，卖家也会根据市场不同对选品有所调整。选品环节充分考虑产品适销性可以为客户创造出独特价值，同时可以避免因产品满足不了客户需求而引起纠纷。

（3）保障产品知识产权，避免产品侵权导致纠纷。跨境电子商务平台卖家在选品环节要考虑产品的知识产权，避免产品侵权问题。卖家对自己研发、设计的产品可以申请专利，在境外销售时要查询产品商标等是否已经被他人注册使用。对从供应商处采购的产品，要获取相关专利授权，从而避免因产品侵权导致纠纷。部分店铺卖家贪图短期利润，只考虑产品的热销情况，售卖侵权产品并且没有与授权方达成协议，冒着店铺被扣分的风险去提升店铺曝光度，这种对产品知识产权和法律概念认识不到位的行为极有可能导致客户纠纷。杜绝产品侵权行为可以防范店铺风险，避免因产品侵权引起客户纠纷。

（4）监督产品质量，及时沟通反馈。跨境电子商务产品的质量尤为重要。在选品环节，卖家要保证产品质量并与供应商进行及时有效的沟通，严把产品质量关。如一家在速卖通平台销售珠宝首饰的店铺，其所售产品款式多样、价格低廉，但相比别的店铺，其客户纠纷也特别多。经过仔细分析客户的纠纷情况发现，纠纷基本集中在产品质量不过关、产品质量合格率低等方面。跨境电子商务卖家必须在选品环节强化产品质量监督，对质量提前做出研判，及时与供货商取得联系，从而减少因质量问题引起纠纷而造成的不良影响。

2. 产品上架环节

1）上架环节失误导致的客户纠纷

（1）由于主图与实物不一致导致的货不对版纠纷。速卖通平台注重主图上传的真实性和质量，因为主图传递的信息对客户的第一印象很重要。主图出现问题常常会带来客户的认知错误和货不对版纠纷的发生。以下有两则案例：① 因为主图与实物存在色差导致纠纷。一家速卖通流行饰品店铺里有一款粉色珊瑚珠手链，客户在购买以后发现实物的颜色与图片所示差距甚远并提供了照片买卖双方发生了货不对版纠纷，最后平台判定卖方全额退款给买方。② 主图细节展示有误。某流行饰品店铺中的一款半宝石串珠手链的主图中带有一个爱心形镀银吊坠。一位客户被这个吊坠所吸引而下单购买，但是卖家因为成本问题早已不再在手链上加这个吊坠且并未说明，因此客户收到货物后很失望，买卖双方发生了货不对版纠纷，最后平台判定卖方全额退款给买方。

（2）由于产品属性展示有误导致的货不对版纠纷。客户在浏览一件商品的信息时，商品的属性也会是他们的一个关注点。在速卖通平台上，产品的属性分为"必填属性""关键属性"和"自定义属性"，这些属性如果出了问题就会导致双方发生货不对版纠纷。如某流行饰品店铺里有一款波希米亚风格的项链，其吊坠是鸟的羽毛，与捕梦网吊坠相似。卖家之前为区分普通羽毛吊坠和捕梦网吊坠，在上传该项链信息时误填了捕梦网这一属性。一位客户在注意到这个信息之后下单购买，但收货后发现并非捕梦网项链，于是双方发生货不对版纠纷，最后卖家只能给客户退款。

（3）由于标题描述与实际不符导致的纠纷。标题中的描述会给客户传递一些关键的信息，如商品的特性、卖点、适用人群、运输方式等。这些关键信息的传递失误同样会令客户产生误解从而导致纠纷，其中常见的就是运费误导和商品特性误导。

① 运费误导，滥用 free shipping。通常，速卖通店铺中的商品只有能对全球包邮才可在标题中使用 free shipping，但是很多卖家会忽略这一点，滥用关键词。例如，一家经营健身器材的速卖通店铺中，其挂号小包只对 1～8 区国家包邮，但是其一款扩胸肌器的标题中出现了 free shipping。一个 9 区国家的客户看到了这一信息便下单购买，但是由于其不在 1～8 区国家范围内，需要收取一定的费用，这引起了客户的不满，使其在收货后给出差评，双方发生了纠纷。

② 标题与商品特性描述不符。例如，一家经营骑行套装的速卖通店铺里有一批特别的骑行手套，戴在手上不会影响触屏手机的使用，于是卖家把这一特性写入标题，但是许多客户购买后发现这一特性并未体现在购买的产品上，他们纷纷表示不满并发起货不对版纠纷。最后，卖家经过检验发现这一特性仅适用于部分安卓系统的手机，于是只能将这一描述从标题中删除。

（4）由于售卖方式填写错误导致的纠纷。在做跨境电子商务 B2C 零售时，售卖方式也是一个重要的细节，这一细节包含于产品上传这一环节。如果售卖方式出了问题，会导致重大的亏本问题和客户纠纷问题。

（5）由于详情页信息与实际不符导致的货不对版纠纷。对店铺商品有购买意向的客户会进一步通过详情页展示来了解商品更多的细节与信息，最后做出决定。详情页往往用来展示商品的详细参数，通过视觉效果设计等展示商品的特性，在此处出了差错也会导致货不对版纠纷。

2）上架环节预防客户纠纷的策略

（1）清晰、真实地拍摄主图，避免色差问题，多角度展示商品。对于主图上传来说，最关键的就是要符合平台的规定，如速卖通平台要求背景为纯色或白色、像素在 800×800 以上、无水印等。其次，主图的拍摄需要真实、清晰，要调整好灯光，避免造成色差问题；多角度地拍摄商品，包括细节拍摄，以便于在主图中多展示出一些商品细节和卖点，让客户能在其中获得一些重要信息。

（2）了解商品信息，准确、完整地填写商品属性栏目。卖家要了解店铺商品的属性，从而在填写信息时能抓住关键与细节。商品属性分为"必填属性""关键属性""自定义属性"，前两者必须按照要求如实填写，必须保证信息的完整性和准确性，最后的 10 个"自定义属性"则是对商品属性的补充，可以为颜色、形状、卖点、包装特色等，这些需要结合商品本身及客户的关注点来填写。

（3）标题中关键信息要描述准确，避免滥用 free shipping。商品标题应该简要地描述商品信息，其中应该考虑到商品特性、客户关注点等并且要结合店铺自身物流状况慎用 free shipping 字样，避免使客户误解。

（4）详情页展示符合商品本身特性，准确传递细节信息。详情页的制作与优化主要用来详细地传递商品信息，提供更大空间来展示产品卖点与细节，必要时可使用一些视觉效果设计来吸引客户下单。在制作详情页时，首先，信息要准确、详细，包括使用商品的注意事项；其次，商品图片要展示细节、卖点，它比主图有更大的发挥空间，一是它更清晰，二是可使用特写镜头和视觉效果来凸显细节、卖点。此外，在详情页中展示精简的物流方案对照表也可给客户提供参考，避免产生物流纠纷。

（5）结合店铺本身设计精简的售后咨询流程及常见问题解答。在详情页的最后，卖家需要添加一个简要的售后问题咨询流程，便于客户遇到疑问时及时联系客服。此外，对客户常提出的问题给予解答方案，便于客户知悉并按步骤解决问题。另外，卖家在详情页的末尾可添加常用物流方式的费用与到达不同国家的时间表格以及当客户未收到货物或收到货物之后有问题时的处理流程，让客户知悉处理方式，不至于因问题无法及时解决而导致慌乱，避免产生一些不必要的纠纷。

3．包装环节

1）产品包装不当导致的客户纠纷

（1）实际包装与宣传或描述不符而导致客户纠纷。部分跨境电子商务卖家存在发货时实际的包装与其宣传或描述的包装不符的情况。这类卖家为了降低成本采用价格比较低的包装材料，而店铺产品详情页上面的包装描述得非常精美、时尚，导致客户收到包裹后因包装与实际宣传或描述不相符而与商家发生纠纷。

（2）劣质包装使商品在运输途中受损，从而导致客户纠纷。牢固、安全的产品包装可以使货物在运输途中减少破损，而劣质的产品包装不但不美观，还不利于保护货物在运输途中的安全，容易导致货物破损，从而引发纠纷。

（3）未按客户要求进行包装导致客户纠纷。目前，许多国外客户的消费偏好个性、独特，所以部分速卖通平台卖家是支持批量定制的。例如，一位速卖通客户需要定制一批茶具作为圣诞礼物送给公司员工，要求在包装的左上角统一印刷客户公司的 logo，外包装统一采用白色礼盒包装。而卖家并未全部按照客户的要求来制定产品包装，最后完成的成品将 logo 放置在包装的右上角，又因为白色礼盒数量不够，就采用了现有的淡黄色礼盒包装，卖家以为客户应该不会介意这些小问题。买家收到货物后，发现产品包装上的 logo 位置和自己要求的不符，个别礼盒颜色也不符合要求，与卖家进行沟通时，卖家并没有及时地进行回复，回复后也没有给客户一个满意的解决方案，导致客户极为不满，觉得卖家未按他的要求来制作包装，不重视他的要求，故向速卖通平台发起了纠纷。

（4）产品包装信息缺失，客户无法及时联系到卖家而导致客户纠纷。产品包装上的信息极为重要，若信息缺失，客户收到包裹后遇到问题就无法及时联系到卖家，无法跟卖家进行有效沟通，从而导致客户的不满和抱怨，给客户留下不好的购物体验，这就极有可能导致客户纠纷。

2）产品包装环节预防客户纠纷的策略

（1）确保产品包装样式与宣传包装相符。跨境电子商务平台上的卖家对产品进行包装时要注意与宣传或描述相一致，如包装的材质、颜色、图案、风格等。这样，一方面可以提升客户的满意度，另一方面也可以增强客户对卖家的信任，从而有效地帮助卖家维护客户关系，避免客户纠纷。

首先，卖家可以对产品使用统一的包装，也可以对其进行分类包装，但要在产品详情里面做出详细的说明，让客户了解情况。其次，在宣传自己店铺产品的包装时一定要说明其适用的产品类型和特殊要求，如流行饰品店铺的麻布袋包装就应该说明因其制作成本高，客户在消费大金额商品（可计算出具体金额）时可免费获得或需另外支付多少费用以获得这种包装，这样就可以在做宣传时不被客户所误解。卖家一旦对产品包装做出宣传之后，就要按照承诺履行，避免产生客户纠纷。

（2）注重包装材质，保证包装质量。在跨境电子商务中，产品的包装材质非常重要，适宜的包装材质可以避免货物在运输途中遭到破坏。例如，一位客户在速卖通平台的某家化妆品店铺购买了几瓶化妆品，因卖家粗心，未对货物进行细致的包装，使得产品在运输途中破损，从而产生了纠纷。针对该类产品，卖家应采用充气包装或者蜂窝纸板包装箱，以达到保护易碎品的目的。部分较轻或本身抗压强度较高的产品，如玻璃空罐等，在使用托盘运输时，应采用缠绕薄膜包装代替瓦楞纸箱。针对此类商品，卖家在发货环节一定要注意包装，必要时可以使用双层包装。另外，一定要在箱子的外侧注明"易碎"的标识。这样既可以保证包装的质量，也可以保证货物在运输过程中的安全，有效地降低货物的破损率。总之，跨境电子商务平台卖家应该注重产品的包装材质，保证其质量，做到足够安全和牢固，确保货物完好无损地到达客户手中，避免因产品包装不当导致货物受损而引发纠纷。

（3）按客户要求制作产品包装，保证服务品质。跨境电子商务平台 C 端客户的主要特点是"小""散""杂"，B 端客户一般是国外的批发商或零售商，其中部分客户可能拥有自己的品牌并且具有一定的影响力。这类客户一般会找自己信任的卖家进行批发定制。除了要符合客户的定制要求之外，产品的包装要根据不同客户所在国家的禁忌、风俗习惯、文化理念进行差异化处理，尤其是在图案、色彩、数字等包装细节方面，要充分尊重各国家、民族的喜好，尊重其文化，避免导致客户纠纷。

（4）完善产品包装信息，便于客户及时向卖家反馈问题。跨境电子商务平台卖家为了给客户提供良好的售后服务，一般会在包装上印有店铺的相关信息，如店铺的品牌 logo、网址、客服邮箱、WhatsApp 账号、Skype 账号、店铺二维码等。这样，客户收到货物后如有任何问题或建议，可以快速、有效地反馈给卖家，增强沟通效率，有利于维护客户关系，避免客户纠纷。

4. 物流环节

1）物流问题导致的客户纠纷

（1）物流时效慢。当前，跨境电子商务如火如荼的发展带动了国际物流产业的蓬勃发展，然而跨境电子商务物流的盲区与时效问题依然存在，导致跨境电子商务客户的物流体验性差、满意度不高。

对于速卖通平台来说，物流是至关重要的一个环节。邮政比其他物流方式的覆盖面积更广，价格相对更便宜，邮政小包自然而然成了速卖通平台上很多卖家的首选。虽然我国跨境电子商务出口业务 70% 的包裹都通过邮政系统投递，但是邮政投递的弊端不容忽视。速度较慢、丢包率高是邮政最显著的不足，同时邮政运输限制要求比较严格：食品不能发；带粉尘、电池、磁性的商品不能发；三边（长宽高）长之和不能超过 90 cm，单边长不能超过 60 cm；单件物品首重不能超过 2 kg 等。速卖通最常用的邮政小包，几乎 80% 以上都是超过 30 天递送，碰到圣诞等旺季时，时间将有可能无限延长。同时，邮政小包的丢包率也较高，如果不是挂号件就无法进行跟踪，而大部分卖家不愿意增加挂号费用等成本，因为以私人包裹方式出境无法享受正常的出口退税。另外，如果小包清关时被查出含电池、粉末及液体等特殊物质，包裹将很难通过，甚至会被整包退回或直接扣下。

以上这些问题极大地影响了物流的配送时效，而国外买家们虽然对跨境电子商务物流的投递时效有一定的心理预期，但是运输中的不可知性往往会导致投递时效超出买家的心理预期而使其选择发起包裹还在运输途中或超时的纠纷。

（2）物流信息的更新和提取错误。速卖通平台常用的物流方式虽然是邮政小包，但是因个别买家的特殊需要，卖家在设置物流模板时，除了设置默认物流模板，通常还会设置一个让买家自主选择物流方式的模板。而买家也可以直接和客服沟通，表达自己的物流诉求。但有些时候，因为卖家原因或购买平台的系统修复等问题，会出现物流方式提取错误的情况，导致卖家未按照买家所要求的物流方式进行包裹投递，这就可能造成不必要的纠纷。

此外，卖家在收到订单通知后，应与买家确认默认收货地址。若国外买家发生出差、搬家、外出旅游等日常性事件，为了避免因不必要的麻烦而产生纠纷，在店铺产生订单后务必要确认物流投递地址的准确性。卖家确认地址是一方面，物流配送方投递是另一方面。有些买家遇到过物流分拣时包裹被分拣到了另一个城市的情况，导致买家收到包裹的时间延长或收不到包裹。这是因为现在的物流分拣虽然已将机器人投入使用，但主体还是人工分拣，难免发生差错，而且机器人的系统故障也是一种不可控的因素，这些都是引发纠纷的因素。

除了以上问题，客户还经常遇到物流信息的跟踪不及时或查询不到物流信息等问题。速卖通平台常使用的邮政小包，以私人包裹的形式进行报关，形成了一个灰色清关区域。卖家不清楚包裹滞留海关的时间，导致包裹进入他国境内后，经常会出现信息跟踪不及时，这就容易引起买家的担忧，导致纠纷的出现。

（3）包裹被退回及妥投失败。包裹被退回可能是因为海关检测到包裹存在特殊物质或存在包装问题等造成清关失败抑或某国（如美国）不支持中国邮政平邮小包而卖家却选择了这种物流方式。另外，买家收货地址有误或不完整也会导致包裹被直接退回给卖家。除此之外，卖/买家填报的最终投递地址非买家实际收货地址或者邮局误将包裹送往非买家实际收货地址都会造成包裹妥投失败。买家会在不了解具体情况的状态下会与卖家店铺发生纠纷。

（4）包裹或产品因运输造成损坏。在物流运输过程中，包装材质、天气及运输分拣等因素都会影响包裹到达买家手中的最终状态。一般情况下，产品包装表层不会附上"小心轻放"等提示性标语，故在分拣过程中，多数轻质包裹都会被分拣员以抛掷的方式送上分拣带，这就是买家看到包裹有撞击、挤压痕迹的原因之一。此外，纺织类物品虽不易损坏，但是在包裹破损的情况下容易受到雨水的浸湿或受潮，进而影响买家收到产品后的心情。同时，玻璃、陶瓷制品都是易碎、易刮花的产品，卖家通常会贴上"轻拿轻放"标识，但是刮花等意外情况在运输时难以完全避免。

2）物流环节预防客户纠纷的策略

（1）针对配送时效的物流选择。跨境电子商务平台的卖家应经过对多方面因素的综合考虑，针对不同国家采用不同的物流方式，争取最大程度地提高物流的时效性，减少清关及配送等环节给商品出口造成的负面影响。针对 2 kg 以内的包裹，可以使用覆盖范围广、物流成本低的邮政小包；运往美国的包裹，建议选择中国邮政的专线物流——E 邮宝，其官方称 7～10 天可以送达，根据实际情况，在 20 个工作日左右可以妥投，而且清关稳定、配送有保障；配送至欧洲的包裹，建议选用顺丰的经济快递——欧洲快递，其覆盖面广、运输时间快；运往俄罗斯、巴西和中东国家的包裹，可以选择有针对性、包清关的专线物流。此外，卖家可利用海外仓形成集成化仓储模式，通过空运或海运头程运输和当地二程拖车相结合的方式进行商品配送，从而减轻货物配送旺季的压力，缩短配送时间，提升客户满意度。同时，速卖通平台鼓励第三方物流公司以海外仓的形式给众多卖家提供服务并给使用海外仓的卖家予以特殊标识，以此来提升客户购买体验。

（2）物流信息准确度的提高。eBay、亚马逊、新蛋网等电子商务平台鼓励中国卖家采用海外仓的方式发货；兰亭集势启动全球跨境电子商务物流平台"兰亭智通"，以开放的平台模式为跨境电子商务卖家整合全球各地物流配送服务商，从而达到全球智能路径优化、多物流商协同配送、大数据智能分析，使市场资源配置达到最优化。

与上述平台相比，速卖通的物流配送模式还存在很大的差距，目前该平台卖家可以与第三方跨境物流公司合作。专业的跨境第三方物流公司可以充分利用境外配套设施和资源，结合自身对该领域的了解程度，根据不同客户需求，采用智能分单系统，根据目的国、重量、品类选择一套最佳的物流配送模式，为客户提供高效、快捷、个性化的境外物流方案。阿里巴巴全球速卖通与菜鸟网络合作提供的第三方物流服务——无忧物流可以有效地追踪包裹物流信息，同时可依靠速卖通平台资源帮助卖家处理物流纠纷及售后服务。

（3）退回或妥投失败包裹的处理。首先，保证物流面单信息的准确性，买卖双方的物流地址完整，条形码可以被识别，提供税号，特别是欧洲包裹，需要提供增值税税号。其次，针对海关要求退回的商品，如该商品本身价值低于或等于物流费用，则建议交给海关就地销毁，避免造成更大的损失。在目的国境内投递遭遇退回或妥投失败的包裹，速卖通卖家可使用无忧物流以确保买家收货地址的准确性，减小包裹妥投失败的概率。另外，采用海外仓先发货后销售的模式要提前解决在销售过程中清关带来的问题。同时，海外仓能够提供快速的退换货服务，可以对退回或妥投失败的包裹进行合理的处理，避免包裹直接被退回国内而产生高额的物流费用。

（4）包裹或物品需要得到更好的呈现。部分物流商在分拣时为了提高效率常使用抛掷分拣的方式，同时，因为跨境电子商务产品具有多属性的特点，导致商品存放杂乱无章，这些都在一定程度上对包裹和产品造成了损坏。对仓库管理的合理性优化不仅能够提高包裹处理的效率，也可以针对卖家的包裹包装进行相应处理，减少损坏。递送时，车辆要尽量避免大幅度地颠簸和晃动，以防易碎易刮花产品在送达买家手中时存在运输造成的瑕疵。

5.3　跨境电子商务售后客户服务技巧

5.3.1　常见争议解决方案

1. 及时回复客户的问题，提高售后客服的工作效率

配置充足的售后服务人员不仅有利于店铺的正常运营，更能及时回复客户问题，避免

客户因售后回复不及时产生误会而导致纠纷。

要提高售后客服人员的工作效率，当出现大量客户同一时间询问产品问题时，尽量顾及每个问题、每位客户。售后客服人员可根据留言内容进行筛选，合理安排回复顺序，严重的问题要先行解决，对询问平常性问题的客户可先发一句"Very sorry, now more number of after-sales consultation, after-sales staff's reply will be slow, please just wait a while"（非常抱歉，现在售后咨询人数比较多，售后人员的回复速度会比较缓慢，请您稍微等待一下）。充满诚意的道歉可缓解客户的不安心理，也能得到客户的谅解。如果售后人员疏漏了某位客户，要及时道歉、说明具体原因并示意客户下次购买时有优惠等。

2．培训售后客服人员，提高售后客服人员沟通技巧

优质的售后服务不仅可以降低退货率，而且能降低运营成本。通过提高售后客服人员的沟通技巧，可以在无形中提高店铺的销售额。

细心的售后服务不仅能提高客户对店铺及产品的满意度，还能令客户感到自己被重视，从而有效地预防纠纷产生。

沟通技巧的提升不仅能避免一些不必要的客户纠纷，还能改善客户的购物体验。在回复留言或站内信时，不要使用大段的英文大写，其他突出重点的方式有很多，如在回复信中分段描述、在每段开头用关键词标注和正确排版。可采用"提供证据—证据来源网址—信息解读—解决方案—结束语"的逻辑顺序来进行说明，这一方式不仅可以给客户增加阅读的趣味性，减少厌烦情绪，缓解阅读疲劳，节省时间，还可以塑造客服人员思路清晰并且具备专业素养的形象，有利于获得客户的信任。

3．积极倾听客户需求，提出合理的解决方案

作为售后客服人员，一定要在承担责任的同时迅速提出解决方案，这样既可以平息客户的怒气，又可以体现出认真负责的企业形象，还能防止因售后处理失败导致的退货或退款，甚至差评。

为客户提供解决方案时，售后客服人员应尽量一次提供两个或两个以上的解决方案，这样有利于客户选择，可体现以客户为本的理念；为客户提供专属服务，让客户感受到应有的尊重，同时降低客户的失落感。在推介方案时，可以主推一个方案，尽量说明主推方案的益处，然后加上备选方案并且承诺如果重发会提供实用小礼物，再购买会给予折扣，这样可以防止出现纠纷或差评。

多种完善的售后解决方案既可以安抚客户不安的情绪，也能提高客户对店铺的信任。

5.3.2 处理客户投诉

一般情况下，跨境电子商务客户服务中处理客户投诉的流程包括以下几个步骤。

1．记录投诉内容

跨境电子商务客户服务人员需要根据客户投诉登记表详细记录客户投诉的全部内容，如投诉人、投诉时间、投诉对象、投诉内容、希望的解决办法等。在这一过程中，客户服

务人员一定要保持热情、积极的工作态度，对前来投诉的客户以礼相待，体现"用户至上"的理念；要善于倾听，做好投诉内容的记录。

2．判断投诉是否成立

在了解客户投诉的内容后，跨境电子商务客户服务人员要判定客户投诉的理由是否充分、要求是否合理。如果投诉并不能成立，客户服务人员就可以用委婉的方式答复客户，说明客观原因，以取得客户的谅解，消除误会；如果投诉成立，则应尽量告知客户解决问题的办法，以争取好评。

3．确定投诉处理责任部门

依据客户投诉的内容，跨境电子商务卖家需要尽快确定投诉涉及的具体受理部门和受理负责人。如果是运输问题，交储运部门处理；如果是质量问题，则交质量管理部门处理。

4．责任部门分析投诉产生原因

跨境电子商务客户服务人员应帮助客户查明其投诉的具体产生原因及造成投诉的具体责任人。

5．提出公平的处理方案

依据实际情况，参照客户的投诉要求，跨境电子商务客户服务人员需提出解决投诉的具体方案，如退货、换货、维修、折价、赔偿等。

6．提交主管领导批示

针对客户投诉的问题，跨境电子商务卖家的主管领导应对客户服务人员提出的针对投诉的处理方案一一过目并及时做出批示。卖家要根据实际情况，采取一切可能的措施尽力挽回已经出现的损失。

7．实施处理方案

得到主管领导的批示后，客户服务人员即可告知客户投诉的处理方案并尽快收集客户的反馈意见。客户服务人员对于无法解决的投诉问题，可推荐其他合适的人员来解决，但要主动替客户代为联系。总之，要自始至终保持良好的解决问题的态度。

8．总结教训

为了避免类似的投诉问题再次产生，跨境电子商务卖家必须分析原因、检讨处理结果、牢记教训，做到举一反三，使未来的同类投诉减至最少。

当然，与其要求跨境电子商务客户服务人员做好售后纠纷处理，不如在售前就严格把控服务质量，这才是提升客户满意度的根本。好的客户服务人员在销售前就能跟客户充分沟通，充分理解客户对于商品的要求和需求并且预判可能产生的争议，把控发货环节，保证物流、包装环节的工作落实到位，选择可靠的物流公司，以完善的服务换来客户的满意。

5.3.3 绩效提升方法

要提高绩效，客户服务人员需要做好客户信息管理，主动出击，进行二次营销。

1. 客户信息管理

很多有经验的跨境电子商务客户服务人员都会通过 Excel 软件对客户资料进行归类整理，包括每个客户的购买金额、采购周期长短、评价情况、所在地等。这样既有助于抓住客户，也减少了维系客户的成本。有一些成功的卖家会在与客户联系的过程中主动了解客户的背景、喜好和购买商品线，从中识别出具有购买潜力的客户，为后期获取订单打下基础。

2. 主动进行二次营销

有了良好的客户识别基础之后，跨境电子商务客户服务人员要做的就是更好地掌控客户的购买力，这时可以通过邮件、站内留言等方式对客户进行二次营销。二次营销的时机如下。

（1）每次有新的商品上线时，宣传新商品。

（2）一些商品低价销售，做让利客户促销活动时。

（3）感恩节、圣诞节等客户购买高峰期。

（4）估计转销型客户上一次转销已经完成，需要下一次采购时。

在上述这些重要的时间点，客户服务人员可主动展开对于客户的二次营销，从而维系老客户，更好地增加交易量，从而提升跨境电子商务客户服务人员的绩效。

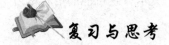 复习与思考

1. 买家给中评，对产品表示怀疑时该怎么办？请举例说明。

2. 买家收到货之后没有留下评价该怎么办？请举例说明。

3. 纠纷属于卖方过错时应该怎么办？请举例说明。

4. 上架环节预防客户纠纷的策略有哪些？

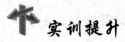 实训提升

实训项目：售后纠纷处理

【实训目标】

1. 加强团队合作，发挥每一个团队成员的能力，学习小组讨论、分析解决问题的方法。

2. 培养自主学习和独立思考的能力。

【实训内容】

假如你在 eBay 英国站开了一家手工饰品店铺，其中一个耳环被扣关，请给客户写一份邮件解释这个情况。

【实训步骤】

1．教师带领学生学习相关知识，按照三人一组进行教学分组，每个小组设组长一名，负责确认每个团队成员的任务。

2．根据教师教授的内容，整理跨境电子商务售后纠纷处理的相关知识。

3．上网或者去图书馆查询关于跨境电子商务售后纠纷处理的课外知识。

4．每个小组派一个组员根据自己的报告上台演讲，教师和其他小组成员对其演讲进行评价、讨论。

第6章　跨境电子商务客户满意度管理

 **知识导图**

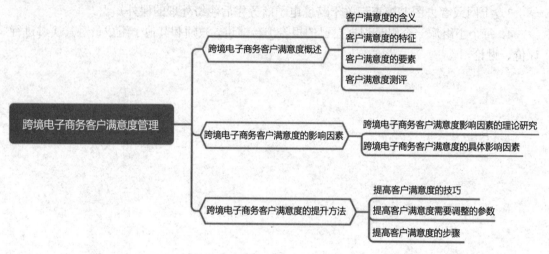

 **知识目标**

- ❑　了解客户满意度的含义。
- ❑　掌握跨境电子商务客户满意度的影响因素。
- ❑　了解影响跨境电子商务客户满意度影响因素的理论研究。

重点及难点

重点

- ❑　客户满意度的特征。
- ❑　客户满意度测评。
- ❑　提高客户满意度需要调整的参数。

难点

- ❑　掌握跨境电子商务客户满意度的具体影响因素。
- ❑　掌握提高客户满意度的技巧。
- ❑　掌握提高客户满意度的步骤。

引例

提高 B2B 客户满意度的优化五部曲

随着行业竞争越来越激烈，企业逐步重视对客户生命周期的管理。企业通过不断地了解客户需求，及时掌握客户信息，迅速、有效地采取相应行动，可以实施科学有效的管理，从而更好地选择、吸引、服务、保留和发展客户。

挖掘客户的需求，了解用户对产品和服务是否满意、产品和服务是否有需要改进的地方，这些反馈对于企业来说是非常重要的。目前，对于 B2B 企业来说，通过科学的问卷调研可以收集更多详细的数据，为今后的产品创新及服务提供决策的依据。下面介绍五点 B2B 企业在关注客户体验时应该注意的问题。

1. 确定客户群体及目标

B2B 企业客户满意度研究的主要内容为产品质量、服务和顾客价值，即客户在接受产品及服务期间所感知的整体满意度及在交易体验之后的评价。因为 B2B 企业以提供产品为基础，以满足客户需求为导向，主要是以批发采购为主的平台，所以在调研的过程中一定要明确谁是最终的使用者、通过这次调研要获得什么。

2. 保持简洁的话题

根据研究表明，调查时间越短，响应速度越好。调研要尊重受访者，不要耽误时间，尽量保持提问的快速和简洁；不要问一些不相关的问题，一定要明确调研的重点和目标；尽可能不要设置开放性问题，一般需要用户仔细思考后给予回答，让客户能够更轻松地完成问卷。

3. 持续跟进客户

B2B 行业与其他的行业不同，销售代表维护客户时，通过跟进客户，适当促使客户给予反馈，可以迅速地提升问卷的应答率。但在这个过程中，尽可能不要影响客户的观点。例如，百度、阿里巴巴等互联网公司一直致力于培育自己的客户群体，跟进客户，对有意向的客户进行回访，促使客户关注企业的动态和产品体系。

4. 适度的奖励

对于奖励，每个人都是比较喜欢的，适度给客户一些奖励或者额外的服务，相信每一个客户都不会拒绝的。

5. 使用电子邮件邀请

使用电子邮件邀请会减少客户的反感，企业可利用电子邮件简单地告诉客户需要什么信息，他可以获得什么。同时，一个吸引人的标题可以提升客户的应答速度。

企业可通过调研得到客户需求信息，从而为产品改进和创新提供方向。来自调研宝的研究顾问表示，满意度调研的目的在于理解客户的真正需求，寻求产品和服务的提升方向，要注重需求的挖掘和深入了解客户不满意背后的原因。

随着 B2B 电子商务服务平台的规模进一步扩大，未来将出现更多的百万会员数量级的 B2B 电子商务服务平台，从而进一步强化 B2B 电子商务服务平台的规模效应和网络效应，面对扑面而来的巨大流量，如何做到客户的高效转化，这是值得每一家 B2B 企业思考和布局的。

资料来源：http://www.100ec.cn/detail--6489001.html，略有改动。

6.1 跨境电子商务客户满意度概述

6.1.1 客户满意度的含义

客户满意度是由客户购买和使用后对产品的判断（或"实际产品"）与客户对其购买产品的预期（或"理想产品"）的吻合程度来决定的。用公式表示为

$$客户满意度=实际产品-理想产品$$

"理想产品"是客户心中预期的产品，客户认为自己支付了一定数量的货币，应该购买到具有一定功能、特性和达到一定质量标准的产品；而"实际产品"是客户得到产品后在实际使用过程中对其功能、特性及质量的体验和判断。如果"实际产品"劣于"理想产品"，那么客户就会不满意，甚至产生抱怨；如果"实际产品"与"理想产品"比较吻合，客户就会感到满意；如果"实际产品"优于"理想产品"，那么，客户不仅会感到满意，而且会产生惊喜、兴奋的情绪。

6.1.2 客户满意度的特征

1. 主观性

客户满意度是客户的一种主观感知活动的结果，具有强烈的主观色彩。因此，对客户来说，满意与否及满意的程度如何最先受到主观因素的影响。例如，经济地位、文化背景、需求和期望、评价动机，甚至性格、情绪等非理性因素都会对客户满意度产生影响。

2. 客观性

客户满意度是客观存在的并且不以企业、客户的意志为转移。也就是说，客户一旦接受了企业提供的产品（包括售前服务，如广告宣传），就有了一个满意度的概念，不论企业是否对此加以关注，是否去进行调查，客户的评价总是客观存在的，不会被人为因素所改变。

3. 比较性

客户满意度是客户期望与客户感知相比较的产物。客户满意度的比较可以是横向比较，也可以是纵向比较。但比较是有限的，在某些情况下，客户满意度很难比较或不宜比较，因为不同的客户对同一个影响其满意度的因素的期望与感知不尽相同。

4. 模糊性

由于客户满意度是一种主观感知、自我体验和情感判断，常常"亦此亦彼"或"非此非彼"，即模糊。同时，客户满意度是有差距的，但究竟差多少则难以精确和量化，如很难界定"满意"和"较满意"的差距究竟有多大。

5. 差异性

客户满意度往往因客户属性（自然属性、社会属性、消费属性等）、企业属性、行业属性、部门属性及产品和服务属性的不同而不同。

6. 全面性

客户满意度是对企业及企业提供的产品和服务的评价，它是全面的，而非只针对某质量特性而言，任何一种质量特性或某个服务环节出现问题都会引起客户的不满意。

7. 动态性

客户满意度一旦形成并非一成不变，相反地，由于客户需求具有变化性，客户满意度也会随时间的推移、技术的进步、整体环境素质的影响而发生变化。同时，企业的优势也会相应发生变化。随着社会经济和文化的发展，客户的需求和期望也会相应提高，客户满意度会发生变化，甚至会从满意转为不满意。

6.1.3 客户满意度的要素

跨境电子商务是基于网络发展起来的，网络空间独特的价值标准和行为模式深刻地影响着跨境电子商务，其中客户满意度的评价标准也因互联网特有的虚拟性及跨境电子商务特性发生了新的变化。因此，跨境电子商务不仅要考虑在传统实体交易行为中已经存在的诸如商品、服务等影响客户满意度的因素，还要考虑互联网自身的特性及跨境电子贸易对客户满意度产生的影响。

作为电子商务活动的重要形式，跨境电子商务模式与传统实体经济商业模式在某些方面有着明显的不同，具体表现为：首先，在传统的商业交易行为中，买卖双方是直接进行接触的，买方可以对卖方和商品有直观的感受，而在跨境电子商务的交易方式中，买方和卖方是通过一个平台来建立联系、进行交易的，如速卖通、敦煌网等，买家无法对商品进行全面的了解，只能通过文字描述和图片介绍来判断。其次，自然环境对跨境电子商务的影响较小，传统实体经济则对所在商圈的环境较依赖。最后，在交易方式和物流配送方面，跨境电子商务不像传统实体经济那样采用银货两讫的方式，通常是先付款后交货并通过物流交付产品。所以，影响跨境电子商务满意度的要素更加多元化，有些甚至是实体经济从来没有涉及的要素。

6.1.4 客户满意度测评

客户满意程度的衡量指标是客户满意度指数（customer satisfaction index，CSI），它指通过从各种物理意义的质量特性中抽取潜在变量——客户满意度，从而抓住对产品或服务的质量评价的本质，它也是衡量顾客从企业得到价值的综合体现。从哲学意义上说，客户满意度指数是人们对质量认识的飞跃，它是对传统的、具有物理意义的产品或服务的质量评价标准的突破，使得不同的产品和服务质量之间具有质量上的可比性。

客户满意度测评是指利用电话访谈辅助软件和先进的计算机辅助电话调查系统，通过测量客户对产品或服务的满意程度及决定满意程度的相关变量和行为趋向，利用数学模型进行多元化统计、分析得出客户对某一特定产品的满意程度。企业进行客户满意度测评的目的为：确定影响满意度的关键决定因素；测定当前的客户满意水平；发现提升产品或服务的机会；从客户的意见和建议中寻找消除客户不满的办法，为管理者提供建议；提升客户的满意水平。

1. 客户满意度测评的意义

在宏观上，客户满意度指数可以用来评价国民经济系统运行质量，即国民经济的运行质量不仅取决于政府、部门、企业的满意度，归根到底还要取决于全国消费者的满意度。在微观上，企业一旦建立并采用客户满意度指数模型，就可以持续地进行客户满意度指数的测评活动，滚动发布客户满意度测评结果，这些结果随时间推移可追踪企业业绩，是改进企业的经营管理反馈的情报系统。这种情报系统可以预测企业未来的发展前途，是客户未来购买行为的指示器；可以帮助企业了解行业发展的趋势和企业未来的市场竞争力，帮助企业判断其经营业绩和股票走势。

从企业层面看，客户满意度直接影响客户忠诚度并最终影响企业的利润水平和竞争能力。企业可以使用客户满意度指数评估客户忠诚度，确定进入市场的潜在障碍，预测投资回报，精确地找到市场切入点，也就是未满足的客户期望所在。

从区域和各行业角度看，运用客户满意度指数的数据可以对不同区域、不同行业的客户满意度进行对比，也可以拿各区域、各行业的客户满意度指数与全国指数进行对比；还可以将公共部门提供的服务的客户满意度指数与那些私有部门提供的服务的客户满意度指数对比。同时，因为客户满意度指数覆盖国内产品和进口产品，因此它也可以将国内制造的产品的质量和国际竞争对手的产品的质量进行对比，找出国内企业在国际竞争中的优势、劣势。

2. 各国客户满意度衡量：理论模型和方法

瑞典于 1989 年率先建立了国家层面上的客户满意度指数模型，此后，世界各发达国家如美国、德国、加拿大、日本、韩国、欧盟各国等纷纷建立了具有自身特色的国家客户满意度指数测评体系，以作为衡量经济增长质量的一个客观经济指标。我国国家范围的客户满意度指数测评体系尚未建立，但局部区域或某些行业已建立并成功运行了客户满意度测评机制，很多企业都在进行各自的客户满意度测评，但多数对客户满意度的经济价值没有进行量化分析，不理解客户满意度所包含的有关未来的许多信息。

（1）瑞典客户满意度指数（Sweden customer satisfaction barometer，SCSB）模型。瑞典的客户满意度指数模型是在美国密西根大学的福内尔（Fornell）教授等人的指导下开发的，该模型共有五个变量：客户预期、感知质量、客户满意度、客户抱怨和客户忠诚。其中，客户预期是外生变量，其他变量是内生变量。

（2）美国客户满意度指数（American customer satisfaction index，ACSI）模型。美国客户满意度指数模型的出现是基于美国经济发展的需要，也是基于美国企业发展的需要。美国客户满意度指数模型给国家和企业提供了一个从客户满意度的角度系统观测产品和服务质量的指标。这一指标的出台给美国国家十个主要国民经济部门、四十多个行业和两百多个企业及有关机构提供了关于质量方面的非常有用的信息，完善了美国经济检测的指标体系。

美国客户满意度指数模型是以瑞典客户满意度指数模型为原型建立的。在原有基础上增加了一个结构变量——感知价值。其六个结构变量中只有客户预期是外生变量，其他变量皆是内生变量。ACSI被公认为最成功的客户满意度指数模型，很多国家都借鉴其基础测量模型和方法。

（3）欧洲客户满意度指数（ECSI）模型。欧洲客户满意度指数（ECSI）模型借鉴了ACSI模型，在其基础上增加了形象作为结构变量，将感知质量分为感知硬件和软件质量两个部分，去掉了客户抱怨这个结构变量。

（4）我国客户满意度指数。目前我国没有统一的客户满意度测评模型和方法，但商务部发布了行业标准《商业服务业顾客满意度测评规范》（SB/T10409—2007）。该标准的核心内容为：商业服务业顾客满意度测评的指标体系、顾客满意度调查的方案设计、商业服务业顾客满意度测评模型与估计和顾客满意度测评分析。该标准适用于我国境内的批发和零售业、住宿和餐饮业以及居民服务和其他服务业开展的顾客满意度测评。该标准采用三级指标体系，针对八个二级指标，分别设立相应的三级测量指标共29个，如表6-1所示。

表6-1　顾客满意度测评指标体系及数学符号级指标

一级指标	二级指标	三级指标
顾客满意度指数	企业/品牌形象 X_1	企业/品牌总体形象 X_{11}、企业/品牌知名度 X_{12}、企业/品牌特征显著度 X_{13}
	顾客预期 X_2	总体质量预期 X_{21}、可靠性预期 X_{22}、个性化预期 X_{23}
	产品质量感知 X_3	总体产品质量感知 X_{31}、产品质量可靠性感知 X_{32}、产品功能适用性感知 X_{33}、产品款式感知 X_{34}
	服务质量感知 X_4	总体服务质量感知 X_{41}、有形性质量感知 X_{42}、可靠性质量感知 X_{43}、保证性质量感知 X_{44}、响应性质量感知 X_{45}、关怀性质量满意度指数 X_{46}
顾客满意度指数	价值感知 X_5	给定质量下对价格的评价 X_{51}、给定价格下对质量的评价 X_{52}、与同层次竞争对手相比下对价格的评价 X_{53}
	顾客满意 X_6	总体满意度 X_{61}、实际感受同预期服务水平相比下的满意度 X_{62}、实际感受同理想服务水平相比下的满意度 X_{63}、实际感受与同层次竞争对手相比下的满意度 X_{64}
	顾客抱怨 X_7	顾客抱怨与否 X_{71}、顾客投诉与否 X_{72}、投诉处理满意度 X_{73}
	顾客忠诚 X_8	重复接受服务的可能性 X_{81}、向他人推荐的可能性 X_{82}、价格变动忍耐性 X_{83}

我国商务部发布的《商业服务业顾客满意度测评规范》的原理与以上国家的CSI模型一致，只是在变量的设置上综合了ACSI和ECSI中的变量。例如，该规范中的自变量有五个，这与ECSI一样，不同的是，该规范将ECSI中的硬件质量感知、软件质量感知换成了产品质量感知与服务质量感知，这在本质上与欧洲模型是一致的。在结果变量中，ECSI中只有顾客忠诚这一个因变量，而我国是两个因变量：顾客抱怨与顾客忠诚。

该规范中，企业/品牌形象是外生变量，不受其余变量的影响，但对其余变量会产生一定的直接或间接影响；顾客预期仅受企业/品牌形象的影响，对质量感知、价值感知、顾客满意度有直接影响；质量感知具体分产品质量感知和服务质量感知来加以测量，对价值感知和顾客满意有直接影响；价值感知则仅对顾客满意产生直接影响。顾客满意有两个结果变量，分别为顾客抱怨和顾客忠诚，顾客抱怨进一步对顾客忠诚产生直接影响。该规范可以作为各行业进行客户满意度测评的初始模型，最终采用的模型形式可根据具体的调查数据加以调整。

6.2 跨境电子商务客户满意度的影响因素

6.2.1 跨境电子商务客户满意度影响因素的理论研究

1. 双因素模型

这是赫兹伯格的双因素理论在客户满意度上的运用，运用该理论，本书把影响客户满意度的因素分为两类不同性质的因素，一类是保健因素（卫生因素），另一类是激励因素（愉悦因素）。保健因素是客户所期望的，没有满足的话，客户就不满意；激励因素是雇员提供给客户的，提供后，客户会很愉悦和满意。这两类因素对客户满意度的影响是完全不同的。保健因素是导致客户满意度低的因素，激励因素是提高客户满意度的因素。企业没有提供保健因素，客户很不满意，提供后，客户只是没有不满意，而并不是满意。反过来，企业若提供了激励因素，客户会很满意，若没有提供激励因素，客户只是没有满意而已，而不会不满意。也就是说，无论企业在保健因素上如何出色，结果只是客户没有不满意而已，并不会因此有很高的客户满意度。而客户没有得到激励因素的满足也并不会因此对企业产生抱怨，只是有些遗憾而已，并不会导致客户的不满意。

在此利用影响客户满意度的双因素来分析行业内公司业绩的类型，如图 6-1 所示。

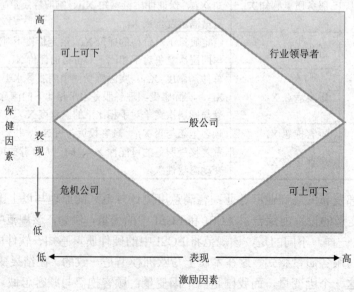

图 6-1　客户满意度坐标方格

行业或商业类型不同，客户满意度不同，图 6-1 中的四个角代表了四种完全不同的情况，具体如下。

处于左下角的情况：公司面临危机，客户的满意度低，将会流失更多的客户。尽管公司可以随便应付一阵，但是长期的前景是暗淡的，处于这种情况的公司除非进行根本的变革去接近客户，否则过不了多久就会倒闭。

处于左上角的情况：公司较前者的生存机会大一些，这样的公司能够满足客户的基本需要，但忽略了其他因素。如一家餐馆可以提供可口的食物，但是用餐环境很差，而且服务也很差。竞争的激烈程度决定了处于这种情况的公司的生存机会，若其竞争者没有获得较高的客户满意度，该类公司还有可能维持现状，但当其竞争对手的绩效更好，能够提供更好的服务时，该类公司就会在市场竞争中迅速衰败。

处于右下角的情况：公司所处的局面是很令人困惑的。公司的业绩水平在某些甚至所有愉悦度方面都是很高的，然而保健因素方面不完善，这些公司只需要在保健因素上努力得到顾客的认可，即可摆脱困境。

处于右上角的情况：公司是创新的企业领袖，处于这种情况下的企业掌握了所有客户的期望，形成并贯彻了有效的增值传运系统，这样的企业已经获得了持久的、有竞争力的优势。

实际上，大多数公司处于中间状态，无论是在保健因素上还是激励因素上，都表现平平。

2. 差距模型

Parasuraman、Zeithaml 和 Berry 三位教授（PZB）认为，服务质量体现了客户所期望的服务与商家提供的实际服务之间的差距，这一差距发生在企业内部，由企业与客户交互过程中的其他四个差距累计造成。

GAP 模型描述了这四个差距累计形成服务质量差距的过程。

此模型提出服务质量有五个差距（GAP），而这五个差距反映了服务业的服务质量无法满足顾客需求或期望的原因。如果企业要让客户对服务质量感到满意，就必须缩小这五个差距。这五个差距中，前四个差距是影响企业服务质量的主要障碍，第五个差距是由客户认知服务与期望服务所形成的，且第五个差距是前面四个差距的函数。

差距一：客户对企业产品的期望与企业对客户期望的感知存在差距。很多企业不能满足客户的需求是因为它们根本不了解客户的期望。如果企业不注重客户满意度的话，企业可能是在为它的产品寻找客户，而不是为其客户生产产品。

差距二：虽然企业知道客户的期望，但可能由于成本、企业资源等问题无法满足客户的全部期望，企业所提供的服务质量水平达不到客户的要求。

差距三：经过员工、渠道传递后，客户实际感受到的服务质量可能会差于企业原计划水平，这方面的差异体现了企业执行力的强度，著名的大企业在这方面要比小企业做得出色。

差距四：从客户的角度出发，客户购买产品或者服务后，其实际感受会与企业所宣传的有差别。例如，企业承诺七天内无条件退货，但客户购买后企业却拒绝退货，客户就会不满意。

差距五：客户事前期望的服务和感知的服务之间的差距，此差距是客户对接受服务前预期的服务水平和接受服务后认知到的服务水平之间的差距。如果事后的认知大于事前的期望，则客户对企业提供的服务质量会感到满意；如果事后的认知未达到事前的期望，则客户对企业所提供的服务质量会感到不满意，而口碑、个人需求、过往经验都会影响到客户的期望。因此得知，要达到令客户满意的服务质量，必须缩小这一差距，因为客户对服务的期望和认知的差距决定了客户对服务质量满意的程度。

此外，Parasuraman、Zeithaml 和 Berry 将第五个差距独立出来，从客户期望的服务和认知的服务的差距来衡量客户感知的服务质量并归纳出十个影响服务质量的决定因素，他们在 1988 年对五家服务公司（电器维修公司、银行、电信公司、证券经纪商、信用卡公司）做实证研究后发现，有些因素可以合并成一个新的因素，于是将影响服务质量的十个因素缩减成五个因素，即可靠性（reliability）——提供服务的及时性、承诺履行情况；反应性（responsiveness）——企业主动帮客户解决问题并提供迅速的服务；保证性（assurance）——员工用其专业知识和礼貌等唤起客户的信任和信心；移情性（empathy）——对客户关心，使客户感受到具有个人色彩的特别关注；有形性（tangibles）——设备完好率、工作人员的精神面貌、其他服务设施的完好状况。这五个因素形成衡量服务质量的量表，称为 SERVQUAL（service quality）。笔者认为，影响客户对某种产品的感知价值的因素有很多，其中客户使用产品或服务的目的，客户所掌握信息的多少，客户的消费偏好，市场供给情况及代替品的可获得性，客户购买和使用体验等为主要因素。

3. 卡诺（KANO）模型

KANO 模型是由日本的卡诺博士（Noritaki Kano）提出的，他认为产品和服务质量分为三类：当然质量、期望质量和迷人质量。

当然质量是指产品和服务应当具备的质量，对这类质量，客户不做任何表述，因为客户假定这是产品和服务所必须提供的，如电视机的清晰度、汽车的安全性等。客户认为这类质量特性的重要程度很高，如果企业在这类质量特性上的业绩很好，并不会显著增加客户的满意度；反之，即使重要程度不高，如果企业在这类质量特性上的业绩不好，则会导致客户的极度不满。当然质量和客户的满意度非线性相关。

期望质量是指客户对产品和服务有具体要求的质量特性。这类质量特性的重要程度与客户的满意度同步增长。客户对产品和服务的这种质量特性的期望以及企业在这种质量特性上的业绩都容易度量，这种质量与客户的满意度线性相关。

迷人质量是指产品和服务所具备的超越了客户期望的、使客户没有想到的质量特性，这类质量特征（即使重要程度不高）能激起客户的购买欲望并会导致客户十分满意。此类质量与当然质量一样，与客户的满意度非线性相关。

上述三种客户满意度影响因素理论从不同角度进行了定性分析。笔者认为，客户满意是客户的一种心理感受，是一个复杂的心理过程，不同的客户，其心理过程不一样，即使是同一客户，在不同的情景消费同一产品和服务，其满意度也会不同。而且根据客户满意度的定义，客户满意度是客户对产品和服务的期望与客户对产品与服务的感知效果的差距，即客户满意度是客户期望与感知效果的比较结果，客户期望属于客户心理范畴的概念，而感知效果既取决于企业提供的产品与服务实际情况，又取决于客户的感知水平（感受性），还取决于当时双方的关系、情景。

6.2.2　跨境电子商务客户满意度的具体影响因素

1. 网站（平台）特性

跨境电子商务中，客户与卖家通过网站提供的平台进行交易，客户对平台的满意度直接影响了其对跨境电子商务的整体满意度。网站（如速卖通、敦煌网等）操作过程的便利性、设计的友好性、分类检索的便利性、服务器的稳定性等都会影响客户的满意度。

1）操作过程的便利性

操作过程包括网页登录、购物导航、网站商品分类、购物车功能等诸多方面。操作过程是否便利会对客户的满意度产生影响。网上商家众多，提供的商品各异，客户要用最短的时间从海量的网站信息中找到自己需要的商品，这就要求网站的登录、导航服务和商品分类要便于客户寻找。购物车是网上商店的一种快捷购物工具，可以使客户暂时把挑选的商品放入其中，以便删除或更改购买数量或者对所挑选的相同商品进行比较和筛选并对多个商品进行一次性结款。如果操作不够便利，将会影响客户在购买过程中的体验，进而影响客户满意度。

2）网页的设计

网页的设计包括网站的风格、色彩、文本、图片、主题等元素的运用。具有友好性和创意性的网页设计能够使客户对商家产生深刻的印象和积极的评价，这些都将会影响客户对商家的态度，因而影响到客户的满意度。跨境电子商务平台网站设计的友好性、分类检索的便利性、网站服务器的稳定性等均是影响客户满意度的重要因素。

网站设计的友好性是指网站页面设计的整体风格便于客户浏览操作。

分类检索的便利性是指平台网站对所有的注册商品的分类情况。详细的分类目录可以帮助客户更加方便地找到需要的商品。

跨境电子商务客户的数量是极为庞大的，作为平台网站，有责任提供并维持优质的网站服务。网站服务器的稳定性是指当大量客户浏览时，要避免造成服务器过载，确保不影响客户的浏览和交易活动。

在电子商务活动中，网站为客户提供的信息服务也非常重要。客户会主动搜寻自己需要的商品信息，然后同卖家互动交流，获取更详细的商品信息或者直接从网站获得有关商品的信息，以此作为依据进行购买决策。同时，购物网站作为买卖双方交易的平台，有义务对网站出现的买卖双方及商品信息的质量进行监管，杜绝虚假不实的信息，保障买卖双方的利益。

2. 网店情况

1）网络信息

网络信息是网络购物过程中的重要组成部分。客户通过购物网站或商家获得有用的、准确的信息能够帮助他们做出决策并使整个购物过程更加便利。客户通过衡量获得信息的质量，对购物网站或商家的满意度做出判断。

网络购物与传统购物的不同之处就在于客户在选购商品时不能通过看或触摸真实的商

品来感知商品的质量等特性，只能通过商家提供的信息对商品有大概的了解。在选购商品的过程中，客户希望能够获得更多的关于商品的可靠信息并在此基础上做出购买与否的决策，信息描述和实际商品的一致性会被客户看得格外重要。只有描述与商品实物一致，才能满足客户的心理预期。商家不能为了吸引客户的眼球而任意夸饰自己的商品，商家所提供的产品信息的质量、完整性、可靠性影响着客户选购商品的意愿，从而影响客户的满意度。

2）交易商品

商品是客户在整个购物过程中最为关注的，因为购买商品是购物行为的最终目的。如果跨境电子商务仅仅为客户提供一种有别于传统商务模式的全新购物体验，但是商品本身没有达到客户的要求，那么这种新的商业模式是失败的。客户在进行网上购物的时候，其最终目的依旧是购买到能使自己满意的商品，而在目前网上购物使客户不满意的所有因素中，商品品质不良是最主要的一个因素，其中包括商品实物与图片、描述等不符，即卖家提供的产品的质量不过关，商品是仿冒的或者是伪劣残损品等。因此，传统商务中客户对商品的质量、价格、品种等要求在跨境电子商务中仍然起着重要作用，同样影响着客户的满意度。

在跨境电子商务中，产品质量的未知性、产品价格的差异性是影响消费者网上购物决策的主要因素。产品价格影响客户所认为的性价比，只有性价比高的商品，客户才愿意承担一些风险去购买。如果第一次购买产品后，经过质量与价格的比较，客户获得的满意度高，他们就愿意在下次继续购买。商品因素中的质量和价格是影响客户满意度的主要因素。

3．客户服务

1）售前与售后服务

售前对于客户互动需求的响应、售后商品的退换等都是网络购物前后影响客户满意度的因素。在网络购物过程中，客户通常会根据商家的信誉度来选择商家。由于信息的不对称，客户希望在购买之前能够更多地了解商品的情况，因此商家应该及时对客户的询问做出响应。如果商家向客户提供定制化服务，满足客户的特定需求，那么将会促进客户的重复购买行为。在虚拟环境中的交易，退换商品的过程比较复杂，这也是影响客户满意度的重要环节之一。

2）商家信誉

信誉良好是商家在网络购物环境中生存的重要保障。商家信誉好表示商家的行为得到了客户的普通好评，如恪守诺言、实事求是、产品货真价实、按时发货等；而商家信誉差则表示商家的行为给客户的印象较差，如欺骗、假冒伪劣、偷工减料、以次充好、故意拖欠货款等。良好的信誉是商家的一张王牌，可以使商家在市场竞争中取得事半功倍的效果。消费者在进行网络购物决策之前，往往会先考查网店的信誉度。客户往往更愿意选择在信誉比较好的网店进行消费，就如同品牌的影响一样。当客户通过网店买到中意的商品时，会大大提高客户的满意度，并且有可能促成该客户下一次的购买行为。

3）个性化服务

个性化服务是一种有针对性的一对一服务方式，它依据客户的要求，通过各种渠道收集资源并对其进行整理和分类，然后向客户提供和推荐有关信息，以满足客户的需求。具体到电子商务环境下，个性化服务是指网站为单个客户提供与其需要相匹配的产品、服务和交易的环境。网络购物最大的好处就是可以满足客户各种各样的需求，也可以让客户买到很多在实体店里买不到的商品。相对于其他的电子商务模式，跨境电子商务更能满足客户的个性化需求。众所周知，每个人的兴趣、爱好和需要是不同的，网店可以针对客户不同的需求，为其"量身定做"，从而满足其需要。同时，个性化服务也可使商家吸引并留住客户，提高客户的满意度与忠诚度。总之，网络购物推荐、产品定制、在线设计等个性化服务会提高客户的满意度水平。

4．支付方式

客户对跨境电子商务支付方式的选择也是影响客户满意度的一个非常重要的因素，它影响着客户能否方便地购买产品。网络购物通常是利用网上银行或第三方支付方式先付款后发货，因此出于财务安全的考虑，许多消费者对网上支付存有疑虑。有鉴于此，商家应该选择安全性高的交易方式并对客户的资料加以保护。

5．物流配送

物流配送是根据电子商务的特点对整个物流配送体系实行统一的信息管理和调度，按照用户订货要求在物流基地进行理货工作并将配置好的货物送交收货人的过程。电子商务中的每一笔交易都包括信息流、商流、资金流和物流。其中，信息流、商流和资金流可以通过互联网完成，只有物流必须进行实物传递。物流是电子商务必不可少的重要环节，假如没有与之配套的行之有效的物流配送，电子商务就不能实现有效运作，企业也就不能为客户提供满意的服务。如果产品配送不及时或者传递过程中商品出现损坏，客户就会感到失望；如果产品能够被及时、快速且完好无损地送到，客户就会感到满意。因此，物流配送也是影响跨境电子商务客户满意度的重要因素。

6.3　跨境电子商务客户满意度的提升方法

6.3.1　提高客户满意度的技巧

1．明确客户期望

询问客户需要什么价位、什么颜色、什么款式的产品等。

2．调整客户期望

如果客户觉得价格太贵，客户服务人员可以回复"市场上都是这个价格，我们这儿最低了，以前这件衣服比现在贵好几百呢"，以此调整客户对价格的期望值，让客户觉得接受超出其原来心理价位很多的价格已经是捡到便宜了。

3．设定客户期望

例如，虽然客户觉得颜色很重要，但没什么想法，客户服务人员可以帮客户设定期望，如"像您这样的皮肤最适合穿浅颜色的衣服了，显得年轻、精神"。

4．提高客户获得值

打折和赠送是最常用的手段，当客户感觉用 1000 元买了 1500 元的东西，捡到大便宜了，他们能不满意吗？

6.3.2　提高客户满意度需要调整的参数

1．找到权重大的关键期望指标

当客户买衣服时，客户服务人员可以关切地询问客户在哪里上班、想在什么场合穿等问题，这实际上是在获取重要信息，因为这些问题的答案基本上将决定客户对哪些指标比较看重。如果客户是白领，则显然价钱不是关键，品牌和款式可能是客户比较看重的，客户服务人员就可以给客户推荐名牌的流行款式。

2．强调关键指标的重要性

明确关键指标后，接下来自然是不断地强调关键指标的重要性，让客户觉得除了这些关键指标，别的都不重要，不应该是客户所要关心的。如果客户是白领，客户服务人员可告诉客户某个品牌多么出名，还可举例说某某国际著名公司为了出席某个重要会议，一次就买了 100 套，给每个高级主管发了一套，以显示公司形象。

3．设定关键指标

店铺可以根据数据以及市场的需求设定顾客预期值。客服人员可以通过对比的方式说出自己的产品在价格上和质量上的优点，即使比顾客一开始预期的价格高，顾客也可接受。

4．调整关键指标的权重

如果客户认为的关键指标，店里的服装并不具备，卖家则要设法去调整。例如，客户认为颜色很重要，而店里没有客户需要的颜色，客户服务人员可以说："穿衣服主要是款式，是板型，颜色倒是其次的，再说您不能老穿这种深颜色的衣服，您看您的皮肤这么白，穿浅颜色的衣服多好啊，显得更白了。"如果客户认为款式很重要，店里没有客户需要的流行款式，则可说："名牌衣服的款式都很简单，大方、得体，关键是颜色和搭配，您看……"

6.3.3　提高客户满意度的步骤

1．选择目标客户

射击前先要对准靶心才有可能打出好成绩，企业提高客户满意度时也是同样的道理，并非所有的客户都是企业要服务的对象。如菲利普·科特勒所言，"每一分收入并不都是利润"，对于那些过多地占用企业资源却不能给企业带来利润的客户，企业必须学会放弃。企业要集中资源和能力去挖掘能给自己带来回报的价值客户。细分客户的标准可以是多维的，如交易类指标、财务类指标、联络类指标和特征类指标等。企业可根据实际情况选择细分标准。细分客户后，企业应建立一个客户金字塔，将具有不同价值取向和价值分布的客户分层归类，然后勾勒出每一细分层客户的轮廓，评估每一细分层客户的吸引力和本企业对客户的吸引力，从中选定能充分利用自身资源和能力为之服务的目标客户。

2．明确客户的需求和期望

要提高客户满意首先要明确客户的需求、期望。客户的需求、期望不是一成不变的，它呈现出多元化、动态性的特点，这就要求企业必须对客户需求和期望的变化方向保持高度的警觉性，分析他们在购买产品和服务时希望获得的理想结果以及那些可以提升客户满意度进而驱动其购买行为的因素。

企业可以通过建立客户信息数据库对客户需求进行分析。客户大致可以分为价格敏感型、服务主导型和产品主导型三种类型，每一类型的客户还可以再加以细分。通过对不同客户进行研究，企业可找出影响其购买决策的关键驱动因素并确定客户的需求和价值的优先顺序。研究表明，客户购买企业的产品或服务并非仅追求功能利益，流程利益和关系利益也同样受到他们的关注。企业应能描绘出目标客户的偏好取向图，然后提供符合其价值主张的产品或服务。

3．对不满意客户的管理

1）投诉型不满意客户的管理

对于那些心存抱怨的客户，企业如果处理不当，他们很容易转向企业的竞争者并与之联盟，从而成为企业强有力的对手。客户的抱怨是一件"礼物"，企业应认真对待这份"礼物"。及时、恰当的处理手段、服务补救能力能够将客户的不满意变为满意。

第一时间处理投诉是消除客户不满的关键。服务失败后，客户的容忍限度迅速降低，等待只能加重客户不满的情绪。海尔推行的"首问负责制"使问题能够在第一时间内得到关注，先从情绪上稳住客户，然后通过客户投诉管理系统倾听客户的不满并给予迅速有效的解决方案。

2）非投诉型不满意客户的管理

更多的客户对于服务不满意时选择对企业保持沉默，但沉默并非没有怨言。促使客户沉默的原因有很多，如抱怨渠道不畅通或不了解抱怨渠道、认为企业造成的损失不值得浪费时间和精力去抱怨、计划改购其他企业的产品和服务等。企业要正视客户的不满，洞察令客户不满意的因素，倾听、安抚客户，要定期进行客户满意度调查，从中挖掘出更多的没有反馈给企业的有价值的信息。收集信息和处理信息的能力是企业推进客户满意度改善工作、维系良好客户关系的法宝。每一次调查之后，企业都要让客户知道企业自身的改进，否则下一次调查就会使客户产生不信赖感。

3）改进服务体系

服务的第一条准则就是第一次就把事情做对，因此企业应尽可能地避免服务失误。当处理客户投诉或进行客户满意度调查后，企业应回顾事件，找出本质问题究竟发生在哪一个环节，是由企业系统造成的还是由个人造成的，然后加以改进并固化，避免同类事件再次发生。

4）建立以客户满意为导向的企业文化

企业文化是企业的灵魂，对企业内部具有导向、凝聚和规范作用。企业要想把以客户满意为导向的理念根植于员工的思想中并在行为中体现出来，必须先要将这种理念融入企业文化中。企业文化是一种柔性管理，它虽然无形，却具有极强的约束力，它向全体员工提供了一套共有的观念、信仰、价值观和行为准则以及由此导致的行为模式。企业文化同时也是个价值平台，在这个平台上，员工可以找到支持他们全心全意为客户服务的理由，从而激发员工的工作积极性和潜在能力。

5）建立以客户为导向的组织结构及流程

以客户满意为导向的企业文化是"软件"保证，它构筑了员工的价值观和行为模式。但仅有软件支撑是不够的，企业还必须具有合理的组织结构、畅通的业务流程以确保客户满意导向的目标得以实现。企业在设计组织结构和业务流程时必须从客户的角度出发，一切以能给客户增加价值为准则。对组织结构和业务流程中不利于增加客户价值的环节，企业必须进行持续改进，以确保企业具有卓越的执行力。

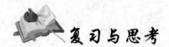复习与思考

1. 客户满意度的特征是什么？
2. 跨境电子商务中，客户满意度的具体影响因素是什么？
3. 提高客户服务满意度的技巧是什么？
4. 提高客户满意度的步骤是什么？

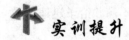实训提升

实训项目：提高顾客满意度

【实训目标】

1. 加强团队合作，发挥每一个团队成员的能力，学习小组讨论、分析解决问题的方法。
2. 培养团队成员自主学习和独立思考的能力。

【实训内容】

假如你在 eBay 英国站开了一家手工饰品店铺，现需要了解如何提高客户满意度，请针对提高客户满意度的技巧写一份报告。

【实训步骤】

1. 教师带领学生学习相关知识，按照三人一组进行教学分组，每个小组设组长一名，负责确认每个团队成员的任务。

2. 根据教师教授的内容，整理跨境电子商务客户满意度的相关知识。

3. 上网或者去图书馆查询关于跨境电子商务客户满意度的课外知识。

4. 每个小组派一个组员根据自己的报告上台演讲，教师和其他小组成员对其演讲进行评价、讨论。

第7章 跨境电子商务客户忠诚度管理

知识导图

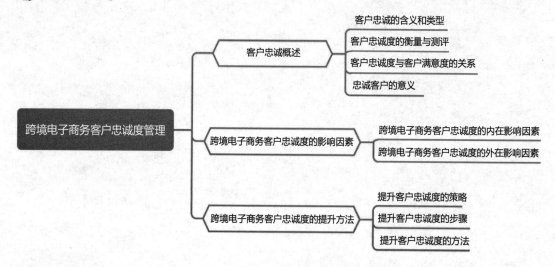

知识目标

- ❑ 了解客户忠诚的含义。
- ❑ 掌握客户忠诚度与客户满意度的关系。
- ❑ 了解忠诚客户的意义。

重点及难点

重点

- ❑ 客户忠诚度与客户满意度的关系。
- ❑ 跨境电子商务客户忠诚度的内在影响因素。
- ❑ 客户忠诚的类型。

难点

- ❑ 掌握跨境电子商务客户忠诚度的外在影响因素。
- ❑ 掌握提升客户忠诚度的步骤。
- ❑ 掌握提升客户忠诚度的方法。

引例

Flipkart 较劲亚马逊 Prime 推出新客户忠诚度计划

据印度媒体报道，印度最大的电子商务公司 Flipkart 将于 8 月 15 日推出新的客户忠诚计划——Flipkart Plus 来挑战亚马逊 Prime 会员计划。Flipkart Plus 是一项免费的会员计划，Plus 会员每次在 Flipkart 购买商品都会获得相应的积分或 Flipkart 硬币。

"客户在我们的平台上每完成一次购买，会获得相应的积分。"Flipkart 广告营销主管和 Flipkart Plus 负责人 Shoumyan Biswas 表示，"你买的东西越多，得到的积分也就越多。"

Flipkart Plus 会员除了在 Flipkart 上购物会获得好处，在 Hotstar（印度在线视频平台）、Zomato（食品订购发现平台）、MakeMyTrip（旅行网站）和 Café Coffee Day（咖啡馆）等平台消费也将获得折扣、免费送货等优惠。例如，某客户攒到了足够的 Flipkart 硬币可以兑换免费订阅一年的 Hotstar 会员。Flipkart 还表示将继续增加更多的互联网品牌合作伙伴，为会员们提供更多福利。

此前，Flipkart 曾试图推出客户忠诚计划，但以失败告终，这是该公司的第二次尝试。

Biswas 在一次采访中表示："这次的客户忠诚计划与此前不同，我们吸取了之前的教训并做出了改变。我们不仅在平台内为买家提供好处，平台之外也有，而且去掉了收费会员费这一环节。"

Flipkart Plus 旨在提高客户忠诚度，增加现有客户在其平台的支出，同时也是 Flipkart 对抗亚马逊 Prime 会员计划的最新举措。

Prime 会员计划已经成为亚马逊与 Flipkart 竞争的一大优势。亚马逊 Prime 会员在印度富人中尤其受欢迎，而他们正是印度电子商务市场的主力消费群体。

数据显示，印度站 Prime 会员为该站贡献了 30%的订单量，而 Flipkart 实施客户忠诚计划就是为了减弱 Prime 会员在印度城市地区日益增长的主导地位。如果 Flipkart Plus 能够流行起来，它将帮助 Flipkart 在印度电子商务市场赶超亚马逊。

资料来源：http://www.100ec.cn/detail--6463261.html，略有改动。

7.1 客户忠诚概述

7.1.1 客户忠诚的含义和类型

1. 客户忠诚的含义

客户忠诚是指客户偏爱企业的产品和服务并有持续性购买行为，它是客户满意程度的直接体现。客户的满意度与其态度相关联，争取客户满意的目的是尝试改变客户对产品或服务的态度。客户忠诚度所体现出来的则是购买行为，是有目的性的、经过思考而决定的购买行为。

跨境电子商务中，客户忠诚是指客户对某一跨境电子商务店铺或某一品牌的产品或服务表现出一种依赖及认可并且重复购买该品牌或店铺的产品，甚至对同一品牌的系列产品或服务也进行重复购买的一种行为方式。这种行为方式是客户在长期购买店铺产品、享受品牌服务的过程中所表现出来的思想方面与情感方面的信任与忠诚，客户忠诚能体现客户对店铺或品牌的综合评价，并不会受同类产品或品牌的竞争性营销影响。

2. 客户忠诚的类型

客户忠诚于某一企业不是因为企业的促销或营销项目，而是因为他们得到的价值。影响价值的因素有很多，如产品质量、销售支持和便利性等。不同的企业所具有的客户忠诚差别很大，不同行业的客户忠诚也各不相同。那些能为客户提供高水平服务的企业往往拥有较高的客户忠诚度。客户忠诚可以划分为以下几种不同的类型。

1）垄断忠诚

垄断忠诚指客户别无选择时的顺从态度。例如，因为政府规定某产品或服务只能有一个供应商，客户就只能有一种选择。这些客户通常是低依恋、高重复的购买者，因为他们没有其他的选择。

2）惰性忠诚

惰性忠诚指客户由于惰性而不愿意去寻找其他的供应商。这些客户是低依恋、高重复的购买者，他们对企业并不满意。如果其他的企业能够让他们得到更多的实惠，这些客户便很容易被人挖走。拥有惰性忠诚客户的企业应该通过产品和服务的差异化来改变客户对企业的印象。

3）潜在忠诚

潜在忠诚的客户是低依恋、低重复的购买者。这些客户希望不断地购买产品和服务，但是企业的一些内部规定或是其他的环境因素限制了他们。

4）方便忠诚

方便忠诚的客户是低依恋、高重复的购买者。例如，某个客户重复购买是由于地理位置比较方便，这就是方便忠诚。方便忠诚类似于惰性忠诚，同样地，方便忠诚的客户也很容易被竞争对手挖走。

5）价格忠诚

对于价格敏感的客户会忠诚于提供最低价格的零售商。这种低依恋、低重复购买的客户是不能发展成为忠诚客户的。例如，现在市场上有很多的一元店、二元店、十元店等小超市就是从低价格出发做好自己的生意的，但是重复光顾它们的人并不是很多。

6）激励忠诚

激励忠诚指企业通常会为经常光顾的客户提供一些忠诚奖励。与惰性忠诚相似，激励忠诚客户也是低依恋、高重复的购买者。当企业有奖励活动的时候，这类客户都会来此购买；当活动结束时，客户就会转向其他有奖励的或是有更多奖励的企业。

7）超值忠诚

超值忠诚即典型的感情或品牌忠诚。超值忠诚的客户是高依恋、高重复的购买者，这种忠诚客户对很多企业来说都是最有价值的。这类客户对那些使其从中受益的产品和服务情有独钟，不仅乐此不疲地宣传它们的好处，而且还热心地向他人推荐。

7.1.2　客户忠诚度的衡量与测评

1．客户重复购买次数

在一定时期内，客户对某一品牌产品或服务的购买次数越多，则说明其对这一品牌的忠诚度越高，反之就越低。应该注意的是，在确定这一指标的合理界限时，必须根据不同的产品或服务加以区别对待，如购买汽车的次数与购买饮品的次数是没有可比性的。

2．客户选购时间的长短

消费者选购商品时，通常要经过仔细的比较和挑选。由于信赖程度有差别，对不同品牌的商品，消费者做出购买决策的时间长短也是不同的。一般来说，做出购买决策的时间短，说明消费者对某一品牌商品偏爱，对这一品牌的忠诚度较高；反之，则说明其对这一品牌的忠诚度较低。在运用这一标准衡量客户忠诚度时，必须剔除产品性能、质量等方面的差异而产生的影响。

3．客户对价格的敏感程度

价格因素通常是影响消费者消费的最敏感的因素，不同消费者对商品价格的敏感程度有一定差异。对于喜爱和信赖的商品，消费者对其价格变动的承受能力强，即敏感程度低；而对于不喜爱的商品，消费者对其价格变动的承受能力弱，即敏感度高，由此即可衡量消费者对某一品牌的忠诚度。运用这一标准时，要注意消费者对于产品的必需程度、产品供求状况及市场竞争程度三个因素的影响，在实际运用中，要排除它们的干扰。

4．客户对竞争产品的态度

人们对某一品牌态度的变化大多是通过与该品牌竞争者相比较而产生的。根据消费者对竞争者产品的态度可以判断其对其他品牌的忠诚度。如果消费者对某一品牌的竞争者的产品兴趣浓、好感强，就说明其对该品牌的忠诚度低；如果消费者对其他品牌的产品没有好感、兴趣不大，就说明其对该品牌的忠诚度高。

5．客户对产品质量问题的承受能力

每个品牌的产品都可能出现瑕疵，如果消费者对某一品牌的忠诚度高，则对该品牌偶尔出现的产品质量问题会以宽容和同情的态度对待并相信品牌会很快加以妥善处理。相反，若消费者对某一品牌的忠诚度低，则对其产品出现质量问题的承受能力低，甚至会传播负面消息。

衡量客户忠诚度的指标体系相当复杂，除以上标准，诸如客户重复购买的长期性、情感、推荐潜在客户等因素也相当重要。因此，在实际操作中，企业可以根据行业的不同对以上指标设定不同的加权，设计出一个标准的指数体系，然后比较测评结果，就可以得出哪些客户的品牌忠诚度高并分析出哪些因素可以提高客户的品牌忠诚度。对于不同品牌之间的忠诚度比较，则可以集合一组品牌分别比较上面的指标，然后根据权重得出各个品牌

的忠诚度排序。

7.1.3 客户忠诚度与客户满意度的关系

客户忠诚是指客户再次购买相同企业产品或服务的行为。调查表明，如果一个网站不能吸引人，那么75%的客户不会访问第二次。亚马逊的客户中65%是回头客，这就是它成功的主要原因之一。客户对企业是否满意，会不会再次光临，客户心中有自己的评判标准，那就是企业的产品和服务能否最大化地满足客户需求。客户的忠诚度有赖于满意度的提高，更取决于客户对企业的信任度。这种忠诚度可以带来重复的购买、推荐和价值的增加。

1．客户满意是态度，客户忠诚是行为

忠诚度的基础在于持续的客户满意，满意是一种情感上的联系，而不是一种行为。忠诚的客户来源于满意的客户，但满意的客户并不一定是忠诚的客户。有些企业的客户满意度提高了，但销售并未明显增加。客户的忠诚度有赖于满意度的提高，更取决于客户对企业的信任度。从这层意义上说，建立并加强客户对企业的信任度更为重要。

2．忠诚比满意更有价值

在新的竞争环境下，企业越来越重视与客户建立更有价值的关系，客户关系管理（customer relationship management，CRM）也越来越受到众商家的追捧，成为企业重新建立竞争优势的一件法宝。所谓客户关系管理，是指企业通过富有意义的交流沟通，理解并影响客户行为，最终获得更多的客户，保留更好的客户，创造更大的客户价值，保持客户的永久忠诚，为企业带来更丰厚的利润和持续的竞争优势。

很多时候，企业将客户满意与客户忠诚混淆使用，没有深刻理解二者内涵的差异，使得企业的客户关系管理步入了误区。我们面临的现实情况是，在竞争日趋激烈、客户导向的市场环境中，越来越多的公司追逐客户满意度的提升，但是效果不尽如人意。企业只是追求客户满意度提升往往并不能解决最终的问题，因为很多时候，企业的客户满意度提高了并不意味着企业的利润就立即获得了提高。这中间的关键就是企业没有使客户对企业的满意上升到忠诚。满意的客户不一定能保证始终会对企业忠诚，产生重复购买的行为。

3．忠诚是满意的提升

客户满意不等于客户忠诚。客户满意是一种心理的满足，是客户在消费后所表露出的态度；客户忠诚是从客户满意概念中引申出的概念，是一种持续交易的行为，可以为企业带来稳定的利润。对于企业来说，客户的忠诚才是最重要的，满意并不是客户关系管理的根本目的。正如《客户满意一钱不值，客户忠诚至尊无价》中所言，"客户满意一钱不值，因为满意的客户仍然购买其他企业的产品。对交易过程的每个环节都十分满意的客户也会因为一个更好的价格变换供应商，而有时尽管客户对你的产品和服务不是绝对满意，你却能一直锁定这个客户"。

忠诚的客户是企业的无形资产，不仅可以使企业获得稳定的客户群体，而且通过忠诚客户的购买示范与促销宣传，企业会拥有一个更广阔的生存空间。目前，越来越多的企业

认识到客户忠诚的重要性，希望通过提高客户满意度达到提升客户忠诚度的目的。

7.1.4　忠诚客户的意义

1. 货币意义

1）增加收入

（1）重复购买。忠诚客户往往会重复购买，重复购买的客户对产品熟悉、满意，重复购买时的购买量往往更大，这样就增加了企业的收入。

（2）增加钱包份额。企业不仅可从忠诚客户的重复购买中增加营业收入，而且还会从忠诚客户的关联消费中增加关联销售收入。当客户对某一企业或者品牌感到亲切或者和企业有着良好的关系时，他们不仅总是选择这个企业，而且还会在开销中给予此企业更大的比例，这一现象被称为钱包份额效应。如在保险业，很多人第一次买保险时主要根据价格来做决定，而保险企业也主要通过价格吸引他们，然后用其他理由让他们留下来。当客户的收入增加，添置了大件商品或购买了价值更大的资产时，其额外的保险需求就会随之增长，客户通常会选择同一家保险企业。随着客户的成熟，他们对自己的需求得到满足会有信心，因而会把自己的消费对象锁定在一家企业。

（3）对价格的敏感度低。根据经济学原理，在影响利润的其他因素不变的情况下，价格越高，单位产品和服务收入越高，而利润也越高。忠诚的客户是因为获得了高水准的服务和体验而与企业合作的，他们不会等到产品甩卖的时候才去购买，也不会在有折扣时囤积产品。他们更关心其他方面的价值，常常全额购买产品和服务，从而增加了企业的收入，提高了企业的盈利能力。因为，在真正客户关系存在的情况下，决定客户满意度的因素中，产品和服务收取的价格可能是最不重要的，忠诚的客户对产品和服务的价格并不敏感。

2）降低成本

忠诚客户能从如下几个方面节约企业的成本。

（1）节约获取新客户的成本。吸引客户的成本是巨大的，在许多企业和组织中，广告、促销、折扣、检查信用记录和处理申请等是与吸引新客户相关的一次性成本。如果客户与企业的业务往来时间很短或者只进行一次交易，企业就无法收回这些成本，而且必须再次支出新的成本吸引新的客户。开发一个新客户的成本包括显性成本，如广告、促销费用、每次销售访问的费用、销售人员的管理费用（包括工资、佣金、津贴和其他开支）；隐性成本，如经理亲自制定销售策略的时间成本、请潜在客户吃饭的成本等。

（2）节约服务成本。员工不熟悉新的客户，就需要花费时间成本去了解新的客户，同时由于新的客户不了解企业的产品和服务，就需要企业提供更多的服务，从而增加企业的服务成本。而忠诚客户的信息已经被收录到数据库中了，员工很了解他们，熟悉他们的需求，甚至还可以预测他们的需求，企业就更容易为他们提供服务，以至于与他们的交易可以形成惯例。另外，忠诚客户熟悉企业的各种产品和服务，他们不必过多地依靠企业员工来了解情况、获得咨询，这样就节约了企业为客户服务的成本。

（3）节约失误成本。与企业不熟悉的客户对失误非常敏感，甚至可能故意去寻找产品和服务的缺陷。企业为修复由于未满足这些客户的愿望和需求而产生的失误会增加成本。

而对于忠诚客户，一方面，企业熟悉其需求甚至能预测其需求，产生失误的可能性较小。另一方面，即使有失误，真正忠诚的客户更愿意在合理的范围内再给企业一次机会或者忽略掉一些失误，企业从而可以节约因失误支出的成本。

（4）节约营销成本。与专注于吸引新的客户群体的营销相比，针对忠诚客户群体的营销的效率更高。因为企业了解忠诚客户及其需求，营销活动可做到有的放矢且忠诚客户更善于做出反应，从而可提高企业的营销效率，进而能节约企业的营销成本。

2. 非货币意义

忠诚客户的货币价值是显性的、巨大的，如水面上的冰山一角。其无形的非货币价值是隐性的，如同沉在水下的冰山，价值更大，具体体现在以下几个方面。

1）口碑效应

已经与企业建立了真正客户关系的忠诚客户带给企业的不仅仅是直接的货币收益，在一些情况下，他们也可成为企业免费的广告资源，他们会进行正面的口头宣传，会对其朋友或家人推荐企业的产品和服务，是企业"业余"的营销人员，是企业的无价资产。同时，这种广告宣传比起企业出资进行的宣传更可信，更易被人接受。尤其是超值忠诚客户或传播者，他们对企业的产品和服务不仅"情有独钟"，而且会乐此不疲地宣传它们的好处，热心地向他人推荐该产品和服务，是最有经济价值的客户。

2）形象效应

客户从购买到满意，再从满意到向自己的亲朋好友传播，最后到对企业超值忠诚，其中的每一个过程都会给企业带来利润。客户忠诚带给企业的不仅仅是短期经济效益的提高，还会提高企业在客户心目中的形象，即企业的信誉，从而有利于企业推出新产品和服务。

3）综合效应

客户忠诚具有两重性，它既是防守战略，又是进攻战略。作为防守战略，高客户忠诚度企业使其他企业需要花费更大成本才能获得其现有客户。作为进攻战略，高客户忠诚度企业可以提高其产品和服务在市场上的形象，促使现有和潜在客户口头传播对企业有利的信息并使得企业的广告更有说服力，更有成效，从而更容易吸引竞争对手的现有顾客。总之，高客户忠诚度可以提高企业的综合竞争力。

7.2 跨境电子商务客户忠诚度的影响因素

7.2.1 跨境电子商务客户忠诚度的内在影响因素

1. 客户满意度

客户满意程度越高，则该客户的购买次数越多，对公司及其品牌越忠诚。大量的有关客户满意度和客户忠诚度的研究表明：无论行业竞争情况如何，客户忠诚度都会随着客户满意度的提高而提高。如若不满意，大多数客户会默默离去，不给公司任何留住他们的机会。所以说，客户满意度是影响客户忠诚度的最重要的因素之一。

2．客户价值

企业和客户间的关系终究是一种各自追求利益与满足的价值交换关系，客户忠诚的是企业提供的优异价值，而不是特定的某家企业或某个产品。企业让渡给客户的价值多少决定了客户忠诚度的高低，许多相关研究在一定程度上支持这一结论，如 Blackwell 等人在其提出的价值—忠诚度模型中就认为，感知价值对客户的再次购买意愿起决定性作用，情境因素在直接影响客户忠诚度的同时，还通过作用于客户感知价值的构成而间接地影响客户忠诚。

3．客户个人特征

客户个人特征也是影响客户忠诚度的重要因素，如客户的经济条件及文化背景对客户忠诚度的影响很大。经济条件是客户忠诚的基础，从总体情况来看，高收入人群对自己认可的品牌的忠诚度高，低收入人群对自己认可的品牌的忠诚度低。因为一旦竞争品牌提供优惠或折扣，低收入人群则很容易转换品牌，而高收入人群相对来说对价格不太敏感。

7.2.2　跨境电子商务客户忠诚度的外在影响因素

1．与客户之间的情感纽带

加拿大营销学教授杰姆·巴诺斯通过调查研究指出，客户关系与人际关系有着一样的基本特征，包括信任、信赖、社区感、共同目标、尊重、依赖等内涵。客户关系的本质是建立客户与企业之间的情感联系，企业只有真正站在客户的角度，与客户建立超越经济关系的情感关系，才能赢得客户的心，获得客户的忠诚。

鉴于当前客户在进行购买决策时的情感化倾向越来越明显，情感对客户忠诚度的影响也应引起企业的重视。许多客户对某个店铺出售的产品或运营的品牌拥有较高忠诚度，他们要么是极度喜爱这个店铺，对其产品有好感；要么是对这个店铺比较认同，有一定程度上的情感依赖。在此基础上，客户与客服之间，客户与品牌管理者之间，甚至客户与客户之间都有情感纽带维系着。企业可以给客户提供的利益，竞争对手或许也能做到，甚至可能提供更多的优惠，但是如果企业与客户之间有了情感联系，他们就不会轻易离开。而对某品牌与服务有高度认同感与忠诚度的客户在品牌受到负面信息攻击时，甚至会站出来为品牌正名。

因此，客户忠诚的实现离不开情感纽带的维系，企业应超越理性的看法，与客户建立情感与亲密感，进而获取客户信任。

2．信任

信任往往与上文提到的情感纽带相互关联。在交易过程中，一方对另一方有信心并且愿意去依赖另一方的时候，双方就产生了信任。信任感可以说是构成客户忠诚的核心因素，因为信任，客户对店铺产生依赖；因为信任，客户愿意进行长期的重复购买行为。

信任在跨境电子商务购物过程中的重要性应引起高度重视。对于通过跨境电子商务网络平台进行购物的买家来说，交易风险是他们最为担忧的一点。而网购的虚拟性使得交易双方不能同传统贸易那般进行面对面的沟通，客户只能通过交易平台上的信息对店铺的诚信进行判断。客户为了避免和减少跨境网购履约过程中的风险，总是倾向于从自己信任的店铺购买产品与服务。因此，构建信任机制对于建立客户忠诚来说意义重大。只追求眼前利益，不顾及客户感受的卖家必将失去客户的信任，得不到客户的满意与忠诚。

3. 转换成本

在商品交易过程中，既有货币成本，也有转换成本。转换成本是指跨境电子商务客户在有需求时从一个店铺更换到另一个店铺需要增加的成本及付出的代价的总和。它主要分为这样几类：第一类是客户在时间和精力上的投入，包括学习成本、时间成本和精力成本等；第二类主要是经济上的支出，主要包括利益损失成本和金钱损失成本等；第三类则是情感上的转换成本，包括个人关系损失成本及品牌关系损失成本。

例如，客户在对某一类产品有购买需求时要重新寻找一家新店铺进行消费，那么对比各店铺产品优劣花费的时间和精力就是转换成本。再如，对于一些使用起来比较复杂的产品，客户更换店铺后可能要花时间和精力去学习一套新的使用方法，那么他们同样会重新审视自己更换店铺及产品的行为是否有必要。

网络的虚拟性及多样性使客户在转换店铺的过程中难免受到更多的影响，客户心理上呈现的不确定性也增加了心理与情感方面的转换成本。当客户发现他从一个店铺转向另一个店铺购买时会耗费大量的时间、精力、金钱、情感，他将重新衡量转换店铺的必要性。

综上，转换成本是影响客户忠诚度的重要因素之一，对此，卖家可以结合跨境电子商务平台购物的实际特点，贴近客户成本要求来加大客户忠诚的培养力度。但必须明确的一点是，如果店铺卖家仅仅依靠提高转换成本以维系客户的"忠诚"，却忽视了对自身产品品质的提高及服务的完善，则客户的"忠诚"必有耗尽之时。

4. 替代选择性

替代选择性是指客户在做购买决策时选择竞争对手的产品的可行性。客户在线下实体店购物时，如果考虑更换供应商，需要花费更多的时间与精力寻找可替代产品，而网络工具的普及使得这一成本得以大幅度下降。跨境电子商务平台上卖家云集，所有产品的信息都是透明的，境外客户可以通过各大跨境贸易平台去搜索与挖掘各类产品的相关信息，如产品的价格、细节图、性能、品质、口碑等。客户可以将现有产品与可替代产品进行对比，以确定是否要更换店铺购买。也就是说，转换成本中的货币成本及时间成本大幅度降低增加了产品的替代选择性。

低价、做工简单及缺乏设计感的产品的替代选择性非常高，而替代选择性越高的产品，其客户忠诚越难维系。这时，客户满意会成为客户忠诚的前提，信任及情感纽带的维系会对客户忠诚起到较大的决定作用。

5. 产品经验

当前的跨境电子商务客户群体以中青年居多，他们在购买产品的过程中更注重产品经验，更愿意去尝试新的产品或新的店铺提供的多样性的产品及服务。在这种背景下，如果客户积累的产品经验较多，那么购物时会更有自主性及倾向性，对产品也会带着合理预期，较容易培养为忠诚客户。如果客户积累的产品经验较少，那么他会较为依赖与客服沟通、浏览页面产品描述和参考以往客户的评价等方式去收集、了解产品的信息并在这些信息基础上对产品和服务进行比较分析，进而衍生出购买的预期。在此预期基础上，若客户对店铺产品比较满意，则会考虑继续购买相关产品；如果不满意，除了更换店铺或品牌，还有可能会在产品评价页面甚至网络社交平台上宣泄自己的不满，给企业带来负面影响。

6. 联系紧密程度

跨境电子商务卖家与客户之间其实是一种合作关系，即以客户需要的产品价值为企业换取利润。那么企业与客户之间是否有清晰的互利意识、彼此是否保持紧密的合作联系都会影响客户的忠诚度。如果一个企业的产品或服务具有显著的独特性与不可替代性，能让客户有强烈的归属感并且意识到自己被这个企业重视与尊重，那么他们对企业的依赖程度也会较高，客户忠诚度也较高。反之，若企业对客户常常是不闻不问，任其"自生自灭"，只关注客户是否及时付款，那么客户也将无声无息地流失。

7. 企业内部因素

跨境电子商务企业对客户的忠诚及员工对企业的忠诚是两个极易被忽略的影响客户忠诚度的因素。如前文所言，跨境电子商务企业应明白交易行为是互利的，那么忠诚也应该是双向的。企业不能单方面要求客户对其品牌或产品保持忠诚，却忽视了自身对客户也应有足够的忠诚。

企业对客户的忠诚度高，就会一切以客户为中心，以客户为先，全心全意地为客户着想，生产经营方面的任何决策也都会有一个明确的指导方向——向市场提供让目标客户满意的产品或服务，如此必将收获客户的忠诚。反之，若企业没有稳定的客户目标，运营店铺时太过贪心，大品类里什么热销就想卖什么，东一枪西一炮，主要精力不是放在为客户提升产品和服务品质上，自然就难以提升客户忠诚度。

同时，员工对企业的满意度和忠诚度也会在一定程度上影响客户的满意度和忠诚度。跨境电子商务中，客户关系的维系基本由客服人员完成。只有客服人员对企业是忠诚的，对自身待遇是满意的，他们才有可能以饱满的精神状态和热情的工作态度为客户提供令其满意的产品和服务。

7.3　跨境电子商务客户忠诚度的提升方法

7.3.1　提升客户忠诚度的策略

1. 创建品牌认同感

那些成功的公司及在行业中生存了数十年甚至上百年的公司均在塑造品牌认同感方面

投入了巨大的时间和精力。

要想建立品牌认同感，企业就必须先识别出自己的长处和目标市场并且要知道如何切入市场，同时要以有竞争力的价格去提供高质量的产品及服务，然后在这个基础上通过广告样品赠送、战略结盟等方式来扩大品牌传播范围。

2. 从客户反馈中了解需求

企业如果不知道客户的确切需求就无法去满足他们。许多公司的一大通病往往是过于以自我为中心，而没有花时间去了解客户真正的想法，虽然投入了大量的资源，结果却产出了错误的产品或服务。

3. 为客户提供多元化的反馈渠道

在产品和服务售出后，企业如果不主动询问客户的意见，相信大部分客户都不会主动述说，相反地，他们会因为失望和不满而默默地离去并向亲朋好友抱怨负面体验。因此，企业要保持客户反馈渠道的多元化与畅通，采用传统（如电话回访）与非传统（如网站反馈表、邮件调查等）相结合的方式，指派专人每日检查消息并确保在 24 小时内做出必要的回应。

4. 重视客户的抱怨，及时采取行动

在收集了客户反馈信息后，切勿将其束之高阁。一来这是浪费企业的时间与精力；二来会造成客户的挫折感，从而使客户对企业失去信任。

不管企业所收集到的反馈是正面的还是负面的，都应当积极应对。如果有客户进行抱怨，要提高重视，反思以下几个问题。

（1）为什么客户会有这种感觉？

（2）我们做过什么、说过什么才会让客户有这种印象？

（3）客户的反馈是否合理？原因是什么？

（4）我们是否从其他客户那里听到过类似的事情？

（5）应该采取哪些必要措施来防止类似的事情在其他客户身上再次发生？

企业要定期（周期越短越好）评估所收集的客户反馈信息，从中捕捉已发生的问题和潜在问题，及时采取行动加以修正，否则，客户就会因失望而不愿意继续提供反馈。

提高客户忠诚度的关键在于将心比心，企业只有致力于不断满足或者超前满足客户需求，企业的名字才会常驻于客户心中。

7.3.2 提升客户忠诚度的步骤

1. 真正了解企业的客户

对企业的客户进行分析，了解他们为企业所创造的营业收入与利润；分析这些营业收入从何而来，然后加以划分；找出哪些产品及服务是销售的主导力量并找出为企业创造最多利润的客户。以上这些分析是开展后续工作的基础。

2．自我校验

公司现在的战略与行为是否对创造最多利润的客户有利？是专注于单一市场还是多个市场？对这些市场是短期关注还是长期投入？竞争对手在这些市场中的表现如何？公司是否具有竞争力或机会？在了解了客户和竞争环境以后，就可以进行第三步。

3．了解客户对产品或服务的体验

可以直接从客户身上获取反馈，了解他们对公司的产品或服务的体验以及他们心目中的"忠诚因素"是什么，分析怎样才能与竞争对手拉开差距。也可以借助调研公司的力量来获取这些信息，一方面，这能为公司节省大量的时间；另一方面，客户也比较愿意向第三方透露更多真实感受。

4．提供新的客户体验并保持下去

一旦了解了哪些客户能为公司带来最多利润，哪些因素能让他们变为忠诚客户之后，就可以着手为他们建立差异化的客户体验。识别出需要并且能够改变的流程，确保新的体验能被持续、重复地提供。向公司中所有与销售接触点有关的员工提供信息和工具，让他们切实了解如何在日常工作中保持提供这类体验。

5．与客户进行沟通

与客户进行沟通，让他们了解企业进行了哪些变革，提供了哪些新的体验。根据客户预期来建立品牌承诺，然后将这一承诺贯彻到具体的日常工作中并加以保持。守株待兔的的方法已经过时，客户忠诚需要企业主动去赢取。

7.3.3　提升客户忠诚度的方法

1．努力实现客户满意

客户满意与客户忠诚之间有着千丝万缕的联系，客户满意是形成客户忠诚的基础，是维系老客户的最好方法，因此努力令客户满意是实现客户忠诚的重要途径之一。因第 6 章已详细介绍过客户满意度提升策略，这里仅做简单的概述。

客户满意源于客户在购买前或购买时对产品或服务的一种预期评估与收货后产品为其带来的实际收益之间的对比。如果客户的预期太高，一旦企业销售的产品或服务的感知价值没有达到客户期望，就会引起客户不满。但如果客户预期太低，则可能根本不会选择购买企业的产品或服务。因此，跨境电子商务卖家应通过努力在业内树立良好的印象与口碑，进而使客户对企业抱有良好的期望，然后再根据自身实力和产品实际情况进行恰如其分的承诺，以免因为承诺太高抬高了客户期望。例如，出售硅胶手机壳的卖家应介绍其产品能较好地保护手机不因硬物摩擦导致损伤，而不应过度强调防水、防摔、防撞功能，这可以在一定程度上降低客户的预期。

除了引导客户的预期，企业还应提高客户的感知价值。只要让客户的感知价值超越了客户预期，那么客户满意必然能实现。提高客户的感知价值可以从两个方面来考虑：一方面是增加客户的总体感知价值，包括产品价值、服务价值、人员价值、形象价值等；另一方面是降低客户的总成本，包括货币成本、时间成本、精神成本、体力成本等。例如，部分速卖通平台上销售礼服的店铺提供的量身定制服务很好地提升了其产品价值。售前、售中、售后服务也是提升客户感知价值的重要环节。跨境电子商务卖家在售前应清晰并充分地向客户提供上架产品的价格、规格、性能、效用、使用方法等信息；在售中应及时并准确地回应客户的咨询；在售后应重视客户的反馈信息，及时答复客户的疑问，处理客户的意见，积极处理客户纠纷。

2. 增加客户信任，增强情感维系

1）增加客户信任

在跨境电子商务平台上进行交易的买卖双方无法见面，他们都是在虚拟空间完成交易行为的，这使得客户的购买行为存在较大的风险，因此客户往往会更倾向于选择在自己信任的店铺进行购买。累积的客户满意形成客户信任，长期的客户信任形成客户忠诚。对于跨境电子商务卖家来说，应更为重视客户信任因素，以获得客户的永久忠诚。随着网购环境的整顿，跨境电子商务卖家的经营也越来越规范，买家整体综合素质也渐趋提高。越来越多的买家在选择店铺时不再一味地看重低廉的价格，他们更重视交易的安全性，包括产品质量、交易过程中个人信息及支付方式的安全性。卖家需要做的就是让客户对其产生信任感，进而放心地下单购物。

增加客户信任的方法有如下几种：第一，应树立"以客户为中心"的理念，了解客户需求，为客户提供可以满足其需求的产品或服务；第二，确保客户在跨境电子商务平台购物时的支付安全及个人隐私安全，杜绝交易欺诈，尊重客户隐私；第三，在店铺首页、产品相关页面，有条件的也可以在企业官网上凸显企业资质与品牌形象；第四，应保证自身在平台上发布的产品介绍、发货时间及客服联系方式等真实、准确、有效；第五，应如实告知客户在使用产品时可能遇到的风险，有针对性地提供保证或承诺，以减少他们的顾虑，如对一些由微小零配件组成的物品注明"远离儿童"等；第六，如期履行发货承诺并及时跟踪物流信息；第七，如果客户收到产品发现了瑕疵或质量问题，应积极沟通，及时采取补救措施；第八，妥善、认真地处理客户投诉，一个差评带来的负面影响可能会抹杀前期的所有努力；第九，网购客户更重视企业或品牌的口碑，所以卖家要重视客户评价，尤其要关注社交平台上客户群体的管理，以打造值得信赖的舆论环境。

2）增强情感维系

当与客户之间产生交易关系后，企业还应努力寻找交易之外的关联，如与客户进行情感交流与投资，通过巩固和强化与客户之间的关系提高客户转换购买的精神成本。

卖家应根据客户分级积极地与客户进行定期或不定期的沟通，了解他们的想法与意见。对于关键客户，可以邀请他们加入新品开发、设计、试用等决策中，让他们享受到与众不同的待遇。如果条件允许，可通过重要客户留下的一些信息在一些重要的节假日以恰当的方式予以问候。恰到好处的联系可使客服人员和部分客户成为朋友，通过互相关注Facebook，互加 LINE 或微信等，在日常也可为客户送上一些问候，解决客户在产品使用上的一些困惑等。例如，购买护肤品的老客户抱怨自己在网上找不到合适的面膜纸时，客服可以为其提供选购建议，也可以直接寄送一小盒试用品。推荐的可以是自家经营的产品，也可以是别家品牌的产品。细微处的贴心关怀能让客户感觉到特殊的关心，进而心存感激并回报以忠诚。

同时，及时恰当地处理好客户的异议能更好地维系卖家与买家之间的情感纽带。因为分处两个国家的买卖双方能够基于网络建立互相信任的关系非常艰难，客户在购买商品及使用商品的过程中难免会因为感知价值与预期不符而有所抱怨。许多卖家会等客户投诉或留下差评时才着手解决纠纷，其实这是非常不明智的。卖家应在客户有异议的最初就耐心、细心地对异议进行解答与处理并虚心接受客户的意见，承认自身工作的不足，提出妥善的解决方案。有担当的企业更容易得到客户的宽容与谅解，进而实现客户忠诚度的提升。

3．增加客户的转换成本

要增加客户的转换成本，首先应了解竞争对手会从时间、金钱和情感中的哪些部分入手来吸引客户，然后再通过提高客户转换成本中的一种或几种来增加客户转换店铺的难度和成本。卖家可以先通过宣传产品和服务区别于市面上其他同类产品的优势来让客户认识到转换成本的存在，让他们意识到更换品牌或企业后，自身会损失原先获得的专有服务或产品利益或者面临新的投入与负担，如此就可以加强客户的忠诚感。但切忌一味地提高转换成本，若增加了客户离开的成本却没有提供让客户满意的产品和服务，反而会引起客户的不满，从而损害客户忠诚。

提高转换成本的途径非常多，如航空公司提供的里程奖励、各大银行采用的信用卡积分奖励等。再如，销售电子产品的卖家可以提供有效的服务支持，包括免费教学、指导机器保养方法、提供维修服务及原厂配件低价购买服务等。另外，卖家可以根据客户的需求提供人性化、定制化的产品，让客户加入产品的设计中，使其收到的产品拥有个性化和差异化优势并与客户建立一对一的服务关系，从而提高客户的情感转换成本。

4．提高产品的不可替代性

个性化的产品及服务是客户关系发展到一定程度时客户的必然要求。亚马逊、eBay、Etsy 等跨境电子商务平台上有越来越多的卖家精耕细作一个品类产品，步入个性化服务阶段。跨境电子商务卖家若能够为客户提供独特的、不可替代的产品或服务，包括个性化的产品外观、个性化的售后服务、个性化的技术支持、个性化的专属定制方案等，就可以将自己和竞争对手区分开来，发展出不可替代的优势，提高客户的依赖程度，实现客户忠诚度的提升。

许多电子商务平台发现了客户的个性化需求，既而推出了个性化的推荐服务，即根据客户的浏览习惯、购买记录等行为特征，将一些符合其消费习惯及品位的商品推荐给客户。

无论是产品还是服务，客户都是为了解决某种需求而购买的，除了产品本身的使用功能，客户可能还希望得到综合性服务。例如，销售女装的卖家可以通过了解客户穿戴的场合、对服装的需求等来为其做出个性化的穿搭建议，从而给予客户专有的体验与尊贵的享受，而不是仅仅向客户推荐合适的尺码。

5．通过社交网站建立网络客户社区

在传统客户关系管理中，企业会通过"会员卡"的方式管理客户群体，使企业与客户之间的关系更加正式、稳固，让客户产生归属感，感受到企业的重视。这有利于企业与客户之间建立交易关系之外的情感关系，实现客户忠诚度的提升。有效的客户组织管理可以让客户与企业之间基于交易的契约关系从短期变成长期，可以更好地帮助企业维护现有客户，培养忠诚客户，建立一个基本的忠诚客户群体。

面对跨境电子商务贸易的客户，企业进行客户组织管理较为可行的一个方法就是建立网络社区。同时，跨境电子商务卖家还应运用软件或相关程序建立客户资料数据库，把客户相关信息录入数据库，研究、分析客户的产品需求、购买动因、回购缘由，以便优化产品服务、调整营销方案。卖家也可以为客户组建一个可以相互沟通交流的网络社交平台，如在 Facebook 上建立小组、在微信里建群等。在这些网络社区里，客户可以相互交流购买产品的体验，企业则可以在里面与客户进行有效交流，发布店铺促销活动消息、新产品信息，了解客户需求、客户对产品的评价和意见等，还可及时对客户在群组里提出的问题和建议予以反馈，让客户感受到卖家的重视与关怀。同时，这也让忠诚客户有了分享产品的平台，来自以往客户的评价总是比来自卖家的推广用语更能获得新客户的信任。例如，销售我国特色文化礼品的卖家在群组里发布高品质新产品的同时可以分享与产品设计相关的传统故事，如中国结、荷包、团扇等，以增加产品的文化附加值。但需要注意的是，不要在群组里发布大量的营销广告，应尊重客户的隐私，营造良好的网络社区交流环境，避免高质量粉丝因此离开群组。

6．培养员工忠诚度

对于跨境电子商务平台店铺来说，客服人员是与客户直接接触的一个群体，因此需要培养忠诚的员工来为客户提供令其满意的产品和服务。首先，在招聘环节就应选择德才兼备、业务能力娴熟或有培养潜力、团队协作能力强的员工；其次，要在培训环节让员工树立"客户至上"的理念，在后期的工作中做到想客户所想、应客户所需；再次，要有良好的规章制度规范客服工作，如合理排班、客户资源分组管理等；最重要的是，应对员工有最基本的尊重，将其视为团队伙伴而不是下属，要理解员工的个人困难，寻找合理、有效的方案减少客服工作难度，为其提供较好的工作平台，为其规划个人职业前景，再辅以有效的激励措施，从而激发员工的工作热情及工作潜力。只有客服人员对企业的满意度及忠诚度提升了，他们的服务才能促进客户满意度和忠诚度的提升。

复习与思考

1．客户忠诚的类型有哪些？
2．客户忠诚度与客户满意度的关系是什么？
3．跨境电子商务中，客户忠诚度的外在影响因素是什么？
4．提升客户忠诚度的策略是什么？

5．提升客户忠诚度的方法是什么？

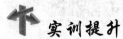 实训提升

实训项目：提升客户忠诚度的方法

【实训目标】

1．加强团队合作，发挥每一个团队成员的能力，学习小组讨论、分析解决问题的方法。

2．培养学生自主学习和独立思考的能力。

【实训内容】

假如你在 eBay 英国站开了一家手工饰品店铺，需要提高客户忠诚度来提高店铺的销售量，请就如何提升客户忠诚度写一篇报告。

【实训步骤】

1．教师带领学生学习相关知识，按照三人一组进行教学分组，每个小组设组长一名，负责确认每个团队成员的任务。

2．根据教师教授的内容，整理客户忠诚度的相关知识。

3．上网或者去图书馆查询关于跨境电子商务客户忠诚度的课外知识。

4．每个小组派一个组员根据自己的报告上台演讲，教师和其他小组成员对其演讲进行评价、讨论。

第 8 章　跨境电子商务客户流失与挽回

 **知识导图**

 **知识目标**

- ☐ 了解跨境电子商务客户流失的概念。
- ☐ 掌握跨境电子商务客户流失的分类。
- ☐ 了解跨境电子商务客户流失的原因。

 **重点及难点**

重点

- ☐ 跨境电子商务客户流失的分类。
- ☐ 跨境电子商务客户关系的维护管理。

难点

- ☐ 掌握跨境电子商务客户流失的原因
- ☐ 掌握跨境电子商务客户挽回策略。

 **引例**

SaaS 公司减少客户流失的 7 个秘诀

任何 SaaS（softuare as a service，软件即服务）公司都会面临客户流失，如何降低客户流失率已经成为与提升付费用户转化率同等重要的工作。客户流失就意味着收入流失。在 SaaS 领域，常用流失率来计算一定时间内停止付费的用户比率。已经有很多文章说明了如何降低流失率，如要打造伟大的产品、提供极为一流的客户服务等，这些当然是必不可少的，在了解了基本的常识之后，本文介绍了 7 点高级技巧，可帮助 SaaS 公司获得最为忠实的客户。

1. 提高用户参与度

留住客户从来不是一件简单的事情。在 SaaS 领域，客户参与发生在客户从 SaaS 服务中得到了真正价值的时候。Apptegic 将客户参与度定义为客户的时间和精力与产品相重合的那部分内容。Lincoln Murphy 的定义更宽泛：参与度就是客户意识到从 SaaS 产品中得到了价值。如果你每个月花 90 美金订购家庭有线电视服务，但实际上家里没有人看电视，那么你肯定会在次月把这个服务取消掉。同样的道理，如果客户不参与到软件服务中去，不去使用他们购买的产品，那么他们很快就会离开。

Totango 曾经调查了超过 100 万的客户，退订的最大原因是有一段时间不再使用，活跃度降低。

如何防止这种情况发生？首先，应该评估用户使用产品的频率、深入程度等。一旦发现有些数据出现问题，应立刻着手处理，与客户展开直接的沟通，了解到底是什么原因让客户与产品逐渐疏远。

每一家 SaaS 公司追踪客户的参与度的方法都不同。关于参与度，一个很简单的衡量指标是登录频次。如果一个客户三个星期都没有登录一次，这就意味着产品对他来说用处并不是很大。在分析客户流失率及与用户参与度时，登录频次是一个非常值得参考的指标。

通过自动邮件、电话等方式跟客户展开沟通是了解问题的最直接的方式，其实质就是获取客户的时间及注意力，最终的目的是改进产品。

2. 永远在销售

作为一家 SaaS 初创公司，应该抓住一切机会，随时随地进行销售。这么做的原因是保证用户继续使用产品和服务。如何做到随时随地进行销售？包括以下几方面内容。

（1）打造无与伦比的客户服务。尽管 SaaS 是软件即服务，但事实上，客户服务的重要性不亚于软件部分。

（2）提供快速的部署配置服务。绝大多数的 SaaS 产品的销售周期是非常短的，在设计软件时应注意到这一点。

（3）规模化发展。当客户不断成长的同时，软件产品也应随之不断成长，不要等到用户有了新的需求，想要更多功能的时候才想下一步该怎么做，应让产品功能与客户的业务同步发展。要让客户不断地选择升级的产品和服务，持续优化，提升产品的关键功能。

最能体现时时刻刻销售的行为是提升销售（upsells），提升销售是向考虑购买的客户推荐较高价格的产品或者服务。SaaS 永远可以在原有的产品和服务的基础上提供更多、更好的解决方案，让客户提升预算。数据显示，目前发展得最快的 SaaS 公司都是依靠提升销售来提升发展速度的。

3. 提升产品功能是关键

随着 SaaS 产品不断成熟，企业会发现有些功能比其他功能更重要，要以这些核心功能为基础，不断地改善、优化产品。

如果能在产品功能上精益求精，客户自然没有理由取消服务再花费时间、精力寻找其他产品，这就是创业者所说的黏性。高用户黏性的产品往往会每天都出现在客户的工作流程中。他们不但经常使用，甚至达到了依赖的程度，如此客户流失率也就自然而然地下降了。

4. 提升客户体验

很多 SaaS 公司认为客户是冲着软件来的，其实客户体验也是必不可少的部分。SaaS 的含义当中有很大一部分是关于服务，服务就是体验，包括了软件的交互界面、功能、速度、特性、成本、购买流程、重复流程设计、响应性、客户服务以及其他任何跟 SaaS 使用有关的方面。若这个体验中的任何一个环节出了差错，都可能导致客户离开。

5. 提供免费升级、打折等各种随机的福利

心理学中有一种现象叫作预期之外的回报，即就算是最小的回报也会给人极大的满足，这就是惊喜。研究人员发现，侍者如果给了客人一些小礼物，那么收到的小费要比平时多 23%以上。一次卓越的客户服务往往能让客户感到惊喜，客户甚至愿意自发地帮你宣传。如何提供惊喜？以下是几项参考内容：免费的功能、额外的存储空间、免费使用一个月、年费打折。

6. 做到完全透明

很多客户都会对 SaaS 公司怀有疑虑，原因是普通的客户往往会认为软件本身确实是有研发成本的，但是看不到产品推向市场过程中出现的营销成本，再加上双方合作协议中那些晦涩难懂的术语行话以及使用 SaaS 服务后还有可能出现被黑客侵入的风险，此时可以通过全面彻底的透明化来打消用户的疑虑。例如，当产品处于维护等停机状况及时通知用户；在定价及协议条款上出现了任何的变动，尽可能提前通知用户；告诉客户他们的钱都花到哪里去了；对于前来咨询的客户，耐心地回答所有问题；如果客户想要中止服务，尽可能地简化这个过程。

如果商业流程的各个环节都能做到最大程度的透明，就能与客户建立信任关系，一旦有了这种关系，客户就不会离开。

7. 优化客户留存（不仅仅关注付费用户转化率）

对客户留存进行优化就是通过各种指标，如用户测试、客户调研及其他以客户为核心的数据来进行产品设计及营销模式的优化提升，而不只是传统的 A/B 测试。

客户留存率的提升工作并非指向于产品，而是为了更加了解客户。能够获得新用户固然好，但是那些已经付费购买的用户才是企业应更加重视的人群。他们是企业营销网络上不断扩散产品影响力的一个个节点，只有他们稳定存在，才能让企业的产品现金流持续延长。

客户留存率会随着时间增长带给公司巨大的价值累积。SaaS-Capital 公司给出这样一个案例：两家 SaaS 公司只是通过软件订购方式来实现营收，两家公司所有的指标都一样，唯一不同的是客户留存率。第一家公司的客户留存率是 95%，第二家公司只有 80%。5 年之后，两家公司的估值相差 1500 万美金。在这个过程中，那家拥有 95%客户留存率的公司的收入也在逐年递增，每月收入达 2.4 万美金，由此可见留存率会对公司收入产生巨大的影响。

成功的 SaaS 公司打造的远远不只是一款优秀的产品，而是品牌，一种能够带来足够信任的品牌，只有这个原因才能让客户留下。

资料来源：http://www.100ec.cn/detail--6345306.html，略有改动。

8.1　跨境电子商务客户流失

8.1.1　跨境电子商务客户流失的概念与特点

1. 跨境电子商务客户流失的概念

客户流失即 lost customer，字面含义为失去的客户。具体来说，客户流失就是客户为企业带来的价值减少的状态，它不仅包括客户与企业完全中断业务关系，而且还包括客户逐步减少对企业产品或服务的消费或者减少购买数量，转而消费企业竞争对手所提供的产品及服务。所以，只要一个客户为企业带来的价值处于减少状态，就可以认定该客户处于正在流失状态。客户流失可以是与企业发生一次交易的新客户的流失，也可以是与企业长期交易的老客户的流失，还可以是中间客户（代理商、经销商、批发商和零售商）的流失，甚至是最终客户流失。老客户的流失率通常小于新客户，中间客户的流失率小于最终客户的流失率。

跨境电子商务客户流失即跨境电子商务客户因某些原因而离开当前为其提供产品或服务的跨境电子商务企业，它是一种非契约关系情景下的客户流失。

2. 跨境电子商务客户流失的特点

跨境电子商务客户流失的主要特点如下。

（1）企业与跨境电子商务客户之间的关系建立标志是客户的首次购买行为，此后该客户的购买行为则很难进行判定。在非契约关系下，企业很难判定客户是继续选择同一购物网站还是转向别的购物网站。因此，企业与客户的关系即便发生了终止也很难被企业提前观察或意识到。

（2）由于跨境电子商务跨越了地域和时间限制，因此客户的购物选择面更广，客户的稳定性较差，流失率较高。因为客户在满意或不满意的情况下都可能会自发地终止与企业的关系，把购买的目光转移到其他相关企业上。对于客户来说，相比于实体店购物，通过跨境电子商务渠道购物的购买成本更低，购买选择更多，转向其他商家几乎没有转换成本，这使得跨境电子商务客户流失率偏高。

8.1.2　跨境电子商务客户流失的分类

1. 按流失的最终结果分类

从流失的最终结果来看，跨境电子商务客户流失可分为完全流失和部分流失。完全流失是指由于某些原因，客户不再到某店铺购买商品或服务，改到其他店铺进行消费，即在一段时间内交易次数为零，这种流失也叫作零次消费流失或显性流失。部分流失主要是指客户在购买某企业产品和服务的同时也购买其竞争对手的产品和服务，从而在原购买企业根据产品的周期规定的某个时间段内，客户的交易次数相对减少，消费额逐渐降低，客户的价值由高变为低。简而言之，部分流失就是客户在数量上逐步减少购买企业的产品或服务或者购买行为从高价值产品或服务逐渐转向低价值产品或服务，购买金额逐步减少。

2．按流失的原因分类

按客户流失原因，跨境电子商务客户流失可分为自然消亡类客户流失、需求变化类客户流失、趋利流失类客户流失和失望流失类客户流失。

（1）自然消亡类客户流失。例如，客户因破产、身故、移民或迁徙等无法再使用企业的产品或服务或者客户目前所处的地理位置位于企业产品和服务的覆盖范围之外。

（2）需求变化类客户流失。这是指客户自身的需求发生了变化，导致其对原先购买的产品与服务不再需要。需求变化类客户的大量出现往往伴随着科技进步和社会习俗的变化。

（3）趋利流失类客户流失。这是指受到竞争对手的营销活动诱惑，客户终止与某店铺的客户关系，而转变为其竞争对手的客户。

（4）失望流失类客户流失。这是指因对某跨境电子商务企业的产品或服务不满意，客户终止与该企业的关系。客户因失望而流失的具体原因可能是多方面的。例如，跨境电子商务企业的产品或服务的价格偏高、客户感到企业产品的主要性能不足、企业的服务不足（如不回答客户问题、随意回答客户问题、回答客户问题时与客户争执、把产品或服务缺陷的责任归于客户错误操作等）以及未能处理好投诉（处理得不及时或不恰当）、消极的服务接触（客户服务人员不能尽力满足客户需求）、伦理道德问题（客户认为跨境电子商务企业有违法违规、越权等问题）等，这些都有可能造成客户失望，从而不再到跨境电子商务企业消费。

3．按客户流失时间分类

根据客户流失的时间长短，跨境电子商务客户流失可分为缓慢流失型客户和突然流失型客户。

一般来说，缓慢流失型客户流失前是有一定征兆的，如购买频率降低、购买量减少、购买产品的单位价值降低、对店铺的抱怨增多等，而企业一般对客户的这种相对缓慢的改变缺乏敏感性，往往忽略了客户心理上的变化，最后导致客户做出行动上的"背叛"。跨境电子商务企业应该实时关注客户的行为，定期对客户的各项数据进行统计分析，以便及时地发现问题，随时修正客户服务方案。而突然流失型客户流失前是没有任何信号提示的，是由于某些突发事件所引发的客户流失。

4．按客户流失的主动性分类

根据客户流失的主动性，跨境电子商务客户流失可分为主动流失客户和被动流失客户。

（1）主动流失客户，是指客户主动地不再选择某跨境电子商务企业进行交易，而是选择了其他店铺的产品和服务。主动流失主要是由于客户自身的原因，如生活习惯和方式发生了变化。例如，客户以前喜欢吃辣的，现在由于胃病不能吃辣的食品，所以就不再购买此类食品。客户主动流失也有可能是因为客户对某卖家的产品或服务不是很满意。主动流失客户又可细分为如下几种。

①　价格流失型。价格流失型主要是指客户转向提供价格低廉的产品和服务的店铺，此时赢回流失客户的途径就是提供比竞争对手价格更低的产品或服务。

②　产品流失型。产品流失型是指客户转向提供高质量产品的店铺或者发现原购买店铺提供的产品是假冒伪劣产品，因而离开原店铺。逆转这种流失的可能性相比价格流失要小得多，因为价格原因流失的客户可以再"买"回来，但是如果客户认为竞争对手的产品的质量更好，把他们争取过来的最好方法是提高产品质量，这样做的成本可能会相对较高。

③　服务流失型。服务流失型是指客户由于卖家的服务态度恶劣而离开。其中，服务人员的素质和态度起着非常重要的作用。服务人员的失误主要源于服务人员的态度，如对客户漠不关心、不礼貌，反应滞后或缺乏专业的知识和经验技能。另外，售后服务人员对客户的抱怨和投诉没有进行及时的处理也会导致客户流失。

④　技术流失型。技术流失型是指客户转而接受其他行业的公司提供的新产品或服务。

⑤　便利流失型。便利流失型是指客户因现有产品或服务购买不便而流失。这里的不便包括客户等待服务或收到货的时间太长、等待预约的时间太长等。

（2）被动流失客户，是指由于跨境电子商务企业未能有效地监控到那些具有流失风险的客户并且没有适时采取措施而造成的客户流失或者由于客户本身的原因被跨境电子商务企业排除在交易范围外，这样的客户流失就是被动客户流失。后者一般是由于客户的信用度不佳或客户故意诈骗等原因导致的。

5.　按时间角度分类

从时间角度而言，跨境电子商务客户流失可分为永久性流失和暂时性流失。永久性流失是指客户终止了与企业的合作关系；暂时性流失是指客户在某一段时间内没有购买行为，但是过了段时间又再次购买企业的产品或服务了。对于永久性流失客户，企业无能为力，这是企业的永久性损失。对于那些暂时性流失客户，企业可以通过一定的策略将其挽回。

8.1.3　跨境电子商务客户流失的判断指标与原因

1.　客户流失的相关理论基础

1）客户数量效应

客户数量效应即客户流失情况对企业客户存量的影响。假设有两家公司，一家公司的客户流失率是每年 5%，而另一家公司的客户流失率是每年 10%，即前者的客户保持率为95%，后者为 90%，两家公司每年的新客户增长率均是 10%，那么第一家公司的客户存量每年将净增 5%，而第二家公司则为零增长。这样持续几年后，前者的客户存量将显著增加，而后者的客户存量却没有实质性增长。

2）客户保持时间效应

客户保持时间效应主要表现在两方面：一方面是老客户为公司贡献更多的利润，另一方面是公司保持老客户的成本要比获取新客户的成本低得多。

美国市场营销学会客户满意手册的统计数据表明，吸引一个新客户所耗费的成本大概相当于保持一个现有客户的 5 倍，减少客户流失就意味着用更少的成本减少利润的流失。

在成熟期的产品市场中，要开拓新客户很不容易。客户的忠诚度是一个企业能够生存、发展的最重要的资产之一。大多数情况下，企业从每位客户那里赚取的利润与客户停留的时间成正比。随着客户保持年限的延长，投资回报率会呈现规律性增长。在大多数行业里，长期客户对企业的贡献随时间的延长而增加。因为高度满意的客户随着时间的增加会购买更多的产品或服务并愿意为物有所值的产品或服务付出额外的费用。

同时，拥有忠诚度的客户在已经建立信赖感的前提下的交易行为会为双方节省大量的时间、精力、人力，也会因客户对产品的熟悉而使企业可以花费较少的成本来服务客户，降低了企业的服务成本。而且忠诚的客户也会对企业进行正面宣传，以便他人参考，他们也会把企业推荐给其他潜在客户，进而替企业创造新的交易，从而间接地为企业创造更多的收入和利润。而当面临卖方合理的价格调整时，长期客户对价格的敏感度较低，不会因一点小利而离开。企业一旦无法留住客户，不仅会失去原有客户带来的收益，并且需要花费更多的成本去寻求新的客户以取代原有客户，因此将因客户的转换行为而造成企业运营成本增加。拥有长久且比较忠诚的客户对企业的运营与收益较为有益。

2．判断客户流失的指标

1）客户流失率

（1）客户流失率的概念。客户流失率衡量的是在指定时间段内店铺失去客户的比率，是客户的流失数量与消费产品或服务的全部客户的数量的比值。它是客户流失的定量表述，是判断客户流失的主要指标，直接反映了企业经营与管理的现状。

企业可以通过客户最近一次消费距离当前的时间来判断客户是否流失，因此要分析客户流失就需要知道每个客户最后一次消费的时间。一般在公司的客户管理系统数据库中会有相应的客户购买信息，所以建议在储存客户基础信息的同时记录客户的最近一次购买时间，这样就能准确地计算客户最近一次购买距离当前的间隔时间，进而判断该客户是否流失。在获取数据时要区别产品或服务的购买周期问题。同时，需要注意的是，客户的流失可能并不是永久的，也许客户在一段时间内对店铺确实没有任何需求，那么他会离开店铺一段比较长的时间，流失客户有可能会因为店铺的某次营销或产品质量的改善而重新回来。

在确定了客户是否流失之后，就需要弄清楚流失客户的数量。店铺总流失客户数的计算比较简单，若超过产品或服务的一个购买周期没有再次购买产品或服务即认定客户已经流失，那么总流失客户数就是所有"当前时间点–客户最近一次购买的时间点＞一个购买周期"的客户数量。但是单纯地分析总流失客户数量是没有意义的，因为在大部分情况下，这个数值是一直递增的，因此，企业需要计算总流失客户数占总客户数的比例（客户流失率）以及新增流失客户数并观察它们的变化趋势，从而分析客户流失情况。

（2）客户流失率的计算。客户流失率有绝对客户流失率和相对客户流失率之分，绝对客户流失率衡量的是客户流失的数量趋势，而相对客户流失率考虑了流失客户对公司销售额的贡献程度，更能够反映流失客户对公司的影响，因而客户流失率有两种计算方法。

$$绝对客户流失率 = \frac{流失的客户数量}{全部客户数量} \times 100\%$$

$$相对客户流失率 = \frac{流失的客户数量}{全部客户数量} \times 流失客户的相对购买额 \times 100\%$$

其中

$$流失客户的相对购买额 = \frac{流失客户的平均购买额}{全部客户的平均购买额}$$

2) 客户保持率

客户保持率是客户保持的定量表述。客户保持是指企业维持已建立的客户关系，使客户不断地重复购买产品或服务的过程。客户保持率也是判断客户流失的重要指标，与客户流失率完全相反，客户保持率高，则客户流失率低。它反映了客户忠诚的程度，也是企业经营与管理业绩的重要体现。计算公式为

$$客户保持率 = \frac{客户保持数}{消费人数} \times 100\%$$

3) 客户推荐率

客户推荐率是指客户消费产品或服务后介绍他人消费的比例。需要注意的是，客户流失率与客户推荐率成反比。跨境电子商务企业可以通过市场预测统计部门获得的市场指标来评估客户流失情况，如市场占有率、市场增长率、市场规模等，客户流失率通常与上述指标成反比。跨境电子商务企业还可以通过营业部门和财务部门获得的销售收入、净利润、投资收益率等收入利润指标来评估客户流失情况，也可借助行业协会所开展的各类诸如排名、达标、评比等活动或权威部门和人士所发布的统计资料判定企业的竞争力指标，从而评估客户流失情况。

3. 跨境电子商务客户流失的原因

客户流失对于每一个企业来说都不可避免。跨境电子商务在线客户的新特点使得在线客户流失的原因也变得多种多样。分析客户流失的原因有利于企业采取相应策略来降低有价值客户的流失率，真正地提高成本收益比。通常，导致跨境电子商务客户流失的因素有：① 企业自身原因（产品质量、服务质量不佳，员工流失，市场营销手段不当，如产品定位或定价不合理及企业缺乏创新等）；② 竞争对手的争夺；③ 客户因素（被竞争对手吸引、需求发生变化、恶意离开及客观原因）；④ 服务细节疏忽导致客户对产品或服务不满意；⑤ 系统智能化、网页技术、网页设计与布局不够吸引客户；⑥ 售后服务不当（物流配送、售后服务方面及退货政策等）；⑦ 企业管理不善及诚信问题；⑧ 市场波动等。

仔细观察上述影响客户流失的因素就会发现，除了市场竞争及客户主观原因，其他导致客户流失的因素主要都归结于企业自身，是可以控制的。因此，跨境电子商务企业可以通过找出客户流失的原因，分析企业自身存在的问题并加以改进来减少客户流失情况的出现。

导致跨境电子商务客户流失的原因如下。

1) 内部原因

（1）员工跳槽。在跨境电子商务企业平时的业务往来中，由营销人员直接与客户联系，如果跨境电子商务企业缺乏对客户信息和客户关系的规范管理，就会造成客户只认销售人

员不认企业的现象。一旦销售人员跳槽到竞争对手企业,客户就很容易在销售人员的鼓动下被带到竞争对手那里,从而导致客户的流失,与此同时导致竞争对手的实力增强。

(2)服务差使客户不满意。员工是企业的名片,每个员工的言行都直接或间接地影响着客户的思维和情感,从而对客户的购买行为产生推动或阻碍作用。跨境电子商务企业在日常的工作中通常以销售人员为核心开展工作,其他部门提供服务和支持。如果企业各部门间缺乏必要的沟通机制,员工在工作中没有"营销的观念",认为自己的工作与销售无关,不会影响到公司的经营业绩,那么员工的服务意识就会很薄弱,从而让客户在购物过程中产生不满情绪,不再继续到店铺消费。例如,员工较为傲慢,对客户提出的问题不能及时解决,客户咨询无人理睬,投诉没人处理;服务人员的工作效率低下;没有及时发货;销售过程中售前态度和售后态度相差很大,成功地收到付款后就停止任何服务等都会直接导致客户不满意,进而导致客户不会再次购买企业的产品或服务。当客户对企业服务质量感到不满且问题得不到解决的时候,就会转向竞争对手。这部分客户对企业造成的负面影响很大,而且使这些客户回归的可能性很小,挽回这些客户需要投入大量的精力和物力。

(3)诚信问题。一旦客户认为企业有诚信问题,往往会选择离开,不再光顾。

有些跨境电子商务企业为了笼络客户会夸大宣传和承诺,将客户的期望抬得过高,但往往由于超出企业的能力范围而无法兑现承诺,使客户更加失望。例如,有时候为了使自己的产品看起来比较吸引人,卖家会在处理图片时或多或少地添加一些产品本身没有的效果,这样会提高客户对商品的期望值。然而,一旦收到的实物与图片差别很大,客户就会非常失望。此时,卖家要积极、主动地向买家解释并提供原图。如果只是因为小部分修图处理造成的色差,合理的解释还是能赢得客户信任的。其实,卖家在上传产品图片时可以展示多角度的细节图,尽量让买家对产品有真实、全面的视觉印象,不然会给客户留下不诚信的印象,使其不再光顾店铺。但如果企业将客户期望定得太低,则无法对客户产生足够的吸引力。因此,跨境电子商务企业一定要尊崇如下两个基本原则。

第一,做到才能说到,说到一定做到。首先要了解企业的能力与客户的需求,然后实事求是地给出承诺。

第二,一旦做出承诺,就一定要确保承诺得到履行,通过加强对执行环节的监控等手段为客户提供符合或超出承诺的服务。客户可能对产品和服务的多个属性都有一定的期望,如产品质量、服务反应速度、价格稳定性、服务人员素质等,这些属性对客户而言不可能是同等重要的,企业只要在客户认为非常重要的属性上表现优异,就能够抓住客户的心,长期地留住客户。例如,戴尔公司发现客户在网上购买计算机时特别在意处理的速度与准确性、价格优惠程度、产品服务质量和网站界面友好程度等属性,便根据自身的能力,集中精力在处理速度、产品质量和售后服务这三个方面进行改善,由此深得目标客户的喜爱。

(4)质量不稳定。企业产品质量不稳定会导致客户利益受损,从而流失客户。

(5)企业缺乏对员工的培训。某些跨境电子商务企业没有系统的员工培训计划,很多时候都是进行最简单的岗前培训或者让老员工带新员工,导致员工不能完整、全面地获得相关的知识和技能,对企业文化的了解不深,缺乏对物流市场或竞争对手的了解,员工工作技能的提高基本依赖个人的学习和积累。如果没有针对性的知识或服务技能培训,销售或客户服务人员在遇到突发事件时将不知如何处理，接到客户投诉时也会束手无策，经常听之任之甚至置之不理，这很容易造成客户流失。同时，缺乏对员工的系统培训会使员工失去对企业的归属感，极大地影响员工的积极性，也会影响客户继续与公司合作的态度，造成客户流失。

（6）缺乏创新。如果跨境电子商务企业缺乏创新性，客户就可能"移情别恋"。任何产品都有自己的生命周期，随着市场的成熟及产品价格透明度的提高，产品带给客户的利益空间越来越小。在 B2B、B2C 的商业关系中，若跨境电子商务企业不能及时进行创新，当竞争对手推出功能更多和质量更高的产品和服务时，客户就会转移。

（7）价格。产品的价格往往是客户最为关注的因素。同样的商品，大部分人都会选择价格相对低的店铺进行消费。

（8）客户关系。如果企业不注意维持和客户的关系，不注重对客户关系的有效管理，势必会加速客户的流失。因此，企业应对客户关系管理给予充分的重视，认真分析客户流失的原因并着手改善和解决。

（9）企业自身业务衰退或倒闭。任何企业在发展中都会遭受震荡，企业的波动期往往是客户流失的高频段位。如企业出现暂时的资金紧张，造成市场出现波动，这时候"嗅觉"灵敏的客户也许就会选择其他企业。

2）外部原因

（1）竞争对手夺走客户。任何一个行业的客户都是有限的，优质的客户更是弥足珍贵。而任何一个品牌或产品肯定都有软肋，竞争对手往往一有机会就会乘虚而入，抢夺客户。同时，为了能够迅速在市场上获得有利地位，竞争对手往往会不惜代价，采取优惠、特价、折扣等措施来吸引客户，将原先属于其他企业的客户挖走。

（2）客户忠诚度低。客户忠诚是实现客户不断重复购买行为的保证，客户忠诚度低也是跨境电子商务企业容易流失客户的一个原因。通常，忠诚的客户不容易流失。对于比较忠诚的客户，企业要加以重视，不能因为管理或服务不到位而失去这些客户。忠诚客户对价格不敏感，愿意为企业的优质产品和服务支付较高的费用，愿意为企业做有利的口头宣传。他们一般不易受到企业竞争对手的影响，较少花费时间和精力收集其他企业的信息，不会因其他企业的促销活动而改购其他企业的产品和服务。例如，忠诚度高的客户在预订酒店客房时很少询问房价，相比于忠诚度低的用户，他们更愿意使用企业的其他服务（洗衣等）。

8.2 跨境电子商务客户挽回

8.2.1 跨境电子商务客户关系的维护管理

1. 客户关怀管理

1）客户关怀的含义

客户关怀就是通过对客户行为的深入了解，主动把握客户的需要，通过持续的、差异化的服务手段，为客户提供合适的产品或服务，最终实现客户满意度与忠诚度的提高。

为了提高客户满意度和忠诚度，企业必须完整地掌握客户的信息，准确地把握客户的需求，快速响应个性化需求，为客户提供便捷的购买渠道、良好的售后服务与经常性的客户关怀。

2）客户关怀的特点

客户关怀的主要特点是针对性、体贴性、精细化，这其中有多个关键点需要把握。

（1）通过客户的行为了解客户的需求。客户的需求不是仅靠简单地询问客户就可以得到的，企业必须在日常工作中注意观察客户的行为，主动了解客户，识别客户的真实需求。

（2）客户关怀不是市场活动，不是一段时间内的短期行为。一旦企业明确了客户差异化的体验标准，就必须使之成为企业日常组织习惯的一部分，而不能仅仅停留在规则里。

（3）客户关怀不是营销。客户关怀并不是为了让客户买一件产品或一种服务，而是在让客户长时间留下来的基础上，通过客户的整个生命周期价值来提升获益。

3）客户关怀的内容

客户关怀的应用开始主要是在服务领域，目前，它正在不断地向实体产品销售领域扩展，贯穿了市场营销的所有环节，主要包括售前服务、售中服务和售后服务。也就是说，目前企业的客户关怀活动已经贯穿了企业市场营销的全过程。

（1）售前的客户关怀。售前的客户关怀能加速企业与客户之间关系的建立，为鼓励和促进客户购买产品或服务起到催化剂的作用，能够帮助客服人员发现客户的需要并向客户提供产品信息和服务建议等。售前的客户关怀主要就是在销售产品前让客户观看或体验，其主要形式包括产品推广、展示会、广告宣传和知识讲座等。例如，上海交大昂立股份有限公司走的是一条知识营销的道路，它在产品销售前的主要客户关怀手段就是在市场上向客户传授知识，在产品知识科普的推广上投入大量的人力和财力，这为打开产品销路奠定了良好的基础。

（2）售中的客户关怀。售中的客户关怀与企业提供的产品或服务紧紧地联系在一起，包括订单的处理及各种相关的细节都要与客户的期望相吻合，满足客户的需要。好的售中服务可以为客户提供各种便利，如手续的简化、尽可能地满足客户的要求等。

（3）售后的客户关怀。售后的客户关怀主要体现在高效地跟进和圆满地完成产品的维护和修理的相关步骤以及围绕着产品、客户，通过关怀、提醒或建议等最终达到企业与客户互动的目的，促使客户产生重复购买的行为。向客户提供更优质、更全面、更周到的售后服务是企业争夺客户资源的重要手段。做好售后服务首先要记住客户，然后要及时解除客户的后顾之忧，要经常走访客户，征求意见，提供必要的特别服务。要把售后服务视为下一次销售工作的开始，积极促成再次购买行为，使产品销售在服务中得以延续。

4）客户关怀的方法

客户关怀方法指企业与客户交流的手段，主要有呼叫中心网站服务、主动电话营销等。企业应该根据自身产品的特点制定自己的关怀策略，同时应该根据客户的不同规模、贡献、层次、地区、民族、性别采取不同的策略，从关怀频度、关怀内容、关怀手段、关怀形式上制订计划，落实关怀。例如，企业可每年为金牌客户安排一次旅游，为银牌客户安排节日礼品，为普通客户发送贺卡等，以体现关怀的区别。

（1）主动电话营销。主动电话营销是指企业充分利用营销数据信息，通过电话主动联系客户和推荐产品，以便达到充分了解客户需求的服务目标，同时也有助于获得销售机会，挖掘潜在客户。

主动电话营销必须注意两个问题：第一，要有针对性。通过其他渠道精心挑选客户，针对不同客户的具体情况，推荐可能符合其需求的产品与服务，不能千篇一律。第二，要实现信息共享。如果客户对营销电话有回应，而接电话的不是原来的那位销售人员，甚至是其他部门的人员，不应该说不知道或做出与前面不同的解释。这就要求企业各部门之间要协同工作，通过信息共享完善客户服务工作。

（2）网站服务。通过网站和电子商务平台，企业可以提供及时且多样化的服务。企业可以根据客户点击的网页、在网页上停留的时间等信息，实时捕捉客户需要服务的信息。企业将客户浏览网页的记录提供给服务人员，服务人员可通过不同的方式服务客户，包括电话、影像交谈、与客户共享服务软件等。同时，企业应利用文字、语音、影像等多媒体的实时功能与客户进行互动和网上交易。通过网站进行客户关怀应注意以下三点。

① 必须提供客户需要的内容，而不是企业想让客户看到的内容。

② 必须定期维护与更新网站内容，这样才能吸引客户持续参访、浏览。对于一些过时的、旧的内容，可视需求情况整理成资料库，供后来的使用者参考、查询。

③ 网站设计要人性化，便于客户登录。例如，美观的网页固然令人赏心悦目，不过客户可能受限于带宽而没有耐心等待漫长的加载过程；需要加入会员并登录网站的，最好简化注册与登录程序并让使用者可以容易地查询或修改个人相关资料。

（3）互动中心。互动中心是一种利用现代通信网和计算机网进行集成并与企业整体流程巧妙融为一体的、完整的交互式综合信息服务系统，其通过高素质的座席代表，使用一个公开的电话特服号码提供对客户的电话服务。互动中心突破了时间和空间的限制，在人工座席和自动语音应答设备的配合下，利用强大的数据库功能可以方便地提供 24 小时和分布式呼叫服务，可极大地提高企业的服务效率和管理水平，帮助企业了解客户、服务客户和维系客户。

互动中心集成了人工座席、自动语音、传真、互联网、E-mail 网络电话等多种服务形式，可对企业售前、售中、售后服务的各个环节实施有效监管。

5）客户关怀的实施步骤

（1）全员贯彻客户关怀的理念和宗旨。因为服务本身具有无形性，它体现在企业每一位员工的具体行为中。每一个面对客户的环节和机会都是提供客户服务、实施客户关怀的渠道。只有将客户关怀理念贯穿于企业上下，激发全员参与，才能保证客户关怀制度切实可行并行之有效。

（2）建立差别化客户关怀体系。由于客户对企业的贡献率是有差异的，为平衡收益与客户关怀的成本支出，应该建立差别化的客户关怀体系。企业应该先对所有的客户交易数据进行系统的研究和分类并按照客户的贡献度将客户分层，然后按照 20/80 原则建立差别化的客户关怀体系。

（3）设计客户关怀计划。客户关怀的实施必须是持续性行为，所以需要整体规划。

（4）执行计划。统筹安排客户关怀计划的实施，从细节着手，从小处实施，以周到而细微的服务打动客户，从而提升客户的满意度和忠诚度。

（5）监测反馈信息。建立沟通渠道并保持渠道畅通，企业必须重视引导客户表达不满的方式。及时对客户的不满进行化解才能真正做到以客户导向为中心，同时也可以提高客户的满意度。当然，建立沟通渠道的同时，必须适当地对一线员工授予解决问题的权限，以做到及时处理客户的投诉。

2. 客户互动管理

1）客户互动管理的内涵与重点

（1）客户互动管理的内涵。客户互动管理是指为了在市场上为客户提供能够为其带来优异价值的产品和服务，企业需要充分利用信息的潜在内涵和各种互动技巧，努力在客户的购买流程中发展与客户的合作关系。

（2）客户互动管理的重点。

① 双向互动。客户互动不是与客户仅交流一次就结束，而是循序渐进地反复多次交流。

② 客户体验。客户体验从客户注意到企业的那一瞬间开始并随着多种不同的互动逐步深化，包括提供咨询、受理投诉、服务营销、产品销售、主动服务、客户培训等。

③ 员工促进。每一位员工都是企业的管理者，相互协作、分享知识才能激发每一个员工的活力。

④ 组织改善，包括资源连结、快速反应产品创新、节约成本、最大化营销机会、促进品牌形象、客户流失预警等。

2）客户互动管理的要素与前提

（1）客户互动管理的四大要素。

① 数据库支持。以电话销售为例，需要数据库支持的主要包括电话营销呼出管理、主动营销列表管理、监听监视管理、智能脚本支撑、销售记录管理和客户接触记录管理。

② 统一的沟通平台。企业沟通平台一般包括领导答疑、投诉信箱呼叫中心等，现在常用的就是呼叫中心。

③ 多种沟通渠道。互动管理的核心就是通过网站、博客、E-mail、介绍文章、行业事件、产品宣传册、广告、样品、白皮书、产品展示、销售演示、会议、交货、售后服务以及后续的客户忠诚计划等一系列活动、流程和途径增强与客户的互动并实施有效的管理。呼叫中心也需要采用多媒体技术，丰富沟通方式。

④ 及时准确的服务。在前面三项都满足要求的前提下，企业通过互动管理软件和服务人员来实现随时随地为客户服务，帮助客户解决问题，使客户满意。

（2）客户互动管理的前提。客户互动管理的预期目标是高效、直接、循环往复的沟通。为了确保客户互动管理目标的实现，企业应做好以下三个方面的有效性管理。

① 员工的有效性。企业员工管理对客户互动的效果有重要的影响。具体而言，员工管理直接影响着员工对客户互动技术和流程的了解程度。

员工有效性衡量标准中的一个重要因素就是给企业的客户服务代表（customer service representative，CSR）授权，这有助于员工在工作中掌握客户互动的自由度。没有被转给专家或者高级管理人员的客户互动所占的比例越高，说明对 CSR 的授权水平越高。CSR 辞职会导致企业增加重新招聘和培训的成本。此外，非接触时间也是员工有效性管理需要考虑的要素，它是指一个CSR在不与客户进行互动时在文件处理和培训上所花费的时间。

② 流程的有效性。企业的内部流程对客户互动质量也有着强烈的影响。流程的设计与实施应该做到有效地利用互动过程中的每一个要素。例如，如果流程设计具有感应客户态度、需求、认知变化的能力，企业就可以对这些改变做出反应，从而获得竞争优势。类似地，企业对变化做出反应的速度会反映出流程的柔性。在呼叫中心、客户接触中心、客户互动中心等客户互动系统中，互动主要表现为两个方面：一是系统或者CSR记录客户同自己的联系并加以响应的过程，称为入站（call in）；二是CSR主动联系客户并记录其响应过程，称为出站（call out）。有效流程的衡量标准基本上都涉及入站和出站接触。其中，入站接触与互动需求相关，而出站接触则关系到销售、电话销售及与客户挽留相关的流程。

③ 信息技术的有效性。信息技术具有能够给企业带来竞争优势的潜力，可以让企业调整行为，使之适应客户的需求，还可以显著改善企业的流程和人事制度。正确使用信息技术可以让流程和人事制度更富有柔性，更加快捷和有效。

有效的信息技术的衡量标准通常需要考虑以下因素：信息技术的复杂性，包括信息技术的使用和学习难度；信息技术是否以客户为中心，即能用信息技术完全掌握的客户接触在整个客户接触中所占的比例，这个比例越高，说明技术设计越能满足客户的需要。此外，企业在信息技术上的投资越多，系统的复杂性就会越高，信息系统的复杂性越高，客户与企业接触时遇到的阻碍可能就越大，从而会降低客户与企业互动的驱动力。因此，管理者必须在是否进行大量投资之前做出权衡。

企业之所以要对员工、流程、信息技术等进行有效的管理和改进，其最终目的就是通过这种管理和改进来提升效率并促使它们相互之间产生积极的作用，最终对客户互动效果产生积极的影响。

3）客户互动管理的内容

（1）确定互动对象。毫无疑问，客户是互动对象。企业面临的客户包含多种类型，这些不同类型的客户各自具有不同的需求。例如，按照客户是组织还是个人，可以划分为组织客户与个人客户。同样是购买计算机，组织客户购买计算机希望获得更好的安装、配送及售后服务，对价格并不是很敏感；相反，个人客户则对配送没有要求，更期望在保证一定质量的情况下有更低的价格。

（2）确定互动目标。在明确互动对象之后，企业就需要考虑与客户互动的目标。一般而言，企业与客户互动的目标包括如下两个方面。

① 加深与现有客户的联系。企业与现有客户的联系包括两个方面：一个是经济联系，主要是客户从企业采购商品或者服务的金额及数量；另一个是情感联系，主要体现为客户对企业的信任和企业对客户的关怀。在设定互动目标时，上述两个方面并不冲突，企业可以期望客户不仅增加采购量，同时也增进相互间的感情。当然，也可以只关注其中的一个方面。

② 吸引潜在的客户。潜在客户包括两种：一种是同一市场中所有企业面临的未来可能的购买者，另一种则是企业竞争对手的客户。吸引潜在客户意味着企业希望扩大自身的客户群体。相比较而言，吸引竞争对手的客户更为艰难，因为这需要企业付出更多的努力。

吸引潜在客户包括不同的方面，可以进一步细分为扩大企业在潜在客户中的知名度、增强潜在客户对企业产品或者服务的认同感和鼓励潜在客户购买等。

（3）设计互动内容。企业与客户之间的互动涉及产品、服务信息、情感、建议等方面。企业在确定互动内容时，需要考虑如下内容。

① 主题。在设计互动内容时，企业首先需要考虑互动目标客户的需要与行为特征。换言之，企业首先需要明确目标客户有哪些要求，他们希望获得什么样的信息。企业必须在明确互动目标客户需求的基础上设计相应的主题。

② 结构。在内容结构方面，需要关注的是：第一，重要的信息是放在最后还是最开始。放在最开始的优势是能让客户在第一时间明白并留下深刻的印象，但有可能会造成虎头蛇尾的现象。放在最后可以起到总结的作用，但有可能被客户忽略。第二，是否需要给客户一个明确的结论。换言之，企业是否需要在互动的时候就告知客户关于产品或者服务的结论。告知客户的优势在于能让客户清晰地了解产品的特点，劣势在于可能会引起客户的反感。因此，目前许多企业都认为不应当告诉客户结论，而应通过互动的内容让客户自己判断，这样可以增强客户对企业的信任。

（4）确定互动预算。企业在确定互动预算时有多种方法可以选择。例如，根据企业目前的状况，可以将所有可能的资源都用于客户互动，还可以根据企业的销售额或者利润确定一个固定的比例来设定用于客户互动的资金。除了上述两种方法，还可以根据竞争对手用于客户互动的资源来确定本企业用于互动的费用。

除了上述办法，比较符合企业实际的方法是根据客户互动目标来确定预算。这种预算方法的步骤是：首先，将互动目标进行细分，确定具体的目标；其次，分析达到这一目标所需要完成的任务；最后，估计完成这些任务所需要付出的成本。这些成本的总和即为企业互动预算，该方法的优势在于能够让企业清楚地知道所付出的资源与取得的成果之间的关系。

（5）确定互动渠道。

① 选择互动渠道时企业要注意的三个问题。

a. 客户期望的渠道。选择互动渠道一定要从客户的需求出发，明确客户期望通过什么渠道与企业互动是实现有效互动的前提。因为如果企业选择的渠道并不符合客户的预期，就会遭到客户的排斥，无法实现预期的目标。

b. 不同渠道的优势和劣势。不同渠道的优势和劣势是不同的，企业应该扬长避短，根据客户的期望和企业的目标确定合适的渠道。因此，需要综合考虑客户需求、企业互动目标和渠道特征来确定最终选择哪些渠道进行互动。

c. 要注意对不同类型渠道的组合使用。在不同类型渠道的组合使用上，企业要清楚目标客户的不同及自身的特点。在日新月异的市场上，单纯依靠一种互动渠道已经难以实现既定目标，因此企业需要综合运用多种渠道，通过"组合拳"来实现目标。企业在选择渠道类型的时候，需要注意不同渠道的组合方式，即是各种渠道平均使用？还是以某一种渠道为主，其他渠道为辅？

② 多渠道客户互动的整合。随着 IT 技术的发展，企业中的客户互动正在朝着多渠道整合的方向迈进。当面会谈、电话交流、E-mail、短信、微信、网络交流、通过合作伙伴

进行信息交流以及多媒体呼叫中心等多种方式都已经深入客户互动中，对以上多种互动渠道的整合已成为企业的重要任务。

所谓多渠道客户互动管理，就是指运用一个以上的渠道或媒介来与客户开展互动活动，而且在多渠道互动中，这些互动活动能表现出协调一致性。需要强调的是，这里说多个渠道应该协调一致，但并没有说一定需要采用同样的方式，这是因为不同渠道有着不同的使用目的，而且使用方式也存在差异。多种互动渠道综合运用往往可以发挥每一种渠道的优势。一般而言，多渠道客户互动战略可以为许多客户提供多个接触点，客户可以通过这些接触点与企业进行更有效的互动。

（6）确定互动时间与频率。企业要从客户的需求出发，确定什么时间与客户互动，间隔多长时间与客户互动。例如，有些企业通过电视广告与客户互动时并没有考虑到客户的期望，而是希望借助高密度的广告来迅速增加客户对企业产品的认知。这种方式尽管能够让客户加深对企业产品的熟悉程度，但同时也会破坏客户对企业产品的良好印象。在考虑客户需求的同时，也需要顾及企业的互动目标，要在综合考虑的基础上确定合适的时间与频率。

（7）评估互动效果。当企业完成一个阶段的客户互动之后，就需要对客户互动的效果进行评估。在对互动效果的评估中，必须结合互动目标主要回答以下三个问题。

① 互动效果是否实现了既定的目标？

② 在与客户的互动过程中，哪些问题需要改进？

③ 在与客户的互动过程中，发现了哪些新问题或者新现象？

4）建立客户互动中心

（1）客户互动中心的概念。客户互动中心本质上是客户服务中心，它是在传统呼叫中心的基础上发展起来的。客户互动中心充分应用计算机电话集成技术和互联网技术，能够真正高效地实现企业与客户间的双向互动。

客户互动中心可以最大程度地整合整个企业的呼叫中心资源，有利于企业的统一管理和资源共享。它不仅具有传统呼叫中心的各项功能和以电话为主的接入方式，还支持 Web方式的客户服务。用户可以通过多种设备，从多个网络（包括有线、无线或 IP）访问客户互动中心。

（2）客户互动中心的基本功能。客户互动中心不仅提供不同的接入模式，包括语音、电子邮件、传真、视频，而且还增加了许多技术功能服务，使客户能够以一种更为方便和满意的方式进行互动。除了具有传统客户服务中心的基本功能，客户服务中心还具备以下功能。

① 电话会议。系统可以定时群呼 IP 座席或普通座席，召开上百人的压缩混音电话会议。

② 图文传真。系统/座席可以收发图文压缩传真，接收到的普通传真件可转传至座席的电子邮箱。

③ 留言信箱。每个座席都可开设语音留言信箱，未接来电可以在座席留言信箱中录制语音留言。

④ 通话录音。座席在接听客户来电过程中可随时选择录音，系统可设置对所有来电进

行全程录音。

⑤ 电话点击。系统/座席可预先设置一组电话号码,点击呼叫,系统将按顺序拨叫。

⑥ 有声短信。座席录制下语音留言向来电客户自动播放,配合电话点击可实现有声短信。

⑦ 预约呼叫。IP 座席或座机/手机普通座席,拨叫系统特服号后挂机,系统回拨座席再二次呼叫。

⑧ 网页呼叫。座席设置网页窗口绑定自身号码,在网页上输入被叫号码,系统回拨令双方通话。

⑨ 网页游标。网页游标窗口绑定客服座席,浏览者在窗口填写电话号码,实现免费咨询。

（3）客户互动中心的主要特点。尽管客户互动中心是在传统的呼叫中心的基础上发展起来的,但客户互动中心和传统客户服务中心有一些本质区别,客户互动中心具有以下特点。

① 呼叫分布受理与集中管理。基于软交换的客户互动中心能够为客户提供更为丰富的服务,而且提供的服务更贴近客户的实际生活;能够为企业组建分布式的呼叫中心系统,使客服人员能在任何时间和地点为客户提供方便、快捷、高效的服务。

② 强大的业务处理能力。客户互动中心采用高速包交换数据网络,其目标是以一个统一的宽带多媒体平台最大程度地承载现有和将来可能的业务,其实现途径是数字、语音、多媒体信号走同一网络,主要目的是充分利用现有资源,以避免重复投资。

③ 独立的网络控制功能。呼叫平台与媒体网关相分离,通过软交换技术实现基本呼叫功能,使业务提供者可以不受网络的控制,自由地组合业务与控制协议,也可以选择呼叫与数据业务,从而具有更广泛的接入方式。

④ 支持多样化的网络和媒体接入。客户互动中心适应通信网不断融合的发展趋势,提供语音、传真、IP、Web、E-mail、短消息等多种媒体接入方式,使经营者拥有最广泛的客户群。

⑤ 统一的座席平台。开放的体系结构设计使客户互动中心可方便地支持多种服务者,业务的经营者可以最大程度地拓展服务源。客户互动中心的服务对客户来说是透明的,客户并不会感知到座席地理位置、服务人员的不同所带来的差异。

⑥ 传统客服系统的平滑移植。客户互动中心采用软排队机,使传统呼叫中心系统的座席、人工业务、应用服务器、数据服务器等可以在不修改或最小修改的情况下平滑移植,极大地降低开发和维护的费用,实现更短的产品开发周期。

⑦ 统一的排队和路由能力。软排队机与前端的 IP 网络相连,以进一步屏蔽底层网络的复杂性。它负责汇集和封装各种底层网络资源,提供对用户多媒体消息的接入、控制支撑能力,对上层提供自动业务和人工业务的标准开放 SP、CSTA 接口,提供对 SIP、H.248、MGCP、IMAP/SMTP/POP3、SMPPPAP、MLP 等协议的接入能力,对各种接入进行统一路由和统一排队。

⑧ 统一受理多种媒体服务。客户互动中心融合了多种通信技术,使媒体接入和处理的形式更加广泛,在继承传统媒体处理方式的同时,还可以处理网络电话、E-mail、短消息、

语音信箱、传真、网络传真以及扩展的客户端。从用户的角度考虑，可以选择任意方便、经济的方式访问呼叫中心或者根据用户不同的年龄层次来选择比较习惯的沟通方式来访问呼叫中心。同样，对于座席来说，接收业务的手段也增强了，不仅可以处理传统的电话业务，也可以处理来自 E-mail、短消息、视频等的业务请求。由于融入了更多的信息资源，客户互动中心可以更加直观、准确地接受客户请求并向客户反馈信息。

⑨ 提供灵活的个性化服务。客户互动中心除了提供传统的对话到用户的语音通信，还可以提供大量的个性化服务，可以由客户选择接入方式，选择要谁为其提供服务。

3. 客户知识管理

1）客户知识概述

（1）客户知识的定义。客户知识是企业与客户在共同的智力劳动中所发现和创造的并进入企业产品、服务和管理创新的知识。目前，客户知识的定义主要强调客户知识的两个特性：一是客户知识是在企业与客户的交流和互动中产生的，是动态的，即客户知识不仅仅是对客户信息的单向提取，更强调在与客户主动交流中所获取的知识。二是关注客户的隐性知识，即客户拥有的知识，在客户知识管理中所要管理的客户知识不单是客户消费行为特征等显性知识，还包括客户对产品的评价、客户消费心理、购买决策方式等隐性知识。

客户知识是绝大多数公司进行市场开拓和创新所需的最重要的知识，它最有可能为公司带来直接的经济回报。企业能否使自己区别于其他企业的一个潜在的关键因素就是能不能充分收集和利用客户知识。如果企业能够同客户建立密切的知识交流与共享机制，及时了解客户的情况及客户所掌握的知识，无疑会使企业更紧密地贴近市场，大大提高企业决策的准确性和在市场上的竞争能力。

（2）客户知识的分类。客户知识包括客户的消费偏好、感兴趣的接触渠道、个人的消费特征等许多描述客户的知识。客户知识是人们通过实践认识到的、与客户有关的规律。根据不同的分类依据，可以将客户知识分成不同的类型。

① 根据客户知识的性质分类。参考匈牙利哲学家波兰尼（Polany）对知识的划分，客户知识根据其可视性分为显性的客户知识和隐性的客户知识。

a. 显性的客户知识。显性的客户知识是经过人的整理和组织，可以以文字、公式、计算机程序等形式表现出来并可以通过正式的、系统的方式（如书本、计算机网络）加以传播，便于其他人学习的知识。

b. 隐性的客户知识。隐性的客户知识是与人结合在一起的经验性知识，很难将其文字化或公式化，它们本质上以人为载体，因此难以通过常规的方法进行收集，也很难通过常规的信息工具进行传播。

② 根据客户知识的内容分类。

a. 关于客户的知识。关于客户的知识（knowledge about customers）是指被公司收集来了解客户动机的知识，包括客户的历史记录背景、需求、期望及购买活动，还包括客户的性别、年龄、职业收入、教育状况等背景知识以及客户的需要、偏好，对产品和服务的希望等。这类知识是企业进行客户分析的重要基础，它能帮助企业准确地分析和定位客户资源，了解客户需求并据此为客户制定相应的个性化或一对一营销策略。

b. 客户需要的知识。客户需要的知识（knowledge for customers）是指企业为满足客户的需要而准备的知识，包括企业的产品、服务及市场情况等。这类知识由企业传递给客户，目的是帮助客户更好地理解企业的产品和服务，从而使客户的需要与企业的产品有效匹配。

c. 客户拥有的知识。客户拥有的知识（knowledge from customers）是指客户所拥有的关于产品、供应商和市场的知识，包括使用产品和服务的方法、程序、经验，对产品和服务的见解、评价、意见与建议，客户间的矛盾与协作等。这类知识能够使企业对客户需求变化做出及时的响应并相应地调整营销策略。

d. 与客户共同创造的知识。与客户共同创造的知识（knowledge co-creation），指的是企业与客户在充分沟通、共同合作的基础上创造的新知识。许多著名公司都在与客户，特别是与核心客户共同进行新产品的开发和营销模式的创新，从而实现创造客户价值与培育竞争优势的双赢目标。

（3）客户知识管理的含义。20 世纪 90 年代后期，随着电子商务的兴起，CRM 与知识管理呈现相融合的趋势。韦兰（Wayland R.E.）和科尔（Cole.P.M.）在 1997 年合作出版的 *Customer Connections* 中首次完整地提出了客户知识管理这一概念并把客户知识管理定义为"客户知识的来源与应用及怎样运用信息技术建立更有价值的客户关系，它在获取、发展及保持有利可图的客户组合的过程中起到有关信息和经验的杠杆作用"。此后，国内外许多学者对客户知识管理展开研究，尽管没有统一的定义，但是共同的思想是：客户知识被视为企业最重要的资源之一，也是客户知识管理的核心；客户知识管理是一个不断与客户进行互动与交流的过程；信息技术的应用是客户知识管理过程中一个重要的组成部分；客户知识管理的目标最终最大化地创造企业的价值。

综上所述对客户知识管理进行定义，即客户知识管理是在 CRM 流程中，通过信息技术的使用，促进客户知识的获取、转化共享、使用及创造，更好地与客户进行互动交流，满足客户深层次的需求而最终实现企业价值最大化。

2）客户知识管理的内容

客户知识管理包括客户知识获取、客户知识转化、客户知识共享、客户知识应用和客户知识创造。客户知识管理流程存在于客户关系管理流程中，同时又是一个不断与客户进行交流与互动的过程，可使企业与客户的关系更为紧密。客户知识管理战略和客户知识管理系统都是对客户知识管理流程的支撑。

客户知识管理的效果取决于企业的客户知识管理能力。客户知识管理能力在与客户互动过程中协助企业内所有成员共同整合客户知识、转移客户知识并且分享客户知识，产生满足客户需求的产品和服务，以达到企业满足客户的目的。

（1）客户知识获取。知识获取是知识管理中一个极其重要的部分，虽然目前对于知识获取的理论和方法已经进行了大量的研究，但对客户知识获取方面进行的有针对性的研究还比较少，系统性地论述该问题的就更加缺乏。

客户知识的获取是指分析客户信息，发现存在于客户信息中的模式、规则、概念、规律，同时以机器能识别的形式表示出来并存储到计算机中，以确定客户的需要，帮助企业发现市场商机。在客户知识获取阶段，对不同的客户知识要采取不同的方法。

① 获取关于客户的知识——知识发现。知识发现（knowledge discovery in database,

KDD）是从各种媒体表示的信息中，根据不同的需求获得知识，是确定数据中有效的、新颖的、潜在有用的、基本可理解的模式的特定过程。知识发现的目的是向使用者屏蔽原始数据的烦琐细节，从原始数据中提炼出有意义的、简洁的知识，然后直接向使用者报告。

② 获取客户拥有的知识——与客户之间的交互。企业通过知识学习过程来获得隐性的来自客户的知识，在这个过程中要有效地获取客户拥有的知识，关键是建立与整合客户与企业之间的联系渠道。

企业与客户之间的联系分为日常联系与专项联系两个方面。日常联系是指企业在日常的销售、服务活动中与客户进行的联系。日常联系构成了企业与客户联系活动的主体，也是企业获得隐性的来自客户的知识的主要来源。企业与客户进行日常联系可利用的工具包括客服人员、电话、传真、邮包、电子邮件、计算机等，随着技术的不断发展，可使用的工具越来越多，如移动电话、PDA 线上工具等。各种工具都有其各自的特点，即时性与自动化效率都有所不同，工具的选择由客户的偏好决定，如年纪较长的客户更倾向于选择与企业人员面对面的方式，而年轻的客户更倾向于选择网络、移动终端等工具。专项联系是指企业不定期地与客户进行联系以获取来自客户的知识。与日常联系相比，通过专项联系获取的知识的目的性更强，更有针对性，但专项联系需要花费的组织成本与调研成本较高，并且需要具备专门技能的人员或聘请专业的第三方咨询公司来完成。目前使用得较多的专项联系方法是问卷调查和焦点小组访谈，深度访谈等也得到广泛的应用。

③ 获取客户需要的知识——信息技术的使用。客户需要的知识是决策性客户知识，决策性客户知识是在知识整合阶段产生的。产生过程是由企业通过设计合理的知识传播与扩散途径，使企业的营销决策人员及其他管理人员获得显性的描述性客户知识，结合他们具有的专业知识对描述性客户知识进行编辑与整合并在此基础上制定营销策略。这些营销策略就表现为客户需要的知识。因此，客户需要的知识的获取过程就是领域内专家或企业管理者的决策过程。

（2）客户知识转化。关于客户的知识、客户拥有的知识及客户需要的知识这三类客户知识是客户知识管理的主要对象，客户知识管理过程就是这三类客户知识相互作用与转化的过程。客户知识转化与客户知识获取不是独立的两个步骤，而是在知识获取的过程中进行了知识的转化，在知识转化的同时也获取了知识。目前，客户知识转化的方法有两种。

① 企业获取客户拥有的知识与关于客户的知识后，通过对这两类知识的综合分析形成合理的营销决策并产生相应的产品和服务标准，这些决策和标准就表现为客户需要的知识。企业的价值就在整个知识转化的过程中得以实现。由日本学者野中郁次郎提出的且被广大学者认为是行之有效的研究组织知识的产生、转移、再造的知识创新模型（SECI）针对的就是这类知识转化方法。

② 组织内部客户隐性知识和客户显性知识的转化。这种转化有利于组织对客户知识的利用。学者开得纳（Kadatna）提出的战略联盟内的知识创新过程模式（SICA）主要是针对这类知识转化的。具体而言，在战略联盟初期，首先是分享阶段（sharing），即通过联盟伙伴之间深入的对话和了解，分享彼此之间的知识并进行初步学习，从而理解和领会联盟的宗旨与目标；在激发阶段（inspire），不同组织背景的伙伴能够在联盟知识的基础上达成对联盟目标和概念的统一理解。这些过程的解决就需要激发并增值联盟循环圈内的知

识。接下来的创造阶段（creation）就是对激发和增值的联盟共同知识的基础上创造新的知识。积累阶段（accumulation）是指联盟伙伴通过一定的组织能力和方法，对分享阶段、激发阶段和创造阶段累积下来的各种方法知识，尤其是知道为什么的知识的累积。

（3）客户知识共享。知识共享指的是组织中知识个体的知识通过各种手段（如语言、图表、比喻、类比）和各种方式（如电话、网络、面谈）被组织中其他的知识个体所分享并通过知识共享过程将个体知识转化为组织知识。知识转化中即实现了知识的共享。

（4）客户知识应用。客户知识应用是指组织成员运用客户知识来指导其日常管理活动实践，以期发挥客户知识的增值效益。通过客户知识的运用实施，可以了解前面步骤中的不妥与偏差，从而为客户知识管理的下一个步骤（创造）提供指导意见。目前，对客户知识应用的研究主要是关于客户的知识和客户需要知识的应用两个方面。关于客户的知识比较容易获得，这种知识应用的解释性比较强，主要用于获取新客户、提高客户关系价值、客户保持等方面。随着个性化推荐系统的提出，个性化推荐服务成为客户需要知识应用的一个重要方面。

（5）客户知识创造。客户知识创造可以从两个方面进行定义。从知识联盟的角度，客户知识的创造是企业自身或借助知识联盟对客户知识的创新过程。从流程和关系的角度来说，组织中的客户知识创造是组织创造、共享新的知识并把这些知识转化到产品、业务和系统中的能力。客户知识创造是动态性的、交互性的、面向流程的。

3）客户知识管理系统

（1）客户知识管理系统的目标。客户知识管理的战略设计不是出于生产能力与效率方面的考虑，而是要加强能够提高客户保持率与忠诚度的客户知识的管理。也就是说，客户知识管理不是为了单纯地减少企业的开支，而是要获得更多的客户知识，更快地对客户需求做出反应。客户知识管理系统就是对客户知识管理进行技术支持的信息系统。

（2）客户知识管理系统的技术。支持客户知识管理系统的信息技术工具有许多种，各有不同的支持功能。普遍采用的是以客户知识管理的主要流程步骤对支持客户知识管理的信息技术进行分类。有很多信息技术（如互联网）同时支持信息获取、共享等多种功能，因此难以清楚并明显地区分每个客户知识管理步骤的支持工具。

① 支持客户知识的获取。这方面的技术主要是支持企业对关于客户的知识、客户拥有的知识及客户需要的知识的获取。支持这方面的主要信息技术工具包括互联网、搜索引擎、知识发现、专家系统、协同商务等。

② 支持客户知识的转化。这方面的技术主要是支持企业对客户隐性知识和客户显性知识的转化、企业外部知识和内部知识之间的转化。支持这方面的主要信息技术工具包括互联网、企业内部网、企业外部网、BBS、聊天室、文件管理系统等。

③ 支持客户知识的共享。这方面的技术主要是通过网络系统支持各地成员间的讨论、聊天、开会及交换各种心得。支持这方面的信息技术主要是互联网、企业内部网、企业外部网、工作流系统、电子视频会议、BBS 等。

④ 支持客户知识的应用。这方面的技术主要是支持企业对客户知识的应用。支持这方面的信息技术是互联网、企业内部网、企业外部网、专家系统、群体决策支持系统等。

⑤ 支持客户知识的创造。这方面的技术主要是支持企业对客户知识的创造。支持这方

面的信息技术主要是知识发现模式模拟、BBS、聊天室、案例推理系统等。

（3）客户知识管理系统的架构。

架构的底层是企业的信息系统，包括企业的 ERP 系统、CRM 系统以及其他一些前台或者后台办公系统。

中间层是活动发生的场所，是前台和后台系统中客户知识管理的发生场所。例如，在借助外网进行的交易活动中，可以运用客户知识管理技术创建、共享和运用相关知识进行连锁管理和过程分析。

最高层代表了实际的前台系统，客户员工或商业伙伴可以利用它进行交流。前台系统可以分为三个部分，每一部分都是基于网络的。第一部分是互联网，它是用网络将客户与企业连接的逻辑结构。企业与客户的沟通渠道有网络浏览器（HTML）、语音（电话）、手机、与客户直接访谈等；第二部分是内网，它是员工在公司内部进行交流的媒介，当然可能是分散的；第三部分是外网，它的访问者是企业的伙伴公司和商务合作者，访问权限由最底层控制。

4. 大客户管理

1）识别大客户和建立客户档案

（1）大客户的概念和特征。

① 大客户的概念。大客户，又称关键客户、重点客户，是企业的伙伴型客户，具体是指对企业的长期发展和利润贡献有着重大意义的客户。一般认为，大客户就是指那些产品流通频率高、采购量大，客户利润率高、忠诚度相对较高、对企业有重大贡献的客户。

② 大客户的特征。大客户的特征包括购买次数频繁、单次购买数量多；是企业销售利润的稳定来源，占据企业利润中的很大一部分；服务要求高、涉及面广。大客户对企业的服务水准一般要求较高且往往需要企业提供一站式服务，特别关心配套和服务。大客户不仅仅对产品或服务的特征和标准要求严格，更注重企业技术创新和制订整体解决方案的能力，强调全局性和全天候的服务以及售后服务跟踪；大客户具有较强的谈判能力和讨价还价能力，企业必须花费更多的精力来进行客情关系的维护；大客户的发展如果符合企业未来的发展目标，将会与企业形成战略联盟关系，当时机成熟时，企业可以进行后向一体化战略，与客户结成战略联盟关系，利用大客户的优势促进企业的发展。

（2）识别大客户的方法。

① 二八法则。"二八法则"是意大利经济学家维尔弗雷多·帕累托提出的，这个规则应用到客户管理中表明企业 80% 的销售收入和利润来自 20% 的重要客户，通常情况下，企业中销售排名最靠前的承担了 80% 销量的 20% 的客户会被列为大客户，很多企业都会按照销售额这个指标来区分客户的重要性。

从该理论中企业可以得到三点启示：其一，明确本企业 20% 的重要客户是哪些；其二，明确应该采取什么样的倾斜措施，以确保在 20% 的重要客户业务中取得重大突破；其三，抓住重点客户，带动中小客户。企业可以依照客户的重要程度，采取相应的服务手段和制定相应的优惠措施，巩固与 20% 的大客户的合作关系，同时要注意剩余 80% 客户中的潜在客户，促使他们向大客户转化，从而提高企业的客户管理能力。

② ABC 分析法。管理学家戴克将"二八法则"应用于库存管理并将其命名为 ABC 分析法，美国著名的管理大师彼得·德鲁克将这一方法推广到全部社会领域，使 ABC 分析法成为企业普遍应用的提高效益的管理方法，从而使企业的各项投资与支出都用在"刀刃"上。在企业管理中，客户 ABC 分析法是以销售收入或利润等重要客户行为为基准的。

以下为 ABC 分析法的一般步骤。

a. 收集数据，就是借助客户销售金额表，将客户按业绩高低依次排序，同时还必须计算出它们的累计值。

b. 处理数据，将全部客户的进货金额予以累计，算出客户的销售金额在总销售金额中的构成比例以及目前的客户销售金额的累计构成比例。

c. 制作 ABC 分析表，通常用柱状图表示，具体做法就是将客户的销售金额用单位柱状图来表示，按照销售金额从多到少的顺序排列，再将柱状的顶部连在一起制成曲线。

d. 确定 ABC 分类。A 序列是累计销售金额比例达 55%的客户群，一般被称为顶尖客户，也叫 VIP 客户；比例达到 30%的客户群为 B 序列；剩余的客户群为 C 序列。

（3）大客户档案卡。

① 必须记载的项目。

a. 大客户的企业概况及其经营情况。如企业名称、地址、电话号码、法人代表、成立日期、工作人员、管理人员结构、开户银行等。

b. 与大客户交易的变化情况，如销售金额、日常利润的变化。

c. 交易状况，如各种商品、各个时期交易额的变化。

d. 客户的信用额度、支付条件等，如银行评价、客户顺序及其他备用事项。

② 管理原则。

a. 随时更新已变化的内容，如大客户的业绩及交易额实绩等。

b. 资金、管理人员结构、支付条件等重要事项发生变化时，应及时修正。

c. 大客户的业绩及交易额状况发生明显变化时，必须记录其原因。

d. 在选定新的大客户作为营销目标时，新的档案卡至少要记录企业概况等基本项目。

（4）附加的大客户管理卡。

① 访问履历卡。用于记载同大客户在何时、何地进行商谈及其进展状况等具体内容，该卡应记载以下内容：拜访的详细日期、接待人、会谈内容、商谈交易进展状况、预定的下次拜访时间。制作这样的访问履历卡就可清楚把握与大客户商谈的进展状况，即使负责销售的人员不在，其他人员也能及时地解答来自大客户的询问。此外，这样做还可以把握接触大客户的频率。

② 抱怨管理卡。用于记录大客户的抱怨事件。使用抱怨管理卡就可以知道事件的原委，也易于理解客户的立场、抱怨状况及理由，同时以表示理解的态度对待大客户就可以赢得他们的好感，提高企业的信誉度。该卡记录的通常是有关大客户因本企业的产品不良而发生的事故，具体包括事故发生的时间、内容、经过及处理结果等。一般情况下，大客户会记住因产品不良而引起的事故，对事故的后果也是不会忘记的，使用抱怨管理卡就可以方便地了解到与大客户之间发生的纠纷及其解决的情况。

（5）大客户档案卡的制作步骤。

① 搜集大客户的背景资料，主要包括大客户的相关基础资料和定性信息资料等。

② 采集分析大客户财务状况的数据资料，如大客户的年销售额、现金流量、市场占有率、生产成本、销售成本、管理费用、销售费用、利润、利息支付状况等。

③ 分析大客户交易状况的资料，如大客户的营销活动现状、竞争状况、企业形象、信用状况、交易条件等。

④ 分析大客户具有的优势和劣势。在掌握前面信息的基础上，深入调查分析大客户保持的优势、存在的问题及未来准备采取的竞争策略等。

⑤ 根据以上分析所得的信息绘制大客户分析表并完成大客户档案卡的建立。

（6）大客户档案卡的管理。

① 每位大客户代表每周至少检查一次大客户档案卡。

② 提醒大客户代表拜访大客户前按规定参考大客户档案卡的内容。

③ 要求大客户代表在拜访时只携带当天所要拜访的大客户档案卡。

④ 要求大客户代表在拜访回来时交回大客户档案卡。

⑤ 在每月或每季度末时，大客户经理应分析大客户档案卡，作为调整大客户代表工作的参考。

⑥ 参考大客户档案卡的业绩数据拟订年度区域销售计划。

⑦ 将填写大客户档案卡视为评估该大客户代表绩效的一项重要内容。

⑧ 检查销售、收款是否平衡，有无逾期未收货款。

（7）与大客户建立关系。

① 建立大客户经理制。大客户经理制是为实现经营目标所推行的组织制度，由客户经理负责客户的市场营销和关系管理，为客户提供全方位、方便快捷的服务。大客户只需面对客户经理，即可得到全部的服务及问题解决方案。客户经理可以通过数据分析出某类大客户是什么类型偏好的消费群，其消费热点是什么，然后设计出营销代表针对该用户群的营销活动。客户经理还应为大客户提供免费业务、技术咨询，向大客户展示和推广新业务，根据客户的实际需要向大客户提供适宜的建设性方案。

② 努力抓紧大客户。努力与大客户签订合作意向书，保持统一的价格和一致的服务水平，为大客户提供"门对门、桌到桌"的服务；养成走访习惯，最好是分层次对口走访。拜访对象应包括大客户单位的决策者、经办人及财务负责人等。拜访内容要因人而异，要注意选择适当的拜访时间，做好充分的准备，不断提高拜访技巧，使每次拜访都比前一次完善，尤其在态度上要做到比竞争对手更好。逢年过节可以送去小礼物或寄贺卡，不仅为大客户送去优质服务，更送去一份关心和挂念，从业务和情感两方面让大客户感受"零距离"服务。抓紧大客户的方法有以下几个具体操作步骤。

第 1 步：初步接触。初步接触时，首先应进行自我介绍，然后选择正确的谈话方式，这里需要注意以下四点。

❑ 清楚你是谁？你来这里干什么？你的目的是什么？

❑ 问合理的背景问题（不谈产品）。

❑ 尽快切入正题。

❑ 不要在还没有了解客户时就拿出解决方法。

第 2 步：了解客户，挖掘明确需求。几乎所有的生意都是通过提问的方式来开始的，在所有的销售技巧中，了解客户可谓是精华中的精华，在大客户的会谈中同样至关重要。顶级的谈判专家曾做过研究，所有成功的销售，了解客户的工作都占 70%，销售签单的工作占 30%，而失败的销售刚好相反，了解客户并挖掘明确需求的提问主要有背景问题、难点问题、暗示问题和利益问题。

第 3 步：证明能力，解决异议。证明策略对客户是有帮助的方法有以下三个。

❑ 特征说明：描述一个产品或服务的事实，如"我们有 40 个技术支持人员和 5 辆配送车"。

❑ 优点说明：说明一个特征能如何帮助客户，如"我们专业的维修人员可以减少机器故障的出现"。

❑ 利益说明：说明一个利益能解决客户通过谈判挖掘出来的明确需求，如"我们可以提供像你所说的每周六送一次货"。

第 4 步：找出影响采购的客户。同样的产品，每个人的角度不同，对它的判断也就不同，所以在做产品介绍的时候，要有针对性。

第 5 步：建立互信关系。美国的一家调查公司做过一次问卷调查，选取相当数量的商业机构的采购主管，向他们询问了一个问题："在电视机的采购中，你最看重的要素是哪一个？"

A. 性能价格比

B. 最能满足我的要求

C. 是值得信赖的品牌

D. 曾经用过这个品牌

在以上四个答案中，只能选择一个觉得最能接受的答案，结果有 35% 的主管选择的是 C（值得信赖）。

互信关系是一道桥梁，这个桥梁上，能够挖掘客户需求，可以介绍和宣传企业，一旦这个桥梁断了，那么其他的销售活动就无法进行下去了。

建立互信的方法有两种：一条路线是先成为朋友，跟客户个人建立互信关系，然后再成为他的合作伙伴；另一条路线是先利用产品的性能价格比赢得这个客户，满足客户机构的利益，再跟客户个人建立互信关系，然后成为合作伙伴。

这两条路都可以走，但是最好的方法是在销售过程中，同时满足客户机构利益和个人利益，这样才能击败竞争对手，取得竞争优势。

为什么除了关注客户机构的利益，还应关注客户个人的利益呢？客户个人利益包括他的喜好和兴趣，因为客户的本质是人，人都愿意和自己喜欢的人打交道。如果一见面就让客户产生厌烦的心理，根本就不可能卖出产品。

综上所述，建立互信的原则是既关注客户机构的利益，又关注客户个人的利益，与客户建立互信是与机构建立互信的基础。

2）大客户回访

（1）大客户回访的目的和意义。大客户回访是大客户服务的重要内容，做好大客户回访是提高大客户满意度的重要方法。企业通过大客户回访不仅可以得到客户的认同，还可以创造大客户价值。做好大客户回访是一件十分重要的工作，其目的明确且意义深远，具体表现在以下几个方面。

① 树立良好的企业服务形象，利用大客户做好口碑宣传。

② 了解并满足大客户需求，为他们解决实际问题。

③ 收集大客户需求信息，传播良好的企业文化。

④ 拉近与大客户的距离，增强其对企业服务的信心，建立良好的合作基础，借助老客户的口碑带来新的业务增长。

⑤ 能发现企业在大客户需求服务及专业水平上存在的不足，并且能得到及时改进和完善。

（2）大客户回访的要点。

① 大客户回访前的准备工作。进行大客户回访前，一定要对其进行详细的分析。根据前面所建立的大客户档案，摸清他们所处的行业、规模及对商品的需求状况、单位负责人、具体采购决策人、经办人惯常销售渠道、购买价格、社会关系等基本情况及动态变化等资料并针对实际情况采用不同的服务方法，从而提升服务的效率。同时，要准确了解大客户单位中关键人员的个人信息，如生日、重要纪念日、性格、兴趣、家庭、学历、年龄、经历及与企业交往的态度等。如果基础资料不全或不准确，不仅会给大客户回访工作增添困难，而且会丧失许多机会，所以，必须及时掌握大客户单位关键职务的人事变动情况，及时更新大客户单位的资料，以便使企业的服务更加准确。

② 明确大客户需求。掌握了大客户的基本资料以后，在回访前一定要了解大客户在想什么、最需要什么并提供相应的支持，这样才能更好地满足大客户。最好在大客户需要找你之前，及时进行回访，这样更能体现对大客户的关怀，让他们感动。大客户回访的目的是了解大客户使用企业提供的产品的情况，对企业提供的服务是否满意，对企业有什么评价以及继续合作的可能性有多大。企业回访的意义是要体现企业的服务，维护好老客户。实际上，企业需要大客户的配合、提供相应的支持来提高自身的服务能力，这样将大大提高大客户的满意度。

③ 确定合适的大客户回访方式。大客户回访方式有电话回访、电子邮件回访及当面回访等，从实际操作效果看，电话回访结合当面回访是最有效的方式。从销售周期看，回访的方式主要有以下几种。

第一，定期进行回访。定期进行回访可以让大客户感受到企业的诚信与责任。定期回访的时间要具有合理性，如以提供服务后两天、一周、一个月、三个月、六个月等为时间段进行定期的回访比较合适。

第二，交易后回访。交易后回访是指在与大客户达成交易后，对大客户进行技术服务、使用情况调查、交易后维护等是提升客户满意度的一种服务手段。如果在回访时发现了问题，一定要及时提供解决方案，最好在当天或第二天到现场进行问题处理，将客户的抱怨及时化解掉。

第三，节日回访。节日回访就是在平时的一些节日回访大客户，同时送上一些祝福的话语，以此加深与大客户的联系，这样不仅可以起到联络感情的作用，还可以让大客户感觉到被关心和重视。大客户回访还应做到定期回访和不定期回访相结合，要认识到大客户回访是一项持久的工作，不能为了回访而回访。

④ 抓住大客户回访的机会。在大客户回访的过程中，要了解大客户在使用企业产品过程中的不满意之处，找出问题所在；了解大客户对企业的一系列建议；有效处理回访资料，从而改进工作、改进产品、改进服务；准备好对已回访大客户的二次回访。通过大客户回访，不仅能解决大客户反馈的问题，而且能改进企业形象和维护与大客户的关系。

⑤ 利用大客户回访促进重复销售或交叉销售。最好的客户回访是通过提供超出客户期望的服务来提高他们对企业或产品的美誉度和忠诚度，从而创造新的销售可能。售后关怀和销售一样都是需要持之以恒的，通过客户回访等售后关怀使产品和企业行为增值，借助客户的口碑来提升新的销售增长，这是客户开发中成本最低的也是最有效的方式之一。开发一个新客户的成本是维护一个老客户成本的 5～6 倍，可见维护老客户何等重要。企业建立客户回访制度的一个很重要的方法就是建立和运用数据库系统，如利用客户关系管理的客户服务系统来完成客户回访的管理。将所有客户资料输入数据库，如果可能，还要尽量想办法收集未成交客户的资料并进行归类，无论是成交客户还是未成交客户都需要进行回访，这是提高业绩的捷径。制订回访计划，确定何时对何类客户做何回访及回访的次数，其核心是"做何回访"，不断更新数据库并记录详细的回访内容，如此循环便可使客户回访制度化。

⑥ 正确对待大客户的抱怨。在大客户回访过程中，遇到大客户抱怨是正常的，要正确对待这种现象，不仅要平息大客户的抱怨，更要了解他们抱怨的原因，把被动转化为主动，可以建立意见收集中心来收集更多的大客户抱怨并对其进行分类，如抱怨来自对产品质量的不满意（产品在质量上有缺陷、规格不符、技术规格超出允许范围、产品故障等），来自对企业客户服务人员的不满意（客服人员不守时、服务态度差、服务能力不够等），通过解决大客户抱怨，企业不仅可以总结服务经验，提升服务能力，还可以了解并解决相关的问题，更好地满足大客户的需求。

（3）大客户回访的工作流程。

① 查询客户资料库。大客户服务专员通过查询客户资料库，详细分析大客户资料内容和大客户服务需求。

② 明确回访对象。大客户服务专员根据客户资料确定大客户回访名单。

③ 制定大客户回访计划表，包括回访的大概时间、回访内容、回访目的等。

④ 预约回访的时间和地点。

⑤ 准备回访资料，包括大客户基本情况、客服的相关记录和大客户消费特点等。

⑥ 实施回访。大客户服务专员要准时到达回访地点，开展回访。回访时大客户服务专员要热情、全面地了解大客户的需求和对其售后服务的意见并认真填写大客户回访记录表或大客户电话回访记录表。

⑦ 整理回访记录。回访结束后，应及时整理大客户回访报告表，从中提炼主要结论。

⑧ 主管领导审阅。客服主管对大客户服务专员提交的大客户回访记录表或大客户电话

回访记录表及大客户回访报告表进行审查，并提出指导意见。

⑨ 保存资料。客服部门相关人员对以上诸表进行汇总，在经过分类后予以保存，以备参考。

3）大客户维护

（1）组建专门的大客户部。大客户是企业主要的利润来源，因此必须组建一个专门的大客户部门负责大客户的维护工作。这个部门的工作主要是界定大客户和建立大客户档案，制定大客户的服务标准、服务手段和服务项目，接受大客户咨询和投诉，着手研究大客户的心理需求、消费习惯和服务要求，积极为市场部门提供有价值的信息资料，同时应为大客户配备固定的客户经理。每位大客户的客户经理要以书面的方式将自己的姓名、联系电话等相关资料告知大客户；要认真管理大客户，为他们提供各种便捷的服务，如咨询服务、应急服务、电话提醒服务等；要定期上门了解情况、拓展业务，拉近彼此之间的距离，对大客户反映的问题要及时给予答复及解决。

（2）为大客户提供个性化的差别服务。最主要的是要开发多种个性化服务手段。客户不是千人一面，因此企业需要向其提供个性化服务，重点在于该服务在满足大客户的需求的同时要注重产品或服务的稳定性，长期稳定的产品或服务质量是维护大客户的根本。这里的质量不仅仅是指产品符合标准的程度，更应强调的是企业要根据大客户的意见和建议不断开发出真正满足大客户个性化需求的产品或服务。保证为大客户提供的产品或服务物有所值、物超所值，不仅仅体现在产品或服务的价格优惠上，更重要的是能向大客户提供他们所认同的价值，如增加产品或服务的技术含量、改善品质、增加功能、提供灵活的付款方式和资金的融通方式等。企业还可以通过为大客户承担经营风险以确保其利润继而留住老客户。

（3）树立良好的品牌形象。大客户的需求层次随着日益繁荣的市场而有了很大的提高，他们越来越重视品牌形象的塑造，大客户对企业品牌的认可是通过优质的产品或服务而逐步建立起来的。

（4）建立快速反应的纠错机制。产品或服务不可能做到面面俱到、十全十美，一旦出现不足或疏漏，很容易造成大客户的流失。企业应通过迅速的纠错，努力将客户尤其是大客户的损失降到最低，使负面影响减到最少，必要的时候要推出配套的赔偿制度。

（5）加大对大客户的感情投资。与大客户的感情交流是企业用来维系客户关系的重要方式，企业客户关怀活动应该包含客户从交易前、交易中到交易后的客户体验的全部过程中，日常的拜访、节日的真诚问候、婚庆喜事、大客户生日、厂庆纪念日等重要日子的一句真诚祝福、一束鲜花都会使大客户深为感动。同时，对大客户，企业负责人要亲自接待和走访并邀请他们参加企业的重要活动。交易的结束并不意味着客户关系的结束，还必须与大客户保持长期联系，进行售后跟进和提供有效的售后关怀，以确保他们的满意度持续下去并向周围的人多做有力的宣传，形成口碑效应。大客户的服务包括以下具体操作步骤。

① 对客户表示热情、尊重和关注。"顾客是上帝"，对于服务工作来说更是如此，只有做到充分尊重客户，关注客户每一项需求，并以热情的工作态度去服务客户，客户才有可能对服务感到满意，企业才能在竞争中取得有利的地位。

② 帮助客户解决问题。客户能找到你，接受你的服务，他最根本的目的就是要你帮助

他妥善地解决问题。

③ 迅速响应客户的需求。大客户服务的一个重要环节就是能迅速地响应客户的需求，对于服务工作来说，当客户表达了需求后，企业应在第一时间就立刻对他的需求做出迅速反应。

④ 始终以客户为中心。始终以客户为中心不是一句口号或只是贴在墙上的服务宗旨，而应是一种实际行动和带给客户的一种真实感受。

⑤ 持续提供优质服务。对企业来说，为客户提供一次优质的服务，甚至一年的优质服务很容易，难的是能为客户提供长期的、始终如一的高品质服务。但如果真的做到了这一点，企业会逐渐形成自己的品牌，长此以往，企业在同行业的竞争中就能取得相当大的优势。

⑥ 设身处地为客户着想。能经常换位思考非常重要，要站在客户的角度去思考问题，理解客户的观点，了解客户最需要的和最不想要的是什么，只有这样才能为客户提供优质服务。

⑦ 提供个性化的服务。每个人都希望能获得"优待"，如果能让客户得到与众不同的服务和格外尊重，这会有助于企业更顺利地开展工作。

⑧ 如何面对客户服务挑战。能保持一种以客户为中心的态度，始终如一地关注客户的需求；理解客户和支持他对服务的观点及他的想法；掌握有效的服务技巧，让客户指导你的服务行为，而不是完全凭自己的感受去做事情。

8.2.2 跨境电子商务客户挽回策略

1. 拉力策略

1）提高网站产品价格的竞争力

无论对于实体企业还是如网站这样利用互联网经营的企业，产品价格都是关乎生死存亡的问题。相较于传统的实体商店而言，网上商店可为客户呈现更为直观的商品及服务，这使得交易和服务可以突破传统的时间和空间限制，客户随时随地能够精心挑选和货比三家，所以网站更应关注产品价格，在制定所售产品价格时必须考虑的因素将更多。追求物美价廉的消费心理使得价格始终是消费者最敏感的因素。如果价格不够诱人将会很快被互联网所淘汰，但过低的价格尽管在有些时候有吸引力，从长远来看，利用低价销售将减少网站赢利，使网站后续的产品及服务质量降低，而且网络上过低的价格将使用户对产品质量产生怀疑，基于此吸引来的客户很容易流失，忠诚度相对较低。因此，网站在实施有效的价格策略之前，必须对市场进行分析，以市场为导向的同时考虑本身网站经营成本，建立合适的价格机制。同时可以通过明确产品价格优惠权限，通过产品和服务差异化转移网站客户对价格的敏感。

2）巩固网站安全信任机制

与传统零售相比，网络市场是一个开放的市场，用户可以足不出户就买到所需品，但在网络提供便捷服务的背后，因为其资金、产品、交易者时空相分以及需要客户在交易中提供敏感的个人信息和财务信息，增加了交易的风险和不确定性，安全及信任问题一直是网站与用户共同关注的问题。通过对网上交易存在的问题进行调查发现，大部分用户认为目前网上交易存在的最大问题之一就是网站本身的安全性及用户对网站不够信任。目前，对于用户交易过程中的隐私保证、安全保证、网站信息是否实事求是等问题，网站可以采取一系列的措施，如引进相关技术来确保网络安全。国家也要针对电子商务网站制定相关法律条文，规范网络环境，规范电子商务活动，降低用户网购风险。

3）增强网站品牌效应

与在传统卖场中购物一样，用户在网购时更多还是购买品牌商品。网站也应意识到产品品牌的重要性，实行品牌经营，树立品牌意识，将品牌建设列入工作范畴。网站品牌的建设更多的是要结合消费者的需求，不能拘泥于理论，这样才能设计出更为合理的网站结构。事实上，通过数据调查表明，从男女在网站购买品牌商品的类别来看，女性的选择会涉及很多类别，而男性只对体育商品进行品牌消费，男性更多地关注实用型商品。因此网络营销可以针对男女不同的特点，引导用户消费，在网站中分别设置男士区和女士区，在不同区域设置不同的品牌空间，这就是一个很好的营销理念。

4）实行差异化、个性化营销

网络消费品市场发展到今天，多数产品无论在数量上还是质量上都极为丰富，从而使网络用户能够以个人心理愿望为基础挑选和购买商品或服务。现代网站用户往往富于想象力，渴望变化，喜欢创新，有强烈的好奇心，对个性化消费提出了更高的要求。他们所选择的已不单是商品的实用价值，更要与众不同，充分体现个体的自身价值，这已经成为他们消费的首要标准。在用户对不同领域的创新倾向和行为有明显差异的情况下，网站想提高整体的水平就必须对客户实行差异化对待，为他们提供个性化服务。必须对不同的客户先进行分析，了解他们的需求，在这个基础上电子商务企业可以为他们量身定做个性化的信息和产品及服务工作。当客户需求量比较大、需求业务种类繁多的时候，电子商务企业必须能够提供给他们多样化的解决方案以满足他们的需求。

5）提高网站服务质量

网站服务是指品质保证、对客户的回复、送货速度、售后维修等与产品相关的服务项目。其中，用户选择网络购物很大程度上是因为其方便快捷，交易生成后送货的速度显得尤为重要，保证畅通的物流成为提高网站服务质量的一个重要指标。除物流外，售后服务、及时回复用户需求等也是网站必须高度关注的问题。

6）加强网站数据分析功能。目前，多数的网站早期都只是注重建站，并没有添加一些网站数据分析工具进行网站的数据分析。然而，随着网络这一无形事物不断增强的社会和市场影响力，网站的用户访问量逐渐攀升，访客来源也日渐多样化，一系列网络数据都已经发生根本性的变化。对网站运营核心数据进行分析已经成为网站经营过程中不可缺少的工作，它与网站的经营管理及业绩有着很大的关联性。网站利用数据分析工具，通过对网站用户、日常数据、销售数据等进行分析，进一步对网站用户进行描述定位、对用户需求进行预测，保证网站的运营工作正常发展。

2. 阻力策略

电子商务环境下的阻力策略主要是建立网站客户流失壁垒，以提高网站客户流失的成本。这里主要提出了两种措施。

1）提高网站客户转移成本，减少机会成本

转移成本对于网站客户及网站本身都是需要考虑到的一个问题。作为网站用户，如果轻易地重新转换目标网站投入新的时间和精力，对原有网站会员来说，一系列的优厚政策将会丧失。网站可以基于此采取一些会员优惠、积分兑换礼品、售后服务延长等活动来保持客户对网站的忠诚度。转移成本通常会随着时间而增加，而流失壁垒也将越来越高。

机会成本是网站客户及网站本身需要考虑到的另一个问题。机会成本可以理解为选择一种方式使用所牺牲掉的其他所有方式带来的益处。用户选择网上购物意味着他们放弃了实体商店购物，而在实体商店购物中享有各种好处就构成了用户此次购物的机会成本，如可以直接接触到产品，清楚地知道产品的质量，享受实体商店提供的一系列优惠活动等。所以，减少用户购物的机会成本也是使流失壁垒增高必须考虑的因素。网站可以为用户提供丰富的网站链接和更多的关怀，让客户能够在购前、购中、购后都能感到满意。

2）提高网站客户的心理流失成本

心理成本是情感因素导致的成本感受，如对未知产品的预期收益和损失、对风险的态度等。心理成本属于一个主观变量，一般难以衡量并且不可比较，所以不同用户针对同种交易可能表现出不同的流失成本反应。从网站与用户所建立起来的结构性关系看，长期用户更具有价值，这使得用户向竞争者流失的心理成本提高，从而在某种程度上可以限制他们的流失。

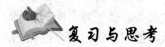

复习与思考

1. 跨境电子商务客户流失的概念是什么？
2. 跨境电子商务客户流失的分类标准有什么？
3. 跨境电子商务客户流失的内部原因有哪些？
4. 跨境电子商务客户挽回策略有哪些？

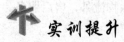

实训提升

实训项目：客户挽回

【实训目标】

1. 加强团队合作，发挥每一个团队成员的能力，学习小组讨论、分析解决问题的方法。

2. 培养自主学习和独立思考的能力。

【实训内容】

假如你在 eBay 英国站开了一家手工饰品的店铺，想要了解客户流失问题，就如何挽回客户写一篇报告。

【实训步骤】

1．教师带领学生学习相关知识，按照三人一组进行教学分组，每个小组设组长一名，负责确认每个团队成员的任务。

2．根据教师教授的内容，整理客户流失与挽回的相关知识。

3．上网或者去图书馆查询关于客户流失与挽回的课外知识。

4．每个小组派一个组员根据自己的报告上台演讲，教师和其他小组成员对其演讲进行评价、讨论。

参 考 文 献

[1] 刘敏. 跨境电子商务沟通与客服[M]. 北京：电子工业出版社，2017.

[2] 刘瑶. 亚马逊跨境电商平台实务[M]. 北京：对外经济贸易大学出版社，2017.

[3] 陈江生，唐克胜，宁顺青. 跨境电商客服与管理[M]. 北京：中国商务出版社，2017.

[4] 韩雪. 跨境电商客服[M]. 北京：中国人民大学出版社，2018.

[5] 速卖通大学. 跨境电商客服：阿里巴巴速卖通宝典[M]. 北京：电子工业出版社，2016.

[6] 速卖通大学. 阿里巴巴速卖通宝典：跨境电商物流、客服、美工、营销、数据化管理[M]. 北京：电子工业出版社，2013.

[7] 刘铁. 跨境电商基础与实务[M]. 武汉：华中科技大学出版社，2019.

[8] 徐娜. 跨境电商客户服务与管理[M]. 北京：北京理工大学出版社，2019.

[9] 潘兴华，张鹏军，崔慧勇. 新手学跨境电商从入门到精通 速卖通 亚马逊出口篇[M]. 北京：中国铁道出版社，2016.

[10] 宋沛军. 电子商务概论[M]. 3版. 西安：西安电子科学技术大学出版社，2016.

[11] 魏异生，王冠辰. 跨境电商运营实务[M]. 广州：广东旅游出版社，2019.

[12] 朱桥艳. 跨境电商操作实务[M]. 北京：人民邮电出版社，2018..

[13] 邓志超，崔慧勇，莫川川. 跨境电商基础与实务[M]. 北京：人民邮电出版社，2017.

[14] 金毓，陈旭华. 跨境电商实务[M]. 北京：中国商务出版社，2017.

[15] 张康. 跨境电商客户服务手册[M]. 天津：天津科学技术出版社，2019.

[16] 阿里巴巴商学院. 网店客服[M]. 2版. 北京：电子工业出版社，2019.

[17] 刘颖君. 跨境电子商务基础[M]. 北京：电子工业出版社，2019.

[18] 易传识网络科技. 跨境电商多平台运营实战基础[M]. 2版. 北京：电子工业出版社，2017.

[19] 孟波，胡籍尹，冯永强. 跨境电子商务[M]. 武汉：武汉理工大学出版社，2019.

[20] 谈璐，刘红. 跨境电子商务实操教程[M]. 北京：人民邮电出版社，2018.